STÉPHANE MALLARMÉ

Poésies
Anecdotes ou Poèmes
Pages diverses

Edition établie, préfacée et annotée par
Daniel Leuwers

LE LIVRE DE POCHE

Daniel Leuwers est enseignant à l'Université de la Sorbonne-Nouvelle et travaille à une thèse de doctorat d'État sur l'œuvre de Pierre Jean Jouve. Spécialiste de littérature moderne et contemporaine, il collabore à plusieurs revues littéraires. Il a établi et préfacé, pour Le Livre de Poche, l'édition des *Poésies* de Rimbaud, du *Dominique* de Fromentin et de *La Vénus à la fourrure* de Sacher-Masoch.

Le présent ouvrage ne comprend ni *Igitur* ni *Un coup de dés,* qui ne sont parus en volume qu'après la mort de Mallarmé.

Les textes reproduits dans notre édition sont conformes soit aux manuscrits consultés, soit aux dernières publications effectuées ou préparées (comme l'édition Deman de 1899) par le poète, de son vivant.

L'orthographe de certains mots, fluctuante chez Mallarmé, a été le plus souvent modernisée : ainsi « poëte » devient « poète »; « rhythme », « rythme ».

PRÉFACE

> «... le double état de la parole, brut
> ou immédiat ici, là essentiel. »

> MALLARMÉ : *Crise de vers.*

« QUE d'impressions poétiques j'aurais, si je n'étais obligé de couper toutes mes journées, enchaîné sans répit au plus sot métier et au plus fatigant, car te dire combien mes classes, pleines de huées et de pierres lancées, me brisent, serait désirer te peiner [1]. » Ce sont là quelques lignes adressées à Henri Cazalis par Stéphane Mallarmé prisonnier, presque toute sa vie durant, d'un pesant destin de professeur. Ses lettres égrènent de secrètes plaintes dont l'écho rejoint parfois les gouffres de la perdition volontaire, ainsi qu'en témoigne l'étonnante confession faite à vingt et un ans par le poète, à la veille de son mariage avec Marie Gerhard : « Le devoir existe, écrit-il à Cazalis. Oh ! je sens que le mien est de ne pas aban-

1. Lettre de la fin avril 1866.

donner Marie. Si je faisais cela par lâcheté ou pour m'éviter la souffrance du moment, je serais un fou, un sot. Mais non, j'envisage l'avenir fermement, je vois le gouffre et je sens que je *dois* m'y plonger [...] Il serait *malhonnête, criminel*, de ne pas l'épouser. J'y ai songé froidement depuis deux jours. Je dis plus, ne l'aimerais-je pas, je devrais le faire [...] Je sens mon sacrifice, il est entier, immense, mais je *dois* le faire [1]. »

La naissance de sa fille Geneviève, à la fin de l'année 1864, est pour le poète une nouvelle épreuve au moment même où il commence l'œuvre dans laquelle il met tous ses espoirs, *Hérodiade*. C'est à Cazalis qu'il confie encore la triste lassitude du jeune professeur rentrant à son foyer : « J'arrive là, fatigué de mes classes, qui me *volent* cette année presque toutes mes heures, et Geneviève continue à me briser la tête avec ses cris : je n'ai qu'une seule heure de répit, celle où je m'ensevelis pour la nuit dans mes draps glacés ; or, avant cela, ni le meilleur ami ni la plus étonnante pensée ne me décideraient à griffonner un instant à ma table. Donc, pas de lettres, pas de travail poétique, et ne crois pas que ces devoirs soient remplacés par un charmant bonheur d'intérieur, non, je souffre trop, quand je me sens ne rien faire, pour jouir de quoi que ce soit, et je cherche à ne voir aucune joie afin de ne pas croire que c'est elle la préférée, et la cause de ma coupable stérilité [2]. »

Dans la grisaille d'une vie très tôt marquée par la nécessité de nourrir une famille, par la maladie intermittente, par la tentation suicidaire et par le

1. Lettre du 30 janvier 1863.
2. Lettre du 26 décembre 1864.

spectre de l'impuissance — donnée inconsciente de son être —, les seuls recoins privilégiés seront les vacances et surtout le cercle désert de la lampe nocturne si propice à une création toujours difficile mais libératrice. Cette création qui s'inscrit dans le sillage avoué de Baudelaire et d'Edgar Poe connaît vite les soubresauts de la violente crise intérieure des années 1866-1870, au terme de laquelle le poète, ayant recensé ses exécrations et découvert son secret, lance ce cri lucide : « Je chanterai en désespéré ! » Mallarmé se forge alors un bouclier protecteur, élaborant le culte de l'impersonnalité du poète et de l'hermétisme de son œuvre. Ce que l'on a pu assimiler à quelque dédain aristocratique deviendra peu à peu le masque pudique d'intimes souffrances, au premier rang desquelles se range la difficulté de créer, tant il est vrai que pour Mallarmé l'écriture est une exploration aux confins de l'angoisse.

Ecrire, c'est avant tout s'installer à l'intérieur du langage. Au peintre Edgar Degas qui se plaignait d'avoir perdu une journée à vouloir composer un sonnet, ajoutant : « Et cependant, ce ne sont pas les idées qui me manquent, j'en suis plein ! », Mallarmé avait beau jeu de répondre : « Ce n'est pas avec des idées qu'on fait des sonnets, Degas, c'est avec des mots [1]. » Car le poète n'est véritablement lui-même que lorsqu'il s'acharne

Sur le vide papier que sa blancheur défend [2].

1. *In* C. Mauclair : *Mallarmé*, Grasset, 1935.
2. *Brise marine.*

Il ne se réalise que dans le corps-à-corps éprouvant avec les mots, ces mots qui en savent davantage sur nous que nous n'en savons sur eux.

La critique contemporaine a, non sans raison, souligné l'aventure essentiellement langagière de la poésie de Mallarmé et insisté sur la « poétique très nouvelle » élaborée par l'auteur d'*Hérodiade*. Encore faut-il ne pas réduire cette poétique à quelque norme sécurisante, à l'instar de ces exégètes qui, pris au piège de leur myopie cavalière, oublient que la véritable poésie est avant tout scandale et différence absolue. Mallarmé, qui fait dès l'abord reposer sur les mots la dynamique de son écriture, précise d'ailleurs avec clarté : « Il convient de nous servir des mots de tout le monde, dans le sens que tout le monde croit comprendre. Je n'emploie que ceux-là. Ce sont les mots mêmes que le Bourgeois lit tous les matins, les mêmes. Mais, voilà, [...] s'il lui arrive de les retrouver en tel mien poème, il ne les comprend plus. C'est qu'ils ont été récrits par un poète [1]. » Métamorphose d'autant plus étrange que Mallarmé ne recherche ni le mot rare, ni le mot nouveau. Son seul souci est de réduire les mots déjà existants à leur présence signifiante, dans le but déclaré de « peindre non la chose, mais l'effet qu'elle produit [2]. » Sa poésie n'est donc pas un calque de la réalité tangible, mais un art incantatoire où les foyers de condensation et d'irradiation ont une part prépondérante.

Une erreur communément répandue est de croire

---

1. *In* R. Ghil : *Les Dates et les Œuvres*, Crès, 1923.
2. Lettre à Cazalis, 1864.

que Mallarmé a enfermé un message clair dans une
forme volontairement obscure. C'est oublier que le
langage difficile du poète résulte d'une défense natu-
relle contre le cours par trop généreux de son expres-
sion : « Enfant, au collège, confie-t-il en 1865, je
faisais des narrations de vingt pages, et j'étais
renommé pour ne savoir pas m'arrêter. Or, depuis,
n'ai-je pas, au contraire, exagéré plutôt l'amour de
la condensation ? J'avais une prolixité violente et une
enthousiaste diffusion, écrivant tout du premier jet,
bien entendu, et croyant à l'effusion, au style. Qu'y
a-t-il de plus différent que l'écolier d'alors, vrai et
primesautier, avec le littérateur d'à présent, qui a
horreur d'une chose dite sans être *arrangée* [1] ? » Ces
lignes adressées à Eugène Lefébure sont empreintes
de l'ironie familière au poète qui, loin de condamner
son amour de la condensation, le privilégie plutôt,
avec l'intuition assurée qu'il approche par là des
secrets de l'inconscient humain. N'est-il pas devenu
banal aujourd'hui de dire de l'inconscient qu'il est
structuré comme un langage ? Le pressentiment des
découvertes freudiennes a été partagé par les plus
grands créateurs de la fin du XIXᵉ siècle et, sous la
plume du poète, le terme « condensation » n'est pas
loin d'avoir l'acception que lui donnera, quelque
temps plus tard, Sigmund Freud [2]. Mais l'accès aux
méandres profonds de l'inconscient suppose, de la
part de Mallarmé, un travail conscient et volontaire
qui consiste essentiellement à couler les mots dans
une syntaxe très personnelle.

1. Lettre de février 1865.
2. *Cf.* Freud : *Le Rêve et son interprétation* et *L'Interpré-
tation des rêves.*

*
**

Mallarmé aime à faire miroiter les mots qui, « pro-
jetés, en parois de grotte », ont l'art de resurgir sous
les formes les plus inattendues. Mais ce qu'il aime
davantage encore, c'est que les mots rayonnent d'eux-
mêmes tout en abolissant l'objet qu'ils désignent
— ce qui a conduit un critique à comparer très juste-
ment Mallarmé à « un joaillier qui rêve de garder
les feux des pierreries en supprimant les gemmes [1] ».
La syntaxe mallarméenne est un savant dosage de
rigueur et d'ambiguïté. Elle n'autorise pas seulement
tout un jeu d'images superposées ou d'appositions
anticipées, elle s'attache surtout à utiliser les mots
dans des fonctions inhabituelles, les contraignant
ainsi, dans l'élan de constructions audacieuses, à déli-
vrer un sens nouveau. Le vers, puis le poème tout
entier, accèdent au rang de mot total. Car le poète-
joaillier est aussi un poète-architecte qui joint à l'art
de cultiver la polyvalence sémantique un souci
extrême de la construction s'apparentant à l'ambition
sans cesse réaffirmée d'abolir le hasard.

S'interrogeant sur sa propre création, le poète en
arrive à cette curieuse constatation : « Errer [...] afin
de ne pas exprimer quelque chose, représente un cas
spécial qui aura été le mien [2]. » Quant aux poèmes
jaillis du trapèze de sa syntaxe, il en retient surtout
la trajectoire hésitante et sûre à la fois : « Un balbu-
tiement, que semble la phrase, ici refoulé dans l'em-

1. C. Abastado : *Expérience et théorie de la création poé-
tique chez Mallarmé*, Minard, 1970.
2. *Crayonné au théâtre.*

ploi d'incidentes multiples, se compose et s'enlève en quelque équilibre supérieur, à balancement prévu d'inversions [1]. » L'errance et le balbutiement désignent l'aventure aux résonances très modernes dans laquelle s'engage, un des premiers, Stéphane Mallarmé. La volonté de ne pas dire correspond en fait au désir de dire autre chose, de pénétrer dans un territoire entièrement nouveau — seul digne de la quête poétique. Ce territoire, Mallarmé aura pour unique ambition de le circonscrire dans ses poèmes et de tenter de l'expliciter dans sa prose. « Il doit y avoir, remarque-t-il, quelque chose d'occulte au fond de tous, je crois décidément à quelque chose d'abscons, signifiant fermé et caché, qui habite le commun : car sitôt cette masse jetée vers quelque trace que c'est une réalité, existant, par exemple, sur une feuille de papier, dans tel écrit — pas en soi — cela qui est obscur : elle s'agite, ouragan jaloux d'attribuer les ténèbres à quoi que ce soit, profusément, flagramment [2]. »

Le secret poétique que Baudelaire a entrevu derrière les masques divins et sataniques de son inspiration, Mallarmé entend le rechercher à partir d'une révolution formelle. Certes, la libération du langage désirée par Mallarmé se heurte encore à l'imposant monument hugolien, mais, à la fin du XIXe siècle, se profilent Verlaine qui fait don à la poésie de la fluidité de son chant et Rimbaud qui passe avec l'éclat d'un météore. Grâce à eux, l'apport de la musique voisine avec la fulguration du silence — et Mallarmé perçoit dans ces vertus conjuguées l'écho de ses

1. *Le Mystère dans les lettres.*
2. *Le Mystère dans les lettres.*

propres préoccupations. Car, issu des mots, le secret mallarméen se veut un secret de l'au-delà des mots. Donnant à Catulle Mendès des instructions pour l'impression de l'un de ses poèmes, Mallarmé précise : « Je voudrais un _caractère assez serré_, qui s'adaptât à la condensation des vers, mais de _l'air entre les vers, de l'espace_, afin qu'ils se détachent bien les uns des autres, ce qui est nécessaire encore avec leur condensation [1]. » Le poète parle ailleurs du « significatif silence qu'il n'est pas moins beau de composer, que les vers ». Les mots et le silence sont donc conviés à s'épouser dans le cadre de la page, espace privilégié de la véritable liberté « qui n'a que faire de rien outre que la musicalité de tout [2] ».

Mallarmé a beau s'écarter volontairement des règles de la langue transmise, il subsiste chez lui une sorte d'attirance pour un passé poétique qui prend le plus souvent le visage du modèle baudelairien. Mallarmé partage les mêmes admirations que l'auteur des _Fleurs du mal_ (Wagner en musique, Manet en peinture) et demeure fidèle, avec toutefois plus de cérébralité et moins de sensualité, aux thèmes éprouvés de l'inspiration baudelairienne. Ses seules véritables audaces — en dehors des savantes dissonances et des fulgurantes cassures qui forment l'armature de ses textes — résident dans le refus de l'idée de Dieu, qu'il juge vaine, et dans la volonté

1. Lettre de la fin avril 1866.
2. _Le Mystère dans les lettres._

de transformer la surface de ses poèmes en fascinant miroir pour le lecteur.

Mallarmé est un des premiers poètes à s'être posé avec autant d'acuité le problème de la lecture. Pour lui, un poème, loin d'être l'expression gratuite et narcissique d'un individu, est avant tout une forme qui doit trouver écho en tout homme. « Lire — cette pratique [1] » note judicieusement le poète qui rêve de convier autrui à se découvrir soi-même à travers l'œuvre lue. Mallarmé a cependant pleine conscience que la vraie poésie donne à voir ce qu'aussitôt elle dérobe, et qu'elle vit d'une incessante dialectique du don et du retrait. Elle est en ce sens à l'image du désir qui, dans son œuvre, oscille des fougueux élans du Faune au spectre castrateur d'Hérodiade...

La science grammairienne pourra toujours expliquer que la difficulté des poèmes de Mallarmé résulte de l'effacement de la valeur dénotative des mots au profit de la multiplication de leurs connotations, elle n'entamera pas pour autant le mystère du chant mallarméen. Et ce n'est guère en transformant le poète en un théoricien-professeur qu'il détesta toujours d'être (« Je répugne à tout ce qui est professoral appliqué à la littérature qui, elle, au contraire, est tout à fait individuelle [2] ») qu'on comprendra mieux la tentative d'un homme qui interrogea les limites du langage, faute de mieux. Car l'aventure poétique s'efforce toujours de préserver un secret. « Nommer un objet, c'est supprimer les trois quarts de la jouissance du poëme qui est faite de deviner peu à peu :

1. *Le Mystère dans les lettres.*
2. *La Musique et les Lettres.*

le suggérer, voilà le rêve [1] », telle est la conviction de
Mallarmé. Il en découle un art de l'ellipse et de l'allu-
sion qui correspond en fait à une volonté d'aimanter
le manque, de chérir l'absence et de sceller cette
alliance du désir et de la mort où l'œuvre trouve sa
source nourricière.

*

L'expérience poétique est liée chez Mallarmé à une
forte obsession sépulcrale. Quelques incidences bio-
graphiques contribuent en partie à expliquer le puis-
sant instinct de mort qui s'est incrusté dans l'œuvre :
la mort de la mère du poète lorsqu'il a cinq ans, la
mort de sa jeune sœur Maria, âgée de treize ans...
Loin de vouloir nier la présence de la mort, Mallarmé
tente plutôt de l'apprivoiser et de la faire accéder
au stade des « notions pures » qu'il affectionne. Dès
ses premiers *Tombeaux*, qui sont des œuvres de
commande, Mallarmé dépasse d'un large coup d'aile
la réalité sépulcrale pour s'installer d'emblée sur le
promontoire de l'éternité, réservé aux écrivains de
génie. Ecrit en 1876, *Le Tombeau d'Edgar Poe*
chante avec véhémence la victoire du poète sur
« son siècle épouvanté ». Cependant, chargé de
composer, en 1893, un *Tombeau* à la gloire de Charles
Baudelaire, Mallarmé se fait soudain moins soucieux
des fastes de la postérité, tandis que dans le *Tom-
beau* dédié à la mémoire de Paul Verlaine et rédigé
en 1897, un an avant sa propre mort, il atteint à une
simplicité émue qui contraste avec « l'immortelle

1. *Réponse à l'enquête sur l'Evolution littéraire.*

bouffée [1] » dont se nourrissaient certaines de ses productions antérieures. C'est que le poète subit depuis de longues années le traumatisme d'un événement aux répercussions considérables : la mort, le 6 octobre 1879, de son fils Anatole, victime, à huit ans, d'une hypertrophie du cœur.

L'idée de la mort sur laquelle le poète avait fondé quelque espoir transcendant impose d'un coup son insupportable présence. Mallarmé griffonne alors à la hâte, dans un style souvent lapidaire, plus de deux cents feuillets recueillis aujourd'hui sous le titre *Pour un Tombeau d'Anatole* [2]. Ces notes pour un poème futur tentent de cerner la mort sous les visages multiformes de l'attente : attente de la brisure irréparable d'avec la vie certes, mais attente également — et plus anxieuse encore — de l'immortalité. Décrivant la lente progression du mal qui emporta son fils, Mallarmé irréalise en quelque sorte la proximité de la mort en la transformant fictivement en attente de la postérité. Mais une telle optique finit par imprégner le texte de subtilités plus intellectuelles que véritablement émotives. Echafaudage trop purement idéaliste, le *Tombeau d'Anatole*, rongé par le doute et battu en brèche par un inconscient rebelle, demeure finalement dans les tiroirs de Mallarmé. Son inachèvement et sa non-publication sonnent pour le poète la certitude de l'impossibilité de transcender la mort.

Dès lors, l'unique recours sera pour Mallarmé d'écrire ce qu'il a lui-même appelé des « poèmes seulement teintés d'absolu ». Avec le *Tombeau d'Ana-*

1. *Tout Orgueil fume-t-il...*
2. Editions du Seuil, 1961.

tole, la mort d'autrui est devenue l'image de sa propre mort. Mallarmé n'en a pas moins composé, en ses années tardives et désespérées, quelques chants diaphanes qui comptent parmi les plus beaux de la langue française, notamment ces sonnets *(Tout orgueil fume-t-il..., Surgi de la croupe..., Une dentelle s'abolit...)* où l'absence se pare du prestige des « notions pures » pour devenir le centre convergeant des nappes secrètes d'une mémoire qui aspire à s'effacer

> Dans le doute du Jeu suprême [1].

Sépulcral naufrage aux échos assourdis, la poésie rejoint alors les rives mélancoliques de l'oubli.

« Moi qui ai joué un peu ma vie sur mes derniers jours » : Mallarmé prononce cette parole prophétique le 5 avril 1893, à la veille d'une retraite anticipée où, débarrassé de tâches contraignantes, il pourra enfin se consacrer au *Livre* [2] total dont il rêve. Mais c'est paradoxalement au moment où le poète tente d'enserrer dans un livre unique tous les mystères de l'existence que celle-ci réapparaît de façon inattendue dans son œuvre, sous la forme ténue et accidentelle de ces vers de circonstance, éventails, offrandes, œufs de Pâques, toasts ou dédicaces auxquels se soumet complaisamment Mallarmé, comme si le recours aux usages mondains faisait préventivement contre-

1. *Une dentelle s'abolit...*
2. Editions Gallimard, 1957.

poids au *Coup de dés jamais n'abolira le hasard* [1], ce fragment de poésie éclatée — écho différé de l'*Igitur* [2] de 1870 — où est affirmée l'immuabilité du néant. Au-delà de cette œuvre, subsiste pourtant une lueur d'espoir qui semble veiller sur le dernier travail auquel Mallarmé se livre avant d'être emporté, à cinquante-six ans, par un spasme de la glotte : *Hérodiade*, la grande œuvre de sa jeunesse qui devient ainsi celle de toute sa vie.

Plus qu'à un regard nostalgique tourné vers le passé, le retour à *Hérodiade* correspond pour le poète à un fort désir de boucler la boucle et de donner à l'ensemble des *Poésies* son expression la plus aboutie. Il ne faut pas oublier que c'est presque contre la volonté de Mallarmé que *Divagations* (« Un livre comme je ne les aime pas », note-t-il) a vu le jour en 1897. Le dernier travail sur *Hérodiade* révèle donc un souci de se démarquer de productions secondaires comme les poèmes en prose — que Mallarmé traite avec dédain d' « anecdotes » — ou les considérations critiques et doctrinales. Peut-être le poète éprouve-t-il également le sentiment de n'être plus capable de mener à bien son *Livre* demeuré à l'état d'ébauche [3]. Revenir fidèlement au poème qui fut déjà l'objet d'un énorme labeur et des plus froides angoisses, c'est alors pour Mallarmé l'occasion ultime de sortir du labyrinthe de l'impuissance et d'affirmer de la sorte son aptitude à abolir le hasard.

1. N.R.F., 1914.
2. N.R.F., 1925.
3. Joe Bousquet a judicieusement remarqué que l'ambition de Mallarmé « se donne comme immense, parce que le but en reste vague, ayant ses bornes au-dedans ».

Le poème avec lequel Mallarmé s'achemine vers la mort a connu un moment la tentation de la représentation théâtrale avant de rejoindre l'espace restreint du livre. *Hérodiade*, qui n'a pu s'installer sur la scène du théâtre, n'aura donc vécu que dans le théâtre de l'idée, sur cette « autre scène » où se cristallise la vraie vie, celle de l'inconscient. La scène capitale qui culmine dans la décollation de saint Jean, offre avant l'heure au poète la possibilité symbolique d'être

Tel qu'en Lui-même enfin l'éternité le change [1].

Change et échange au terme desquels le silence se confond à la puissance aimantée qui fonde le seuil toujours renouvelé de la poésie.

DANIEL LEUWERS.

1. *Le Tombeau d'Edgar Poe.*

POÉSIES

Salut

Rien, cette écume, vierge vers
A ne désigner que la coupe ;
Telle loin se noie une troupe
De sirènes mainte à l'envers.

Nous naviguons, ô mes divers
Amis, moi déjà sur la poupe
Vous l'avant fastueux qui coupe
Le flot de foudres et d'hivers ;

Une ivresse belle m'engage
Sans craindre même son tangage
De porter debout ce salut

Solitude, récif, étoile
A n'importe ce qui valut
Le blanc souci de notre toile.

Le guignon

Au-dessus du bétail ahuri des humains
Bondissaient en clartés les sauvages crinières
Des mendieurs d'azur le pied dans nos chemins.

Un noir vent sur leur marche éployé pour bannières
La flagellait de froid tel jusque dans la chair,
Qu'il y creusait aussi d'irritables ornières.

Toujours avec l'espoir de rencontrer la mer,
Ils voyageaient sans pain, sans bâtons et sans urnes,
Mordant au citron d'or de l'idéal amer.

La plupart râla dans les défilés nocturnes,
S'enivrant du bonheur de voir couler son sang,
O Mort le seul baiser aux bouches taciturnes !

Leur défaite, c'est par un ange très puissant
Debout à l'horizon dans le nu de son glaive :
Une pourpre se caille au sein reconnaissant.

Ils tètent la douleur comme ils tétaient le rêve
Et quand ils vont rythmant des pleurs voluptueux
Le peuple s'agenouille et leur mère se lève.

Ceux-là sont consolés, sûrs et majestueux ;
Mais traînent à leurs pas cent frères qu'on bafoue,
Dérisoires martyrs de hasards tortueux.

Le sel pareil des pleurs ronge leur douce joue,
Ils mangent de la cendre avec le même amour,
Mais vulgaire ou bouffon le destin qui les roue.

Ils pouvaient exciter aussi comme un tambour
La servile pitié des races à voix ternes,
Egaux de Prométhée à qui manque un vautour !

Non, vils et fréquentant les déserts sans citerne,
Ils courent sous le fouet d'un monarque rageur,
Le Guignon, dont le rire inouï les prosterne.

Amants, il saute en croupe à trois, le partageur !
Puis le torrent franchi, vous plonge en une mare
Et laisse un bloc boueux du blanc couple nageur.

Grâce à lui, si l'un souffle à son buccin bizarre,
Des enfants nous tordront en un rire obstiné
Qui, le poing à leur cul, singeront sa fanfare.

Grâce à lui, si l'urne orne à point un sein fané
Par une rose qui nubile le rallume,
De la bave luira sur son bouquet damné.

Et ce squelette nain, coiffé d'un feutre à plume
Et botté, dont l'aisselle a pour poils vrais des vers,
Est pour eux l'infini de la vaste amertume.

Vexés ne vont-ils pas provoquer le pervers,
Leur rapière grinçant suit le rayon de lune
Qui neige en sa carcasse et qui passe au travers.

Désolés sans l'orgueil qui sacre l'infortune,
Et tristes de venger leurs os de coups de bec,
Ils convoitent la haine, au lieu de la rancune.

Ils sont l'amusement des racleurs de rebec,
Des marmots, des putains et de la vieille engeance
Des loqueteux dansant quand le broc est à sec.

Les poëtes bons pour l'aumône ou la vengeance,
Ne connaissant le mal de ces dieux effacés,
Les disent ennuyeux et sans intelligence.

« Ils peuvent fuir ayant de chaque exploit assez,
» Comme un vierge cheval écume de tempête
» Plutôt que de partir en galops cuirassés.

» Nous soûlerons d'encens le vainqueur dans la fête :
» Mais eux, pourquoi n'endosser pas, ces baladins,
» D'écarlate haillon hurlant que l'on s'arrête ! »

Quand en face tous leur ont craché les dédains,
Nuls et la barbe à mots bas priant le tonnerre,
Ces héros excédés de malaises badins

Vont ridiculement se pendre au réverbère.

Apparition

La lune s'attristait. Des séraphins en pleurs
Rêvant, l'archet aux doigts, dans le calme des fleurs
Vaporeuses, tiraient de mourantes violes
De blancs sanglots glissant sur l'azur des corolles.
— C'était le jour béni de ton premier baiser.
Ma songerie aimant à me martyriser
S'enivrait savamment du parfum de tristesse
Que même sans regret et sans déboire laisse
La cueillaison d'un Rêve au cœur qui l'a cueilli.
J'errais donc, l'œil rivé sur le pavé vieilli
Quand avec du soleil aux cheveux, dans la rue
Et dans le soir, tu m'es en riant apparue
Et j'ai cru voir la fée au chapeau de clarté
Qui jadis sur mes beaux sommeils d'enfant gâté
Passait, laissant toujours de ses mains mal fermées
Neiger de blancs bouquets d'étoiles parfumées.

Placet futile

Princesse ! à jalouser le destin d'une Hébé
Qui poind sur cette tasse au baiser de vos lèvres,
J'use mes feux mais n'ai rang discret que d'abbé
Et ne figurerai même nu sur le Sèvres.

Comme je ne suis pas ton bichon embarbé,
Ni la pastille ni du rouge, ni jeux mièvres
Et que sur moi je sais ton regard clos tombé,
Blonde dont les coiffeurs divins sont des orfèvres !

Nommez-nous... toi de qui tant de ris framboisés
Se joignent en troupeau d'agneaux apprivoisés
Chez tous broutant les vœux et bêlant aux délires,

Nommez-nous... pour qu'Amour ailé d'un éventail
M'y peigne flûte aux doigts endormant ce bercail,
Princesse, nommez-nous berger de vos sourires.

Le pitre châtié

Yeux, lacs avec ma simple ivresse de renaître
Autre que l'histrion qui du geste évoquais
Comme plume la suie ignoble des quinquets,
J'ai troué dans le mur de toile une fenêtre.

De ma jambe et des bras limpide nageur traître,
A bonds multipliés, reniant le mauvais
Hamlet ! c'est comme si dans l'onde j'innovais
Mille sépulcres pour y vierge disparaître.

Hilare or de cymbale à des poings irrité,
Tout à coup le soleil frappe la nudité
Qui pure s'exhala de ma fraîcheur de nacre,

Rance nuit de la peau quand sur moi vous passiez,
Ne sachant pas, ingrat ! que c'était tout mon sacre,
Ce fard noyé dans l'eau perfide des glaciers.

Une négresse...

Une négresse par le démon secouée
Veut goûter une enfant triste de fruits nouveaux
Et criminels aussi sous leur robe trouée,
Cette goinfre s'apprête à de rusés travaux :

A son ventre compare heureuses deux tétines
Et, si haut que la main ne le saura saisir,
Elle darde le choc obscur de ses bottines
Ainsi que quelque langue inhabile au plaisir.

Contre la nudité peureuse de gazelle
Qui tremble, sur le dos tel un fol éléphant
Renversée elle attend et s'admire avec zèle,
En riant de ses dents naïves à l'enfant ;

Et, dans ses jambes où la victime se couche,
Levant une peau noire ouverte sous le crin,
Avance le palais de cette étrange bouche
Pâle et rose comme un coquillage marin.

Les fenêtres

Las du triste hôpital, et de l'encens fétide
Qui monte en la blancheur banale des rideaux
Vers le grand crucifix ennuyé du mur vide,
Le moribond sournois y redresse un vieux dos,

Se traîne et va, moins pour chauffer sa pourriture
Que pour voir du soleil sur les pierres, coller
Les poils blancs et les os de la maigre figure
Aux fenêtres qu'un beau rayon clair veut hâler.

Et la bouche, fiévreuse et d'azur bleu vorace,
Telle, jeune, elle alla respirer son trésor,
Une peau virginale et de jadis ! encrasse
D'un long baiser amer les tièdes carreaux d'or.

Ivre, il vit, oubliant l'horreur des saintes huiles,
Les tisanes, l'horloge et le lit infligé,
La toux ; et quand le soir saigne parmi les tuiles,
Son œil, à l'horizon de lumière gorgé,

Voit des galères d'or, belles comme des cygnes,
Sur un fleuve de pourpre et de parfums dormir
En berçant l'éclair fauve et riche de leurs lignes
Dans un grand nonchaloir chargé de souvenir !

Ainsi, pris du dégoût de l'homme à l'âme dure
Vautré dans le bonheur, où ses seuls appétits
Mangent, et qui s'entête à chercher cette ordure
Pour l'offrir à la femme allaitant ses petits,

Je fuis et je m'accroche à toutes les croisées
D'où l'on tourne l'épaule à la vie, et, béni,
Dans leur verre, lavé d'éternelles rosées,
Que dore le matin chaste de l'Infini

Je me mire et me vois ange ! et je meurs, et j'aime
— Que la vitre soit l'art, soit la mysticité —
A renaître, portant mon rêve en diadème,
Au ciel antérieur où fleurit la Beauté !

Mais, hélas ! Ici-bas est maître : sa hantise
Vient m'écœurer parfois jusqu'en cet abri sûr,
Et le vomissement impur de la Bêtise
Me force à me boucher le nez devant l'azur.

Est-il moyen, ô Moi qui connais l'amertume,
D'enfoncer le cristal par le monstre insulté
Et de m'enfuir, avec mes deux ailes sans plume
— Au risque de tomber pendant l'éternité ?

Les fleurs

Des avalanches d'or du vieil azur, au jour
Premier et de la neige éternelle des astres
Jadis tu détachas les grands calices pour
La terre jeune encore et vierge de désastres,

Le glaïeul fauve, avec les cygnes au col fin,
Et ce divin laurier des âmes exilées
Vermeil comme le pur orteil du séraphin
Que rougit la pudeur des aurores foulées,

L'hyacinthe, le myrte à l'adorable éclair
Et, pareille à la chair de la femme, la rose
Cruelle, Hérodiade en fleur du jardin clair,
Celle qu'un sang farouche et radieux arrose !

Et tu fis la blancheur sanglotante des lys
Qui roulant sur des mers de soupirs qu'elle effleure
A travers l'encens bleu des horizons pâlis
Monte rêveusement vers la lune qui pleure !

Hosannah sur le cistre et dans les encensoirs,
Notre Dame, hosannah du jardin de nos limbes !
Et finisse l'écho par les célestes soirs,
Extase des regards, scintillement des nimbes !

O Mère qui créas en ton sein juste et fort,
Calices balançant la future fiole,
De grandes fleurs avec la balsamique Mort
Pour le poëte las que la vie étiole.

Renouveau

Le printemps maladif a chassé tristement
L'hiver, saison de l'art serein, l'hiver lucide,
Et, dans mon être à qui le sang morne préside
L'impuissance s'étire en un long bâillement.

Des crépuscules blancs tiédissent sous mon crâne
Qu'un cercle de fer serre ainsi qu'un vieux tombeau
Et triste, j'erre après un rêve vague et beau,
Par les champs où la sève immense se pavane

Puis je tombe énervé de parfums d'arbres, las,
Et creusant de ma face une fosse à mon rêve,
Mordant la terre chaude où poussent les lilas,

J'attends, en m'abîmant que mon ennui s'élève...
— Cependant l'Azur rit sur la haie et l'éveil
De tant d'oiseaux en fleur gazouillant au soleil.

Angoisse

Je ne viens pas ce soir vaincre ton corps, ô bête
En qui vont les péchés d'un peuple, ni creuser
Dans tes cheveux impurs une triste tempête
Sous l'incurable ennui que verse mon baiser :

Je demande à ton lit le lourd sommeil sans songes
Planant sous les rideaux inconnus du remords,
Et que tu peux goûter après tes noirs mensonges,
Toi qui sur le néant en sais plus que les morts.

Car le Vice, rongeant ma native noblesse
M'a comme toi marqué de sa stérilité,
Mais tandis que ton sein de pierre est habité

Par un cœur que la dent d'aucun crime ne blesse,
Je fuis, pâle, défait, hanté par mon linceul,
Ayant peur de mourir lorsque je couche seul.

Las de l'amer repos...

Las de l'amer repos où ma paresse offense
Une gloire pour qui jadis j'ai fui l'enfance
Adorable des bois de roses sous l'azur
Naturel, et plus las sept fois du pacte dur
De creuser par veillée une fosse nouvelle
Dans le terrain avare et froid de ma cervelle,
Fossoyeur sans pitié pour la stérilité,
— Que dire à cette Aurore, ô Rêves, visité
Par les roses, quand, peur de ses roses livides,
Le vaste cimetière unira les trous vides ? —

Je veux délaisser l'Art vorace d'un pays
Cruel, et, souriant aux reproches vieillis
Que me font mes amis, le passé, le génie,
Et ma lampe qui sait pourtant mon agonie,
Imiter le Chinois au cœur limpide et fin
De qui l'extase pure est de peindre la fin
Sur ses tasses de neige à la lune ravie
D'une bizarre fleur qu'il a sentie, enfant,
Au filigrane bleu de l'âme se greffant.

Et, la mort telle avec le seul rêve du sage,
Serein, je vais choisir un jeune paysage
Que je peindrais encor sur les tasses, distrait.
Une ligne d'azur mince et pâle serait
Un lac, parmi le ciel de porcelaine nue,
Un clair croissant perdu par une blanche nue
Trempe sa corne calme en la glace des eaux,
Non loin de trois grands cils d'émeraude, roseaux.

Le sonneur

Cependant que la cloche éveille sa voix claire
A l'air pur et limpide et profond du matin
Et passe sur l'enfant qui jette pour lui plaire
Un angélus parmi la lavande et le thym,

Le sonneur effleuré par l'oiseau qu'il éclaire,
Chevauchant tristement en geignant du latin
Sur la pierre qui tend la corde séculaire,
N'entend descendre à lui qu'un tintement lointain.

Je suis cet homme. Hélas ! de la nuit désireuse,
J'ai beau tirer le câble à sonner l'Idéal,
De froids péchés s'ébat un plumage féal,

Et la voix ne me vient que par bribes et creuse !
Mais, un jour, fatigué d'avoir en vain tiré,
O Satan, j'ôterai la pierre et me pendrai.

Tristesse d'été

Le soleil, sur le sable, ô lutteuse endormie,
En l'or de tes cheveux chauffe un bain langoureux
Et, consumant l'encens sur ta joue ennemie,
Il mêle avec les pleurs un breuvage amoureux.

De ce blanc flamboiement l'immuable accalmie
T'a fait dire, attristée, ô mes baisers peureux,
« Nous ne serons jamais une seule momie
Sous l'antique désert et les palmiers heureux ! »

Mais ta chevelure est une rivière tiède,
Où noyer sans frissons l'âme qui nous obsède
Et trouver ce Néant que tu ne connais pas !

Je goûterai le fard pleuré par tes paupières,
Pour voir s'il sait donner au cœur que tu frappas
L'insensibilité de l'azur et des pierres.

L'azur

De l'éternel azur la sereine ironie
Accable, belle indolemment comme les fleurs,
Le poëte impuissant qui maudit son génie
A travers un désert stérile de Douleurs.

Fuyant, les yeux fermés, je le sens qui regarde
Avec l'intensité d'un remords atterrant,
Mon âme vide. Où fuir ? Et quelle nuit hagarde
Jeter, lambeaux, jeter sur ce mépris navrant ?

Brouillards, montez ! Versez vos cendres monotones
Avec de longs haillons de brume dans les cieux
Qui noiera le marais livide des automnes
Et bâtissez un grand plafond silencieux !

Et toi, sors des étangs léthéens et ramasse
En t'en venant la vase et les pâles roseaux,
Cher Ennui, pour boucher d'une main jamais lasse
Les grands trous bleus que font méchamment les
　　　　　　　　　　　　　　　　　　[oiseaux.

Encor ! que sans répit les tristes cheminées
Fument, et que de suie une errante prison
Eteigne dans l'horreur de ses noires traînées
Le soleil se mourant jaunâtre à l'horizon !

— Le Ciel est mort. — Vers toi, j'accours ! donne, ô
L'oubli de l'Idéal cruel et du Péché   [matière,
A ce martyr qui vient partager la litière
Où le bétail heureux des hommes est couché,

Car j'y veux, puisque enfin ma cervelle, vidée
Comme le pot de fard gisant au pied d'un mur,
N'a plus l'art d'attifer la sanglotante idée,
Lugubrement bâiller vers un trépas obscur...

En vain ! l'Azur triomphe, et je l'entends qui chante
Dans les cloches. Mon âme, il se fait voix pour plus
Nous faire peur avec sa victoire méchante,
Et du métal vivant sort en bleus angélus !

Il roule par la brume, ancien et traverse
Ta native agonie ainsi qu'un glaive sûr ;
Où fuir dans la révolte inutile et perverse ?
Je suis hanté. L'Azur ! l'Azur ! l'Azur ! l'Azur !

Brise marine

La chair est triste, hélas ! et j'ai lu tous les livres.
Fuir ! là-bas fuir ! Je sens que des oiseaux sont ivres
D'être parmi l'écume inconnue et les cieux !
Rien, ni les vieux jardins reflétés par les yeux
Ne retiendra ce cœur qui dans la mer se trempe
O nuits ! ni la clarté déserte de ma lampe
Sur le vide papier que la blancheur défend
Et ni la jeune femme allaitant son enfant.
Je partirai ! Steamer balançant ta mâture,
Lève l'ancre pour une exotique nature !

Un Ennui, désolé par les cruels espoirs,
Croit encore à l'adieu suprême des mouchoirs !
Et, peut-être, les mâts, invitant les orages
Sont-ils de ceux qu'un vent penche sur les naufrages
Perdus, sans mâts, sans mâts, ni fertiles îlots...
Mais, ô mon cœur, entends le chant des matelots !

Soupir

Mon âme vers ton front où rêve, ô calme sœur,
Un automne jonché de taches de rousseur,
Et vers le ciel errant de ton œil angélique
Monte, comme dans un jardin mélancolique,
Fidèle, un blanc jet d'eau soupire vers l'Azur !
— Vers l'Azur attendri d'Octobre pâle et pur
Qui mire aux grands bassins sa langueur infinie
Et laisse, sur l'eau morte où la fauve agonie
Des feuilles erre au vent et creuse un froid sillon,
Se traîner le soleil jaune d'un long rayon.

Aumône

Prends ce sac, Mendiant ! tu ne le cajolas
Sénile nourrisson d'une tétine avare
Afin de pièce à pièce en égoutter ton glas.

Tire du métal cher quelque péché bizarre
Et vaste comme nous, les poings pleins, le baisons
Souffles-y qu'il se torde ! une ardente fanfare.

Eglise avec l'encens que toutes ces maisons
Sur les murs quand berceur d'une bleue éclaircie
Le tabac sans parler roule les oraisons,

Et l'opium puissant brise la pharmacie !
Robes et peau, veux-tu lacérer le satin
Et boire en la salive heureuse l'inertie,

Par les cafés princiers attendre le matin ?
Les plafonds enrichis de nymphes et de voiles,
On jette, au mendiant de la vitre, un festin.

Et quand tu sors, vieux dieu, grelottant sous tes toiles
D'emballage, l'aurore est un lac de vin d'or
Et tu jures avoir au gosier les étoiles !

Faute de supputer l'éclat de ton trésor,
Tu peux du moins t'orner d'une plume, à complies
Servir un cierge au saint en qui tu crois encor.

Ne t'imagine pas que je dis des folies.
La terre s'ouvre vieille à qui crève la faim.
Je hais une autre aumône et veux que tu m'oublies.

Et surtout ne va pas, frère, acheter du pain.

Don du poëme

Je t'apporte l'enfant d'une nuit d'Idumée !
Noire, à l'aile saignante et pâle, déplumée,
Par le verre brûlé d'aromates et d'or,
Par les carreaux glacés, hélas ! mornes encor,
L'aurore se jeta sur la lampe angélique.
Palmes ! et quand elle a montré cette relique
A ce père essayant un sourire ennemi,
La solitude bleue et stérile a frémi.
O la berceuse, avec ta fille et l'innocence
De vos pieds froids, accueille une horrible naissance :
Et ta voix rappelant viole et clavecin,
Avec le doigt fané presseras-tu le sein
Par qui coule en blancheur sibylline la femme
Pour les lèvres que l'air du vierge azur affame ?

Hérodiade

I. OUVERTURE ANCIENNE
D'HÉRODIADE

LA NOURRICE

(Incantation)

Abolie, et son aile affreuse dans les larmes
Du bassin, aboli, qui mire les alarmes,
Des ors nus fustigeant l'espace cramoisi,
Une Aurore a, plumage héraldique, choisi
Notre tour cinéraire et sacrificatrice,
Lourde tombe qu'a fuie un bel oiseau, caprice
Solitaire d'aurore au vain plumage noir...
Ah ! des pays déchus et tristes le manoir !
Pas de clapotement ! L'eau morne se résigne,

Que ne visite plus la plume ni le cygne
Inoubliable : l'eau reflète l'abandon
De l'automne éteignant en elle son brandon :
Du cygne quand parmi le pâle mausolée
Où la plume plongea la tête, désolée
Par le diamant pur de quelque étoile, mais
Antérieure, qui ne scintilla jamais.
Crime ! bûcher ! aurore ancienne ! supplice !
Pourpre d'un ciel ! Etang de la pourpre complice !
Et sur les incarnats, grand ouvert, ce vitrail.

La chambre singulière en un cadre, attirail
De siècle belliqueux, orfèvrerie éteinte,
A le neigeux jadis pour ancienne teinte,
Et sa tapisserie, au lustre nacré, plis
Inutiles avec les yeux ensevelis
De sibylles offrant leur ongle vieil aux Mages.
Une d'elles, avec un passé de ramages
Sur ma robe blanchie en l'ivoire fermé
Au ciel d'oiseaux parmi l'argent noir parsemé,
Semble, de vols partir costumée et fantôme,
Un arôme qui porte, ô roses ! un arôme,
Loin du lit vide qu'un cierge soufflé cachait,
Un arôme d'ors froids rôdant sur le sachet,
Une touffe de fleurs parjures à la lune
(A la cire expirée encor s'effeuille l'une),
De qui le long regret et les tiges de qui
Trempent en un seul verre à l'éclat alangui.
Une Aurore traînait ses ailes dans les larmes !

Ombre magicienne aux symboliques charmes !
Une voix, du passé longue évocation,

Est-ce la mienne prête à l'incantation ?
Encore dans les plis jaunes de la pensée
Traînant, antique, ainsi qu'une étoile encensée
Sur un confus amas d'ostensoirs refroidis,
Par les trous anciens et par les plis roidis
Percés selon le rythme et les dentelles pures
Du suaire laissant par ses belles guipures
Désespéré monter le vieil éclat voilé
S'élève : (ô quel lointain en ces appels celé !)
Le vieil éclat voilé du vermeil insolite,
De la voix languissant, nulle, sans acolyte,
Jettera-t-il son or par dernières splendeurs,
Elle, encore, l'antienne aux versets demandeurs,
A l'heure d'agonie et de luttes funèbres !
Et, force du silence et des noires ténèbres
Tout rentre également en l'ancien passé,
Fatidique, vaincu, monotone, lassé,
Comme l'eau des bassins anciens se résigne.

Elle a chanté, parfois incohérente, signe
Lamentable !
　　　　　le lit aux pages de vélin,
Tel, inutile et si claustral, n'est pas le lin !
Qui des rêves par plis n'a plus le cher grimoire,
Ni le dais sépulcral à la déserte moire,
Le parfum des cheveux endormis. L'avait-il ?
Froide enfant, de garder en son plaisir subtil
Au matin grelottant de fleurs, ses promenades,
Et quand le soir méchant a coupé les grenades !
Le croissant, oui le seul est au cadran de fer
De l'horloge, pour poids suspendant Lucifer,
Toujours blessé, toujours une nouvelle heurée,
Par la clepsydre à la goutte obscure pleurée,

Que, délaissée, elle erre, et sur son ombre pas
Un ange accompagnant son indicible pas !
Il ne sait pas cela le roi qui salarie,
Depuis longtemps la gorge ancienne est tarie.
Son père ne sait pas cela, ni le glacier
Farouche reflétant de ses armes l'acier,
Quand sur un tas gisant de cadavres sans coffre
Odorant de résine, énigmatique, il offre
Ses trompettes d'argent obscur aux vieux sapins !
Reviendra-t-il un jour des pays cisalpins !
Assez tôt ? Car tout est présage et mauvais rêve !
A l'ongle qui parmi le vitrage s'élève
Selon le souvenir des trompettes, le vieux
Ciel brûle, et change un doigt en un cierge envieux.
Et bientôt sa rougeur de triste crépuscule
Pénétrera du corps la cire qui recule !
De crépuscule, non, mais de rouge lever,
Lever du jour dernier qui vient tout achever,
Si triste se débat, que l'on ne sait plus l'heure
La rougeur de ce temps prophétique qui pleure
Sur l'enfant, exilée en son cœur précieux
Comme un cygne cachant en sa plume ses yeux,
Comme les mit le vieux cygne en sa plume, allée
De la plume détresse, en l'éternelle allée
De ses espoirs, pour voir les diamants élus
D'une étoile mourante, et qui ne brille plus.

II. SCÈNE

LA NOURRICE — HÉRODIADE

N.

Tu vis ! ou vois-je ici l'ombre d'une princesse ?
À mes lèvres tes doigts et leurs bagues et cesse
De marcher dans un âge ignoré...

H.

                         Reculez.
Le blond torrent de mes cheveux immaculés
Quand il baigne mon corps solitaire le glace
D'horreur, et mes cheveux que la lumière enlace
Sont immortels. O femme, un baiser me tûrait
Si la beauté n'était la mort...
                         Par quel attrait
Menée et quel matin oublié des prophètes
Verse, sur les lointains mourants, ses tristes fêtes,
Le sais-je ? tu m'as vue, ô nourrice d'hiver,
Sous la lourde prison de pierres et de fer
Où de mes vieux lions traînent les siècles fauves
Entrer, et je marchais, fatale, les mains sauves,
Dans le parfum désert de ces anciens rois :
Mais encore as-tu vu quels furent mes effrois ?
Je m'arrête rêvant aux exils, et j'effeuille,
Comme près d'un bassin dont le jet d'eau m'accueille,
Les pâles lys qui sont en moi, tandis qu'épris
De suivre du regard les languides débris

Descendre, à travers ma rêverie, en silence,
Les lions, de ma robe écartent l'indolence
Et regardent mes pieds qui calmeraient la mer.
Calme, toi, les frissons de ta sénile chair,
Viens et ma chevelure imitant les manières
Trop farouches qui font votre peur des crinières,
Aide-moi, puisqu'ainsi tu n'oses plus me voir,
A me peigner nonchalamment dans un miroir.

N.

Sinon la myrrhe gaie en ses bouteilles closes,
De l'essence ravie aux vieillesses de roses,
Voulez-vous, mon enfant, essayer la vertu
Funèbre ?

H.

Laisse là ces parfums ! ne sais-tu
Que je les hais, nourrice, et veux-tu que je sente
Leur ivresse noyer ma tête languissante ?
Je veux que mes cheveux qui ne sont pas des fleurs
A répandre l'oubli des humaines douleurs,
Mais de l'or, à jamais vierge des aromates,
Dans leurs éclairs cruels et dans leurs pâleurs mates,
Observent la froideur stérile du métal,
Vous ayant reflétés, joyaux du mur natal,
Armes, vases depuis ma solitaire enfance.

N.

Pardon ! l'âge effaçait, reine, votre défense
De mon esprit pâli comme un vieux livre ou noir...

H.

Assez ! Tiens devant moi ce miroir.

                    O miroir !
Eau froide par l'ennui dans ton cadre gelée
Que de fois et pendant des heures, désolée
Des songes et cherchant mes souvenirs qui sont
Comme des feuilles sous ta glace au trou profond,
Je m'apparus en toi comme une ombre lointaine,
Mais, horreur ! des soirs, dans ta sévère fontaine,
J'ai de mon rêve épars connu la nudité !

Nourrice, suis-je belle ?

N.

                    Un astre, en vérité
Mais cette tresse tombe...

H.

                    Arrête dans ton crime
Qui refroidit mon sang vers sa source, et réprime
Ce geste, impiété fameuse : ah ! conte-moi
Quel sûr démon te jette en le sinistre émoi,
Ce baiser, ces parfums offerts et, le dirai-je ?
O mon cœur, cette main encore sacrilège,
Car tu voulais, je crois, me toucher, sont un jour
Qui ne finira pas sans malheur sur la tour...
O jour qu'Hérodiade avec effroi regarde !

N.

Temps bizarre, en effet, de quoi le ciel vous garde !
Vous errez, ombre seule et nouvelle fureur,

Et regardant en vous précoce avec terreur ;
Mais toujours adorable autant qu'une immortelle,
O mon enfant, et belle affreusement et telle
Que...

H.

Mais n'allais-tu pas me toucher ?

N.

... J'aimerais
Etre à qui le destin réserve vos secrets.

H.

Oh ! tais-toi !

N.

Viendra-t-il parfois ?

H.

Etoiles pures,
N'entendez pas !

N.

Comment, sinon parmi d'obscures
Epouvantes, songer plus implacable encor
Et comme suppliant le dieu que le trésor
De votre grâce attend ! et pour qui, dévorée
D'angoisses, gardez-vous la splendeur ignorée
Et le mystère vain de votre être ?

H.

Pour moi.

N.

Triste fleur qui croît seule et n'a pas d'autre émoi
Que son ombre dans l'eau vue avec atonie.

H.

Va, garde ta pitié comme ton ironie.

N.

Toutefois expliquez : oh ! non, naïve enfant,
Décroîtra, quelque jour, ce dédain triomphant.

H.

Mais qui me toucherait, des lions respectée ?
Du reste, je ne veux rien d'humain et, sculptée,
Si tu me vois les yeux perdus au paradis,
C'est quand je me souviens de ton lait bu jadis.

N.

Victime lamentable à son destin offerte !

H.

Oui, c'est pour moi, pour moi, que je fleuris, déserte !
Vous le savez, jardins d'améthyste, enfouis
Sans fin dans de savants abîmes éblouis,
Ors ignorés, gardant votre antique lumière
Sous le sombre sommeil d'une terre première,

Vous, pierres où mes yeux comme de purs bijoux
Empruntent leur clarté mélodieuse, et vous
Métaux qui donnez à ma jeune chevelure
Une splendeur fatale et sa massive allure !
Quant à toi, femme née en des siècles malins
Pour la méchanceté des antres sibyllins,
Qui parles d'un mortel ! selon qui, des calices
De mes robes, arôme aux farouches délices,
Sortirait le frisson blanc de ma nudité,
Prophétise que si le tiède azur d'été,
Vers lui nativement la femme se dévoile,
Me voit dans ma pudeur grelottante d'étoile,
Je meurs !

              J'aime l'horreur d'être vierge et je veux
Vivre parmi l'effroi que me font mes cheveux
Pour, le soir, retirée en ma couche, reptile
Inviolé sentir en la chair inutile
Le froid scintillement de ta pâle clarté
Toi qui te meurs, toi qui brûles de chatesté,
Nuit blanche de glaçons et de neige cruelle !
Et ta sœur solitaire, ô ma sœur éternelle
Mon rêve montera vers toi : telle déjà,
Rare limpidité d'un cœur qui le songea,
Je me crois seule en ma monotone patrie
Et tout, autour de moi, vit dans l'idolâtrie
D'un miroir qui reflète en son calme dormant
Hérodiade au clair regard de diamant...
O charme dernier, oui ! je le sens, je suis seule.

N.

Madame, allez-vous donc mourir ?

H.

Non, pauvre aïeule,
Sois calme et, t'éloignant, pardonne à ce cœur dur,
Mais avant, si tu veux, clos les volets, l'azur
Séraphique sourit dans les vitres profondes,
Et je déteste, moi, le bel azur !

Des ondes
Se bercent et, là-bas, sais-tu pas un pays
Où le sinistre ciel ait les regards haïs
De Vénus qui, le soir, brûle dans le feuillage :
J'y partirais.

Allume encore, enfantillage
Dis-tu, ces flambeaux où la cire au feu léger
Pleure parmi l'or vain quelque pleur étranger
Et...

N.

Maintenant ?

H.

Adieu.
Vous mentez, ô fleur nue
De mes lèvres.
J'attends une chose inconnue
Ou peut-être, ignorant le mystère et vos cris,
Jetez-vous les sanglots suprêmes et meurtris
D'une enfance sentant parmi les rêveries
Se séparer enfin ses froides pierreries.

III. CANTIQUE DE SAINT JEAN

Le soleil que sa halte
Surnaturelle exalte
Aussitôt redescend
    Incandescent

Je sens comme aux vertèbres
S'éployer des ténèbres
Toutes dans un frisson
    A l'unisson

Et ma tête surgie
Solitaire vigie
Dans les vols triomphaux
    De cette faux

Comme rupture franche
Plutôt refoule ou tranche
Les anciens désaccords
    Avec le corps

Qu'elle de jeûnes ivre
S'opiniâtre à suivre
En quelque bond hagard
    Son pur regard

Là-haut où la froidure
Eternelle n'endure
Que vous le surpassiez
   Tous ô glaciers

Mais selon un baptême
Illuminée au même
Principe qui m'élut
   Penche un salut.

L'après-midi d'un faune

Eglogue

LE FAUNE

Ces nymphes, je les veux perpétuer.

                                  Si clair,
Leur incarnat léger, qu'il voltige dans l'air
Assoupi de sommeils touffus.

                              Aimai-je un rêve ?
Mon doute, amas de nuit ancienne, s'achève
En maint rameau subtil, qui, demeuré les vrais
Bois mêmes, prouve, hélas ! que bien seul je m'offrais
Pour triomphe la faute idéale de roses.
Réfléchissons...

                      ou si les femmes dont tu gloses
Figurent un souhait de tes sens fabuleux !
Faune, l'illusion s'échappe des yeux bleus

Et froids, comme une source en pleurs, de la plus
[chaste :
Mais, l'autre tout soupirs, dis-tu qu'elle contraste
Comme brise du jour chaude dans ta toison ?
Que non ! par l'immobile et lasse pâmoison
Suffoquant de chaleurs le matin frais s'il lutte,
Ne murmure point d'eau que ne verse ma flûte
Au bosquet arrosé d'accords ; et le seul vent
Hors des deux tuyaux prompt à s'exhaler avant
Qu'il disperse le son dans une pluie aride,
C'est, à l'horizon pas remué d'une ride,
Le visible et serein souffle artificiel
De l'inspiration, qui regagne le ciel.

O bords siciliens d'un calme marécage
Qu'à l'envi de soleils ma vanité saccage,
Tacite sous les fleurs d'étincelles, CONTEZ
« *Que je coupais ici les creux roseaux domptés*
» *Par le talent ; quand, sur l'or glauque de lointaines*
» *Verdures dédiant leur vigne à des fontaines,*
» *Ondoie une blancheur animale au repos :*
» *Et qu'au prélude lent où naissent les pipeaux*
» *Ce vol de cygnes, non ! de naïades se sauve*
» *Ou plonge...* »

                 Inerte, tout brûle dans l'heure fauve
Sans marquer par quel art ensemble détala
Trop d'hymen souhaité de qui cherche le *la* :
Alors m'éveillerai-je à la ferveur première,
Droit et seul, sous un flot antique de lumière,
Lys ! et l'un de vous tous pour l'ingénuité.

Autre que ce doux rien par leur lèvre ébruité,
Le baiser, qui tout bas des perfides assure,
Mon sein, vierge de preuve, atteste une morsure
Mystérieuse, due à quelque auguste dent ;
Mais, bast ! arcane tel élut pour confident
Le jonc vaste et jumeau dont sous l'azur on joue :
Qui, détournant à soi le trouble de la joue,
Rêve, dans un solo long, que nous amusions
La beauté d'alentour par des confusions
Fausses entre elle-même et notre chant crédule ;
Et de faire aussi haut que l'amour se module
Evanouir du songe ordinaire de dos
Ou de flanc pur suivis avec mes regards clos,
Une sonore, vaine et monotone ligne.

Tâche donc, instrument des fuites, ô maligne
Syrinx, de refleurir aux lacs où tu m'attends !
Moi, de ma rumeur fier, je vais parler longtemps
Des déesses ; et par d'idolâtres peintures,
A leur ombre enlever encore des ceintures :
Ainsi, quand des raisins j'ai sucé la clarté,
Pour bannir un regret par ma feinte écarté,
Rieur, j'élève au ciel d'été la grappe vide
Et, soufflant dans ses peaux lumineuses, avide
D'ivresse, jusqu'au soir je regarde au travers.

O nymphes, regonflons des SOUVENIRS divers.
« *Mon œil, trouant les joncs, dardait chaque encolure*
» *Immortelle, qui noie en l'onde sa brûlure*
» *Avec un cri de rage au ciel de la forêt ;*
» *Et le splendide bain de cheveux disparaît*

» *Dans les clartés et les frissons, ô pierreries !*
» *J'accours ; quand, à mes pieds, s'entrejoignent*
[(*meurtries*
» *De la langueur goûtée à ce mal d'être deux)*
» *Des dormeuses parmi leurs seuls bras hasardeux ;*
» *Je les ravis, sans les désenlacer, et vole*
» *A ce massif, haï par l'ombrage frivole,*
» *De roses tarissant tout parfum au soleil,*
» *Où notre ébat au jour consumé soit pareil.* »
Je t'adore, courroux des vierges, ô délice
Farouche du sacre fardeau nu qui se glisse
Pour fuir ma lèvre en feu buvant, comme un éclair
Tressaille ! la frayeur secrète de la chair :
Des pieds de l'inhumaine au cœur de la timide
Que délaisse à la fois une innocence, humide
De larmes folles ou de moins tristes vapeurs.
« *Mon crime, c'est d'avoir, gai de vaincre ces peurs*
» *Traîtresses, divisé la touffe échevelée*
» *De baisers que les dieux gardaient si bien mêlée :*
» *Car, à peine j'allais cacher un rire ardent*
» *Sous les replis heureux d'une seule (gardant*
» *Par un doigt simple, afin que sa candeur de plume*
» *Se teignît à l'émoi de sa sœur qui s'allume,*
» *La petite, naïve et ne rougissant pas :)*
» *Que de mes bras, défaits par de vagues trépas,*
» *Cette proie, à jamais ingrate se délivre*
» *Sans pitié du sanglot dont j'étais encore ivre.* »

Tant pis ! vers le bonheur d'autres m'entraîneront
Par leur tresse nouée aux cornes de mon front :
Tu sais, ma passion, que, pourpre et déjà mûre,
Chaque grenade éclate et d'abeilles murmure ;
Et notre sang, épris de qui le va saisir,

Coule pour tout l'essaim éternel du désir.
A l'heure où ce bois d'or et de cendres se teinte
Une fête s'exalte en la feuillée éteinte :
Etna ! c'est parmi toi visité de Vénus
Sur ta lave posant ses talons ingénus,
Quand tonne un somme triste ou s'épuise la flamme.
Je tiens la reine !

       O sûr châtiment...
                       Non, mais l'âme
De paroles vacante et ce corps alourdi
Tard succombent au fier silence de midi :
Sans plus il faut dormir en l'oubli du blasphème,
Sur le sable altéré gisant et comme j'aime
Ouvrir ma bouche à l'astre efficace des vins !

Couple, adieu ; je vais voir l'ombre que tu devins.

La chevelure...

La chevelure vol d'une flamme à l'extrême
Occident de désirs pour la tout déployer
Se pose (je dirais mourir un diadème)
Vers le front couronné son ancien foyer

Mais sans or soupirer que cette vive nue
L'ignition du feu toujours intérieur
Originellement la seule continue
Dans le joyau de l'œil véridique ou rieur

Une nudité de héros tendre diffame
Celle qui ne mouvant astre ni feux au doigt
Rien qu'à simplifier avec gloire la femme
Accomplit par son chef fulgurante l'exploit

De semer de rubis le doute qu'elle écorche
Ainsi qu'une joyeuse et tutélaire torche.

Sainte

A la fenêtre recelant
Le santal vieux qui se dédore
De sa viole étincelant
Jadis avec flûte ou mandore,

Est la Sainte pâle, étalant
Le livre vieux qui se déplie
Du Magnificat ruisselant
Jadis selon vêpre et complie :

A ce vitrage d'ostensoir
Que frôle une harpe par l'Ange
Formée avec son vol du soir
Pour la délicate phalange

Du doigt que, sans le vieux santal
Ni le vieux livre, elle balance
Sur le plumage instrumental,
Musicienne du silence.

Toast funèbre

O de notre bonheur, toi, le fatal emblème !

Salut de la démence et libation blême,
Ne crois pas qu'au magique espoir du corridor
J'offre ma coupe vide où souffre un monstre d'or !
Ton apparition ne va pas me suffire :
Car je t'ai mis, moi-même, en un lieu de porphyre.
Le rite est pour les mains d'éteindre le flambeau
Contre le fer épais des portes du tombeau :
Et l'on ignore mal, élu pour notre fête
Très simple de chanter l'absence du poëte,
Que ce beau monument l'enferme tout entier.
Si ce n'est que la gloire ardente du métier,
Jusqu'à l'heure commune et vile de la cendre,
Par le carreau qu'allume un soir fier d'y descendre,
Retourne vers les feux du pur soleil mortel !

Magnifique, total et solitaire, tel
Tremble de s'exhaler le faux orgueil des hommes.
Cette foule hagarde ! elle annonce : Nous sommes
La triste opacité de nos spectres futurs.
Mais le blason des deuils épars sur de vains murs
J'ai méprisé l'horreur lucide d'une larme,

Quand, sourd même à mon vers sacré qui ne l'alarme
Quelqu'un de ces passants, fier, aveugle et muet,
Hôte de son linceul vague, se transmuait
En le vierge héros de l'attente posthume.
Vaste gouffre apporté dans l'amas de la brume
Par l'irascible vent des mots qu'il n'a pas dits,
Le néant à cet Homme aboli de jadis :
« Souvenirs d'horizons, qu'est-ce, ô toi, que la Terre ? »
Hurle ce songe ; et, voix dont la clarté s'altère,
L'espace a pour jouet le cri : « Je ne sais pas ! »

Le Maître, par un œil profond, a, sur ses pas,
Apaisé de l'éden l'inquiète merveille
Dont le frisson final, dans sa voix seule, éveille
Pour la Rose et le Lys le mystère d'un nom.
Est-il de ce destin rien qui demeure, non ?
O vous tous, oubliez une croyance sombre.
Le splendide génie éternel n'a pas d'ombre.
Moi, de votre désir soucieux, je veux voir,
A qui s'évanouit, hier, dans le devoir
Idéal que nous font les jardins de cet astre,
Survivre pour l'honneur du tranquille désastre
Une agitation solennelle par l'air
De paroles, pourpre ivre et grand calice clair,
Que, pluie et diamant, le regard diaphane
Resté là sur ces fleurs dont nulle ne se fane,
Isole parmi l'heure et le rayon du jour !

C'est de nos vrais bosquets déjà tout le séjour,
Où le poëte pur a pour geste humble et large
De l'interdire au rêve, ennemi de sa charge :
Afin que le matin de son repos altier,

Quand la mort ancienne et comme pour Gautier
De n'ouvrir pas les yeux sacrés et de se taire,
Surgisse, de l'allée ornement tributaire,
Le sépulcre solide où gît tout ce qui nuit,
Et l'avare silence et la massive nuit.

Prose

(pour des Esseintes)

Hyperbole ! de ma mémoire
Triomphalement ne sais-tu
Te lever, aujourd'hui grimoire
Dans un livre de fer vêtu :

Car j'installe, par la science,
L'hymne des cœurs spirituels
En l'œuvre de ma patience,
Atlas, herbiers et rituels.

Nous promenions notre visage
(Nous fûmes deux, je le maintiens)
Sur maints charmes de paysage,
O sœur, y comparant les tiens.

L'ère d'autorité se trouble
Lorsque, sans nul motif, on dit
De ce midi que notre double
Inconscience approfondit

Que, sol des cent iris, son site,
Ils savent s'il a bien été,
Ne porte pas de nom que cite
L'or de la trompette d'Eté.

Oui, dans une île que l'air charge
De vue et non de visions
Toute fleur s'étalait plus large
Sans que nous en devisions.

Telles, immenses, que chacune
Ordinairement se para
D'un lucide contour, lacune,
Qui des jardins la sépara.

Gloire du long désir, Idées
Tout en moi s'exaltait de voir
La famille des iridées
Surgir à ce nouveau devoir,

Mais cette sœur sensée et tendre
Ne porta son regard plus loin
Que sourire et, comme à l'entendre
J'occupe mon antique soin.

Oh ! sache l'Esprit de litige,
A cette heure où nous nous taisons,
Que de lis multiples la tige
Grandissait trop pour nos raisons

Et non comme pleure la rive,
Quand son jeu monotone ment
A vouloir que l'ampleur arrive
Parmi mon jeune étonnement

D'ouïr tout le ciel et la carte
Sans fin attestés sur mes pas,
Par le flot même qui s'écarte,
Que ce pays n'exista pas.

L'enfant abdique son extase
Et docte déjà par chemins
Elle dit le mot : Anastase !
Né pour d'éternels parchemins,

Avant qu'un sépulcre ne rie
Sous aucun climat, son aïeul,
De porter ce nom : Pulchérie !
Caché par le trop grand glaïeul.

Éventail

de Madame Mallarmé.

Avec comme pour langage
Rien qu'un battement aux cieux
Le futur vers se dégage
Du logis très précieux

Aile tout bas la courrière
Cet éventail si c'est lui
Le même par qui derrière
Toi quelque miroir a lui

Limpide (où va redescendre
Pourchassée en chaque grain
Un peu d'invisible cendre
Seule à me rendre chagrin)

Toujours tel il apparaisse
Entre tes mains sans paresse.

Autre éventail

de Mademoiselle Mallarmé.

O rêveuse, pour que je plonge
Au pur délice sans chemin,
Sache, par un subtil mensonge,
Garder mon aile dans ta main.

Une fraîcheur de crépuscule
Te vient à chaque battement
Dont le coup prisonnier recule
L'horizon délicatement.

Vertige ! voici que frissonne
L'espace comme un grand baiser
Qui, fou de naître pour personne,
Ne peut jaillir ni s'apaiser.

Sens-tu le paradis farouche
Ainsi qu'un rire enseveli
Se couler du coin de ta bouche
Au fond de l'unanime pli !

Le sceptre des rivages roses
Stagnants sur les soirs d'or, ce l'est,
Ce blanc vol fermé que tu poses
Contre le feu d'un bracelet.

Éventail

De frigides roses pour vivre
Toutes la même interrompront
Avec un blanc calice prompt
Votre souffle devenu givre

Mais que mon battement délivre
La touffe par un choc profond
Cette frigidité se fond
En du rire de fleurir ivre

A jeter le ciel en détail
Voilà comme bon éventail
Tu conviens mieux qu'une fiole

Nul n'enfermant à l'émeri
Sans qu'il y perde ou le viole
L'arôme émané de Méry.

1890

Feuillet d'album

Tout à coup et comme par jeu
Mademoiselle qui voulûtes
Ouïr se révéler un peu
Le bois de mes diverses flûtes

Il me semble que cet essai
Tenté devant un paysage
A du bon quand je le cessai
Pour vous regarder au visage

Oui ce vain souffle que j'exclus
Jusqu'à la dernière limite
Selon mes quelques doigts perclus
Manque de moyens s'il imite

Votre très naturel et clair
Rire d'enfant qui charme l'air.

Remémoration d'amis belges

A des heures et sans que tel souffle l'émeuve
Toute la vétusté presque couleur encens
Comme furtive d'elle et visible je sens
Que se dévêt pli selon pli la pierre veuve

Flotte ou semble par soi n'apporter une preuve
Sinon d'épandre pour baume antique le temps
Nous immémoriaux quelques-uns si contents
Sur la soudaineté de notre amitié neuve

O très chers rencontrés en le jamais banal
Bruges multipliant l'aube au défunt canal
Avec la promenade éparse de maint cygne

Quand solennellement cette cité m'apprit
Lesquels entre ses fils un autre vol désigne
A prompte irradier ainsi qu'aile l'esprit.

Sonnet

Dame
        sans trop d'ardeur à la fois enflammant
La rose qui cruelle ou déchirée et lasse
Même du blanc habit de pourpre le délace
Pour ouïr dans sa chair pleurer le diamant

Oui sans ces crises de rosée et gentiment
Ni brise quoique, avec, le ciel orageux passe
Jalouse d'apporter je ne sais quel espace
Au simple jour le jour très vrai du sentiment,

Ne te semble-t-il pas, disons, que chaque année
Dont sur ton front renaît la grâce spontanée
Suffise selon quelque apparence et pour moi

Comme un éventail frais dans la chambre s'étonne
A raviver du peu qu'il faut ici d'émoi
Toute notre native amitié monotone.

Sonnet

O si chère de loin et proche et blanche, si
Délicieusement toi, Mary, que je songe
A quelque baume rare émané par mensonge
Sur aucun bouquetier de cristal obscurci

Le sais-tu, oui ! pour moi voici des ans, voici
Toujours que ton sourire éblouissant prolonge
La même rose avec son bel été qui plonge
Dans autrefois et puis dans le futur aussi.

Mon cœur qui dans les nuits parfois cherche à s'en-
[tendre
Ou de quel dernier mot t'appeler le plus tendre
S'exalte en celui rien que chuchoté de sœur

N'était, très grand trésor et tête si petite,
Que tu m'enseignes bien toute une autre douceur
Tout bas par le baiser seul dans tes cheveux dite.

Rondels

I

Rien au réveil que vous n'ayez
Envisagé de quelque moue
Pire si le rire secoue
Votre aile sur les oreillers

Indifféremment sommeillez
Sans crainte qu'une haleine avoue
Rien au réveil que vous n'ayez
Envisagé de quelque moue

Tous les rêves émerveillés
Quand cette beauté les déjoue
Ne produisent fleur sur la joue
Dans l'œil diamants impayés
Rien au réveil que vous n'ayez.

II

Si tu veux nous nous aimerons
Avec tes lèvres sans le dire
Cette rose ne l'interromps
Qu'à verser un silence pire

Jamais de chants ne lancent prompts
Le scintillement du sourire
Si tu veux nous nous aimerons
Avec tes lèvres sans le dire

Muet muet entre les ronds
Sylphe dans la pourpre d'empire
Un baiser flambant se déchire
Jusqu'aux pointes des ailerons
Si tu veux nous nous aimerons.

Chansons bas

I

LE SAVETIER

Hors de la poix rien à faire,
Le lys naît blanc, comme odeur
Simplement je le préfère
A ce bon raccommodeur.

Il va de cuir à ma paire
Adjoindre plus que je n'eus
Jamais, cela désespère
Un besoin de talons nus.

Son marteau qui ne dévie
Fixe de clous gouailleurs
Sur la semelle l'envie
Toujours conduisant ailleurs.

Il recréerait des souliers,
O pieds ! si vous le vouliez !

II

Ta paille azur de lavandes,
Ne crois pas avec ce cil
Osé que tu me la vendes
Comme à l'hypocrite s'il

En tapisse la muraille
De lieux les absolus lieux
Pour le ventre qui se raille
Renaître aux sentiments bleus.

Mieux entre une envahissante
Chevelure ici mets-la
Que le brin salubre y sente,
Zéphirine, Paméla

Ou conduise vers l'époux
Les prémices de tes poux.

III

LE CANTONNIER

Ces cailloux, tu les nivelles
Et c'est, comme troubadour,
Un cube aussi de cervelles
Qu'il me faut ouvrir par jour.

IV

LE MARCHAND D'AIL ET D'OIGNONS

L'ennui d'aller en visite
Avec l'ail nous l'éloignons.
L'élégie au pleur hésite
Peu si je fends des oignons.

V

LA FEMME DE L'OUVRIER

La femme, l'enfant, la soupe
En chemin pour le carrier
Le compliment qu'il coupe,
Dans l'us de se marier.

VI

LE VITRIER

Le pur soleil qui remise
Trop d'éclat pour l'y trier
Ote ébloui sa chemise
Sur le dos du vitrier.

VII

LE CRIEUR D'IMPRIMÉS

Toujours, n'importe le titre,
Sans même s'enrhumer au
Dégel, ce gai siffle-litre
Crie un premier numéro.

VIII

LA MARCHANDE D'HABITS

Le vif œil dont tu regardes
Jusques à leur contenu
Me sépare de mes hardes
Et comme un dieu je vais nu.

Billet à Whistler

Par les rafales à propos
De rien comme occuper la rue
Sujette au noir vol de chapeaux ;
Mais une danseuse apparue

Tourbillon de mousseline ou
Fureur éparses en écumes
Que soulève par son genou
Celle même dont nous vécûmes

Pour tout, hormis lui, rebattu
Spirituelle, ivre, immobile
Foudroyer avec le tutu,
Sans se faire autrement de bile

Sinon rieur que puisse l'air
De sa jupe éventer Whistler.

Petit air

I

Quelconque une solitude
Sans le cygne ni le quai
Mire sa désuétude
Au regard que j'abdiquai

Ici de la gloriole
Haute à ne la pas toucher
Dont maint ciel se bariole
Avec les ors de coucher

Mais langoureusement longe
Comme de blanc linge ôté
Tel fugace oiseau si plonge
Exultatrice à côté

Dans l'onde toi devenue
Ta jubilation nue.

Petit air

II

Indomptablement a dû
Comme mon espoir s'y lance
Eclater là-haut perdu
Avec furie et silence,

Voix étrangère au bosquet
Ou par nul écho suivie,
L'oiseau qu'on n'ouït jamais
Une autre fois dans la vie.

Le hagard musicien,
Cela dans le doute expire
Si de mon sein pas du sien
A jailli le sanglot pire

Déchiré va-t-il entier
Rester sur quelque sentier !

Petit air

(GUERRIER)

Ce me va hormis l'y taire
Que je sente du foyer
Un pantalon militaire
A ma jambe rougeoyer

L'invasion je la guette
Avec le vierge courroux
Tout juste de la baguette
Au gant blanc des tourlourous

Nue ou d'écorce tenace
Pas pour battre le Teuton
Mais comme une autre menace
A la fin que me veut-on

De trancher ras cette ortie
Folle de la sympathie

PLUSIEURS SONNETS

Quand l'ombre menaça de la fatale loi
Tel vieux Rêve, désir et mal de mes vertèbres,
Affligé de périr sous les plafonds funèbres
Il a ployé son aile indubitable en moi.

Luxe, ô salle d'ébène où, pour séduire un roi
Se tordent dans leur mort des guirlandes célèbres,
Vous n'êtes qu'un orgueil menti par les ténèbres
Aux yeux du solitaire ébloui de sa foi.

Oui, je sais qu'au lointain de cette nuit, la Terre
Jette d'un grand éclat l'insolite mystère,
Sous les siècles hideux qui l'obscurcissent moins.

L'espace à soi pareil qu'il s'accroisse ou se nie
Roule dans cet ennui des feux vils pour témoins
Que s'est d'un astre en fête allumé le génie.

**

Le vierge, le vivace et le bel aujourd'hui
Va-t-il nous déchirer avec un coup d'aile ivre
Ce lac dur oublié que hante sous le givre
Le transparent glacier des vols qui n'ont pas fui !

Un cygne d'autrefois se souvient que c'est lui
Magnifique mais qui sans espoir se délivre
Pour n'avoir pas chanté la région où vivre
Quand du stérile hiver a resplendi l'ennui.

Tout son col secouera cette blanche agonie
Par l'espace infligé à l'oiseau qui le nie,
Mais non l'horreur du sol où le plumage est pris.

Fantôme qu'à ce lieu son pur éclat assigne,
Il s'immobilise au songe froid de mépris
Que vêt parmi l'exil inutile le Cygne.

Victorieusement fui le suicide beau
Tison de gloire, sang par écume, or, tempête !
O rire si là-bas une pourpre s'apprête
A ne tendre royal que mon absent tombeau.

Quoi ! de tout cet éclat pas même le lambeau
S'attarde, il est minuit, à l'ombre qui nous fête
Excepté qu'un trésor présomptueux de tête
Verse son caressé nonchaloir sans flambeau,

La tienne si toujours le délice ! la tienne
Oui seule qui du ciel évanoui retienne
Un peu de puéril triomphe en t'en coiffant

Avec clarté quand sur les coussins tu la poses
Comme un casque guerrier d'impératrice enfant
Dont pour te figurer il tomberait des roses.

Ses purs ongles très haut dédiant leur onyx,
L'Angoisse, ce minuit, soutient, lampadophore,
Maint rêve vespéral brûlé par le Phénix
Que ne recueille pas de cinéraire amphore

Sur les crédences, au salon vide : nul ptyx,
Aboli bibelot d'inanité sonore,
(Car le Maître est allé puiser des pleurs au Styx
Avec ce seul objet dont le Néant s'honore.)

Mais proche la croisée au nord vacante, un or
Agonise selon peut-être le décor
Des licornes ruant du feu contre une nixe,

Elle, défunte nue en le miroir, encor
Que, dans l'oubli fermé par le cadre, se fixe
De scintillations sitôt le septuor.

Sonnet

(Pour votre chère morte, son ami.)
2 novembre 1877.

— « Sur les bois oubliés quand passe l'hiver sombre
Tu te plains, ô captif solitaire du seuil,
Que ce sépulcre à deux qui fera notre orgueil
Hélas ! du manque seul des lourds bouquets
                                        [s'encombre.

Sans écouter Minuit qui jeta son vain nombre,
Une veille t'exalte à ne pas fermer l'œil
Avant que dans les bras de l'ancien fauteuil
Le suprême tison n'ait éclairé mon Ombre.

Qui veut souvent avoir la Visite ne doit
Par trop de fleurs charger la pierre que mon doigt
Soulève avec l'ennui d'une force défunte.

Ame au si clair foyer tremblante de m'asseoir,
Pour revivre il suffit qu'à tes lèvres j'emprunte
Le souffle de mon nom murmuré tout un soir. »

Le Tombeau d'Edgar Poe

Tel qu'en Lui-même enfin l'éternité le change,
Le Poëte suscite avec un glaive nu
Son siècle épouvanté de n'avoir pas connu
Que la mort triomphait dans cette voix étrange !

Eux, comme un vil sursaut d'hydre oyant jadis l'ange
Donner un sens plus pur aux mots de la tribu
Proclamèrent très haut le sortilège bu
Dans le flot sans honneur de quelque noir mélange.

Du sol et de la nue hostiles, ô grief !
Si notre idée avec ne sculpte un bas-relief
Dont la tombe de Poe éblouissante s'orne,

Calme bloc ici-bas chu d'un désastre obscur,
Que ce granit du moins montre à jamais sa borne
Aux noirs vols du Blasphème épars dans le futur.

Le Tombeau de Charles Baudelaire

Le temple enseveli divulgue par la bouche
Sépulcrale d'égout bavant boue et rubis
Abominablement quelque idole Anubis
Tout le museau flambé comme un aboi farouche

Ou que le gaz récent torde la mèche louche
Essuyeuse on le sait des opprobres subis
Il allume hagard un immortel pubis
Dont le vol selon le réverbère découche

Quel feuillage séché dans les cités sans soir
Votif pourra bénir comme elle se rasseoir
Contre le marbre vainement de Baudelaire

Au voile qui la ceint absente avec frissons
Celle son Ombre même un poison tutélaire
Toujours à respirer si nous en périssons.

Tombeau

Anniversaire — Janvier 1897.

Le noir roc courroucé que la bise le roule
Ne s'arrêtera ni sous de pieuses mains
Tâtant sa ressemblance avec les maux humains
Comme pour en bénir quelque funeste moule.

Ici presque toujours si le ramier roucoule
Cet immatériel deuil opprime de maints
Nubiles plis l'astre mûri des lendemains
Dont un scintillement argentera la foule.

Qui cherche, parcourant le solitaire bond
Tantôt extérieur de notre vagabond —
Verlaine ? Il est caché parmi l'herbe, Verlaine

A ne surprendre que naïvement d'accord
La lèvre sans y boire ou tarir son haleine
Un peu profond ruisseau calomnié la mort.

Hommage

Le silence déjà funèbre d'une moire
Dispose plus qu'un pli seul sur le mobilier
Que doit un tassement du principal pilier
Précipiter avec le manque de mémoire.

Notre si vieil ébat triomphal du grimoire,
Hiéroglyphes dont s'exalte le millier
A propager de l'aile un frisson familier !
Enfouissez-le-moi plutôt dans une armoire.

Du souriant fracas originel haï
Entre elles de clartés maîtresses a jailli
Jusque vers un parvis né pour leur simulacre,

Trompettes tout haut d'or pâmé sur les vélins,
Le dieu Richard Wagner irradiant un sacre
Mal tu par l'encre même en sanglots sibyllins.

Hommage

Toute Aurore même gourde
A crisper un poing obscur
Contre des clairons d'azur
Embouchés par cette sourde

A le pâtre avec la gourde
Jointe au bâton frappant dur
Le long de son pas futur
Tant que la source ample sourde

Par avance ainsi tu vis
O solitaire Puvis
De Chavannes
                        jamais seul

De conduire le temps boire
A la nymphe sans linceul
Que lui découvre ta Gloire.

*

Au seul souci de voyager
Outre une Inde splendide et trouble
— Ce salut soit le messager
Du temps, cap que ta poupe double

Comme sur quelque vergue bas
Plongeante avec la caravelle
Ecumait toujours en ébats
Un oiseau d'annonce nouvelle

Qui criait monotonement
Sans que la barre ne varie
Un inutile gisement
Nuit, désespoir et pierrerie

Par son chant reflété jusqu'au
Sourire du pâle Vasco.

*

Toute l'âme résumée
Quand lente nous l'expirons
Dans plusieurs ronds de fumée
Abolis en autres ronds

Atteste quelque cigare
Brûlant savamment pour peu
Que la cendre se sépare
De son clair baiser de feu

Ainsi le chœur des romances
A la lèvre vole-t-il
Exclus-en si tu commences
Le réel parce que vil

Le sens trop précis rature
Ta vague littérature.

I

Tout Orgueil fume-t-il du soir,
Torche dans un branle étouffée
Sans que l'immortelle bouffée
Ne puisse à l'abandon surseoir !

La chambre ancienne de l'hoir
De maint riche mais chu trophée
Ne serait pas même chauffée
S'il survenait par le couloir.

Affres du passé nécessaires
Agrippant comme avec des serres
Le sépulcre de désaveu,

Sous un marbre lourd qu'elle isole
Ne s'allume pas d'autre feu
Que la fulgurante console.

II

Surgi de la croupe et du bond
D'une verrerie éphémère
Sans fleurir la veillée amère
Le col ignoré s'interrompt.

Je crois bien que deux bouches n'ont
Bu, ni son amant ni ma mère,
Jamais à la même Chimère,
Moi, sylphe de ce froid plafond !

Le pur vase d'aucun breuvage
Que l'inexhaustible veuvage
Agonise mais ne consent,

Naïf baiser des plus funèbres !
A rien expirer annonçant
Une rose dans les ténèbres.

III

Une dentelle s'abolit
Dans le doute du Jeu suprême
A n'entr'ouvrir comme un blasphème
Qu'absence éternelle de lit.

Cet unanime blanc conflit
D'une guirlande avec la même,
Enfui contre la vitre blême
Flotte plus qu'il n'ensevelit.

Mais, chez qui du rêve se dore
Tristement dort une mandore
Au creux néant musicien

Telle que vers quelque fenêtre
Selon nul ventre que le sien,
Filial on aurait pu naître.

*

Quelle soie aux baumes de temps
Où la Chimère s'exténue
Vaut la torse et native nue
Que, hors de ton miroir, tu tends !

Les trous de drapeaux méditants
S'exaltent dans notre avenue :
Moi, j'ai ta chevelure nue
Pour enfouir mes yeux contents.

Non ! La bouche ne sera sûre
De rien goûter à sa morsure,
S'il ne fait, ton princier amant,

Dans la considérable touffe
Expirer, comme un diamant,
Le cri des Gloires qu'il étouffe.

                    *

M'introduire dans ton histoire
C'est en héros effarouché
S'il a du talon nu touché
Quelque gazon de territoire

A des glaciers attentatoire
Je ne sais le naïf péché
Que tu n'auras pas empêché
De rire très haut sa victoire

Dis si je ne suis pas joyeux
Tonnerre et rubis aux moyeux
De voir en l'air que ce feu troue

Avec des royaumes épars
Comme mourir pourpre la roue
Du seul vespéral de mes chars.

*

A la nue accablante tu
Basse de basalte et de laves
A même les échos esclaves
Par une trompe sans vertu

Quel sépulcral naufrage (tu
Le sais, écume, mais y baves)
Suprême une entre les épaves
Abolit le mât dévêtu

Ou cela que furibond faute
De quelque perdition haute
Tout l'abîme vain éployé

Dans le si blanc cheveu qui traîne
Avarement aura noyé
Le flanc enfant d'une sirène.

*

Mes bouquins refermés sur le nom de Paphos,
Il m'amuse d'élire avec le seul génie
Une ruine, par mille écumes bénie
Sous l'hyacinthe, au loin, de ses jours triomphaux.

Coure le froid avec ses silences de faux,
Je n'y hululerai pas de vide nénie
Si ce très blanc ébat au ras du sol dénie
A tout site l'honneur du paysage faux.

Ma faim qui d'aucuns fruits ici ne se régale
Trouve en leur docte manque une saveur égale :
Qu'un éclate de chair humain et parfumant !

Le pied sur quelque guivre où notre amour tisonne,
Je pense plus longtemps peut-être éperdument
A l'autre, au sein brûlé d'une antique amazone.

Bibliographie de l'édition de 1898

Ce cahier, sauf intercalation de peu de pièces jetées plutôt en culs-de-lampe sur les marges :
Salut
Eventail de Madame Mallarmé
Feuillet d'Album
Remémoration d'amis belges
Chansons bas I et II
Billet à Whistler
Petit air I et II,
et les sonnets :
Le Tombeau de Charles Baudelaire
A la nue accablante...
suit l'ordre, sans le groupement, présenté par l'Edition fac-similé faite sur le manuscrit de l'auteur en 1887.

A quelques corrections près, introduites avec la réimpression Académique, le texte reste celui de la belle publication souscrite puis envolée à tant d'enchères, qui le fixa. Sa rareté se fleurissait, en le format original déjà, du chef-d'œuvre de Rops.

Pas de leçon antérieure ici donnée en tant que variante.

Beaucoup de ces poëmes, ou études en vue de mieux,

comme on essaie les becs de sa plume avant de se mettre à l'œuvre, ont été distraits de leur carton par les impatiences amies de Revues en quête de leur numéro d'apparition : et première note de projets, en points de repère, qui fixent, trop rares ou trop nombreux, selon le point de vue double que lui-même partage l'auteur, il les conserve en raison de ceci que la jeunesse voulut bien en tenir compte et autour un public se former.

SALUT : *ce Sonnet, en levant le verre, récemment, à un Banquet de la* Plume, *avec l'honneur d'y présider.*

APPARITION *tenta les musiciens, entre qui MM. Bailly et André Rossignol qui y adaptèrent des notes délicieuses.*

LE PITRE CHÂTIÉ *parut, quoique ancien, la première fois, dans la grande édition de la* Revue Indépendante.

LES FENÊTRES, LES FLEURS, RENOUVEAU, ANGOISSE *(d'abord* A Celle qui est tranquille), « Las de l'amer repos où ma paresse offense », LE SONNEUR, TRISTESSE D'ETÉ, L'AZUR, BRISE MARINE, SOUPIR, AUMÔNE *(intitulé* Le Mendiant) *composent la série qui, dans cet ouvrage cité toujours s'appelle du* Premier Parnasse contemporain.

HÉRODIADE, *ici fragment, où seule la partie dialoguée, comporte outre le* cantique de saint Jean *et sa conclusion en un dernier monologue, des* Prélude *et* Finale *qui seront ultérieurement publiés, et s'arrange en poëme.*

L'APRÈS-MIDI D'UN FAUNE *parut à part, intérieurement décoré par Manet, une des premières plaquettes coûteuses et sac à bonbons mais de rêve et un peu orientaux avec son* « feutre de Japon, titré d'or, et noué de cordons roses de Chine et noirs », *ainsi que s'exprime l'affiche ; puis M. Dujardin fit, de ces vers introuvables autre part que dans sa photogravure, une édition populaire épuisée.*

TOAST FUNÈBRE, *vient du recueil collectif le* Tombeau de Théophile Gautier, Maître *et* Ombre à qui s'adresse *l'Invocation ; son nom apparaît en rime avant la fin.*

PROSE, pour des Esseintes, *il l'eût, peut-être, insérée, ainsi qu'on lit en l'A-rebours de notre Huysmans.*

« Tout à coup et comme par jeu » *est recopié indiscrètement à l'album de la fille du poëte provençal Roumanille, mon vieux camarade : je l'avais admirée, enfant et elle voulut s'en souvenir pour me prier, demoiselle, de quelques vers.*

REMÉMORATION. *J'éprouve un plaisir à envoyer ce sonnet au livre d'Or du Cercle Excelsior, où j'avais fait une conférence et connu des amis.*

CHANSONS BAS I ET II, *commentent, avec divers quatrains, dans le recueil les* Types de Paris, *les illustrations du maître-peintre Raffaëlli, qui les inspira et les accepta.*

BILLET, *paru en français, comme illustration au journal anglais the* Whirlwind (le Tourbillon) *envers qui Whistler fut princier.*

PETITS AIRS. I, *pour inaugurer, novembre 1894, la superbe publication l'Epreuve. II, appartient à l'album de M. Daudet.*

LE TOMBEAU D'EDGAR POE. *Mêlé au cérémonial, il y fut récité, en l'érection d'un monument de Poe, à Baltimore, un bloc de basalte que l'Amérique appuya sur l'ombre légère du Poëte, pour sa sécurité qu'elle ne ressortît jamais.*

LE TOMBEAU DE CHARLES BAUDELAIRE. *Fait partie du livre ayant ce titre, publié par souscription en vue de quelque statue, buste ou médaillon commémoratifs.*

HOMMAGE, *entre plusieurs, d'un poëte français, convoqués par l'admirable Revue wagnérienne, disparue avant le triomphe définitif du Génie.*

Tant de minutie témoigne, inutilement peut-être, de quelque déférence aux scoliastes futurs.

ANECDOTES OU POÈMES

Le phénomène futur

Un ciel pâle, sur le monde qui finit de décrépitude, va peut-être partir avec les nuages : les lambeaux de la pourpre usée des couchants déteignent dans une rivière dormant à l'horizon submergé de rayons et d'eau. Les arbres s'ennuient et, sous leur feuillage blanchi (de la poussière du temps plutôt que celle des chemins), monte la maison en toile du Montreur de choses Passées : maint réverbère attend le crépuscule et ravive les visages d'une malheureuse foule, vaincue par la maladie immortelle et le péché des siècles, d'hommes près de leurs chétives complices enceintes des fruits misérables avec lesquels périra la terre. Dans le silence inquiet de tous les yeux suppliant là-bas le soleil qui, sous l'eau, s'enfonce avec le désespoir d'un cri, voici le simple boniment : « Nulle enseigne ne vous régale du spectacle intérieur, car il n'est pas maintenant un peintre capable d'en donner une ombre triste. J'apporte, vivante (et préservée à travers les ans par la science souveraine) une Femme d'autrefois. Quelque folie, originelle et naïve, une extase d'or, je ne sais quoi ! par elle nommé sa chevelure, se ploie avec la grâce des étoffes autour d'un visage qu'éclaire la nudité sanglante de ses lèvres. A la place du vêtement vain, elle a un corps ; et les yeux, semblables aux pierres rares ! ne valent pas ce regard qui sort de sa chair heureuse : des seins levés comme s'ils étaient pleins d'un lait éternel, la pointe vers le ciel, aux jambes lisses qui gardent le sel de la mer première. » Se rappelant leurs pauvres épouses, chauves, morbides et pleines d'horreur, les maris se pressent : elles aussi par curiosité, mélancoliques, veulent voir.

Quand tous auront contemplé la noble créature, vestige de quelque époque déjà maudite, les uns indifférents, car ils n'auront pas eu la force de comprendre, mais d'autres navrés et la paupière humide de larmes résignées se regarderont ; tandis que les poètes de ces temps, sentant se rallumer leurs yeux éteints, s'achemineront vers leur lampe, le cerveau ivre un instant d'une gloire confuse, hantés du Rythme et dans l'oubli d'exister à une époque qui survit à la beauté.

Plainte d'automne

Depuis que Maria m'a quitté pour aller dans une autre étoile — laquelle, Orion, Altaïr, et toi, verte

Vénus ? — j'ai toujours chéri la solitude. Que de
longues journées j'ai passées seul avec mon chat.
Par *seul*, j'entends sans un être matériel et mon chat
est un compagnon mystique, un esprit. Je puis donc
dire que j'ai passé de longues journées seul avec
mon chat et, seul, avec un des derniers auteurs de la
décadence latine ; car depuis que la blanche créature
n'est plus, étrangement et singulièrement j'ai aimé
tout ce qui se résumait en ce mot : chute. Ainsi,
dans l'année, ma saison favorite, ce sont les derniers
jours alanguis de l'été, qui précèdent immédiatement
l'automne et, dans la journée, l'heure où je me pro-
mène est quand le soleil se repose avant de s'éva-
nouir, avec des rayons de cuivre jaune sur les murs
gris et de cuivre rouge sur les carreaux. De même
la littérature à laquelle mon esprit demande une
volupté sera la poésie agonisante des derniers
moments de Rome, tant, cependant, qu'elle ne respire
aucunement l'approche rajeunissante des Barbares et
ne bégaie point le latin enfantin des premières proses
chrétiennes.

Je lisais donc un de ces chers poèmes (dont les
plaques de fard ont plus de charme sur moi que
l'incarnat de la jeunesse) et plongeais une main dans
la fourrure du pur animal, quand un orgue de Bar-
barie chanta languissamment et mélancoliquement
sous ma fenêtre. Il jouait dans la grande allée des
peupliers dont les feuilles me paraissent mornes
même au printemps, depuis que Maria a passé là
avec des cierges, une dernière fois. L'instrument des
tristes, oui, vraiment : le piano scintille, le violon
donne aux fibres déchirées la lumière, mais l'orgue
de Barbarie, dans le crépuscule du souvenir, m'a

fait désespérément rêver. Maintenant qu'il murmurait un air joyeusement vulgaire et qui mit la gaîté au cœur des faubourgs, un air suranné, banal : d'où vient que sa ritournelle m'allait à l'âme et me faisait pleurer comme une ballade romantique ? Je la savourai lentement et je ne lançai pas un sou par la fenêtre de peur de me déranger et de m'apercevoir que l'instrument ne chantait pas seul.

Frisson d'hiver

Cette pendule de Saxe, qui retarde et sonne treize heures parmi ses fleurs et ses dieux, à qui a-t-elle été ? Pense qu'elle est venue de Saxe par les longues diligences autrefois.

(De singulières ombres pendent aux vitres usées.)

Et ta glace de Venise, profonde comme une froide fontaine, en un rivage de guivres dédorées, qui s'y est miré ? Ah ! je suis sûr que plus d'une femme a baigné dans cette eau le péché de sa beauté ; et peut-être verrais-je un fantôme nu si je regardais longtemps.

— Vilain, tu dis souvent de méchantes choses.

(Je vois des toiles d'araignées au haut des grandes croisées.)

Notre bahut encore est très vieux : contemple comme ce feu rougit son triste bois ; les rideaux amortis ont son âge, et la tapisserie des fauteuils dénués de fard, et les anciennes gravures des murs, et toutes nos vieilleries ? Est-ce qu'il ne te semble pas, même, que les bengalis et l'oiseau bleu ont déteint avec le temps ?

(Ne songe pas aux toiles d'araignées qui tremblent au haut des grandes croisées.)

Tu aimes tout cela et voilà pourquoi je puis vivre auprès de toi. N'as-tu pas désiré, ma sœur au regard de jadis, qu'en un de mes poèmes apparussent ces mots « la grâce des choses fanées » ? Les objets neufs te déplaisent ; à toi aussi, ils font peur avec leur hardiesse criarde, et tu te sentirais le besoin de les user, ce qui est bien difficile à faire pour ceux qui ne goûtent pas l'action.

Viens, ferme ton vieil almanach allemand, que tu lis avec attention, bien qu'il ait paru il y a plus de cent ans et que les rois qu'il annonce soient tous morts, et, sur l'antique tapis couché, la tête appuyée parmi tes genoux charitables dans ta robe pâlie, ô calme enfant, je te parlerai pendant des heures ; il n'y a plus de champs et les rues sont vides, je te parlerai de nos meubles... Tu es distraite ?

(Ces toiles d'araignées grelottent au haut des grandes croisées.)

Le démon de l'analogie

Des paroles inconnues chantèrent-elles sur vos lèvres, lambeaux maudits d'une phrase absurde ?

Je sortis de mon appartement avec la sensation propre d'une aile glissant sur les cordes d'un instrument, traînante et légère, que remplaça une voix prononçant les mots sur un ton descendant : « La Pénultième est morte », de façon que

La Pénultième

finit le vers et

Est morte

se détacha de la suspension fatidique plus inutilement en le vide de signification. Je fis des pas dans la rue et reconnus en le son *nul* la corde tendue de l'instrument de musique, qui était oublié et que le glorieux Souvenir certainement venait de visiter de son aile ou d'une palme et, le doigt sur l'artifice du mystère, je souris et implorai de vœux intellectuels une spéculation différente. La phrase revint, virtuelle, dégagée d'une chute antérieure de plume ou de rameau, dorénavant à travers la voix entendue, jusqu'à ce qu'enfin elle s'articula seule, vivant de sa personnalité. J'allais (ne me contentant plus d'une perception) la lisant en fin de vers, et, une fois, comme un essai, l'adaptant à mon parler ; bientôt la prononçant avec un silence après « Pénultième » dans lequel je trouvais une pénible jouissance : « La Pénultième » puis la corde de l'instrument, si tendue en l'oubli sur le son *nul*, cassait sans doute et j'ajoutais en manière d'oraison : « Est morte. » Je ne discontinuai pas de tenter un retour à des pensées de prédilection, alléguant, pour me calmer, que, certes, pénultième est le terme du lexique qui signifie l'avant-dernière syllabe des vocables, et son apparition, le reste mal abjuré d'un labeur de linguistique par lequel quotidiennement sanglote de s'interrompre ma noble faculté poétique : la sonorité même et l'air de mensonge assumé par la hâte de la facile affirmation étaient une cause de tourment. Harcelé, je résolus de laisser les mots de triste nature errer eux-mêmes sur ma bouche, et j'allai murmurant avec l'intonation susceptible de condoléance : « La Pénultième est morte, elle est morte, bien morte, la désespérée Pénultième », croyant par là satisfaire l'inquiétude et non sans le secret espoir de l'ensevelir en l'amplification de la psalmodie quand, effroi ! — d'une magie aisément déductible et nerveuse — je sentis que j'avais, ma main réfléchie par un vitrage de boutique y faisant le geste d'une caresse qui descend sur quelque chose, la voix même (la première, qui indubitablement avait été l'unique).

Mais où s'installe l'irrécusable intervention du sur-
naturel, et le commencement de l'angoisse sous
laquelle agonise mon esprit naguère seigneur c'est
quand je vis, levant les yeux, dans la rue des anti-
quaires instinctivement suivie, que j'étais devant la
boutique d'un luthier vendeur de vieux instruments
pendus au mur, et, à terre, des palmes jaunes et les
ailes enfouies en l'ombre, d'oiseaux anciens. Je m'en-
fuis, bizarre, personne condamnée à porter probable-
ment le deuil de l'inexplicable Pénultième.

Pauvre enfant pâle

Pauvre enfant pâle, pourquoi crier à tue-tête dans
la rue ta chanson aiguë et insolente, qui se perd par-
mi les chats, seigneurs des toits ? car elle ne traver-
sera pas les volets des premiers étages, derrière les-
quels tu ignores de lourds rideaux de soie incarnadine.

Cependant tu chantes fatalement, avec l'assurance
tenace d'un petit homme qui s'en va seul par la vie
et, ne comptant sur personne, travaille pour soi.
As-tu jamais eu un père ? Tu n'as pas même une
vieille qui te fasse oublier la faim en te battant,
quand tu rentres sans un sou.

Mais tu travailles pour toi : debout dans les rues, couvert de vêtements déteints faits comme ceux d'un homme, une maigreur prématurée et trop grand à ton âge, tu chantes pour manger, avec acharnement, sans abaisser tes yeux méchants vers les autres enfants jouant sur le pavé.

Et ta complainte est si haute, si haute, que ta tête nue qui se lève en l'air à mesure que ta voix monte, semble vouloir partir de tes petites épaules.

Petit homme, qui sait si elle ne s'en ira pas un jour, quand, après avoir crié longtemps dans les villes, tu auras fait un crime ? un crime n'est pas bien difficile à faire, va, il suffit d'avoir du courage après le désir, et tels qui... Ta petite figure est énergique.

Pas un sou ne descend dans le panier d'osier que tient ta longue main pendue sans espoir sur ton pantalon : on te rendra mauvais et un jour tu commettras un crime.

Ta tête se dresse toujours et veut te quitter comme si d'avance elle savait, pendant que tu chantes d'un air qui devient menaçant.

Elle te dira adieu quand tu paieras pour moi, pour ceux qui valent moins que moi. Tu vins probablement au monde vers cela et tu jeûnes dès maintenant, nous te verrons dans les journaux.

Oh ! pauvre petite tête !

La pipe

Hier, j'ai trouvé ma pipe en rêvant une longue soirée de travail, de beau travail d'hiver. Jetées les cigarettes avec toutes les joies enfantines de l'été dans le passé qu'illuminent les feuilles bleues de soleil, les mousselines et reprise ma grave pipe par un homme sérieux qui veut fumer longtemps sans se déranger, afin de mieux travailler : mais je ne m'attendais pas à la surprise que préparait cette délaissée, à peine eus-je tiré la première bouffée, j'oubliai mes grands livres à faire, émerveillé, attendri, je respirai l'hiver dernier qui revenait. Je n'avais pas touché à la fidèle amie depuis ma rentrée en France, et tout Londres, Londres tel que je le vécus en entier à moi seul, il y a un an, est apparu ; d'abord les chers brouillards qui emmitouflent nos cervelles et ont, là-bas, une odeur à eux, quand ils pénètrent sous la croisée. Mon tabac sentait une chambre sombre aux meubles de cuir saupoudrés par la poussière du charbon sur lesquels se roulait le maigre chat noir ; les grands feux ! et la bonne aux bras rouges versant les charbons, et le fruit de ces charbons tombant du seau de tôle dans la corbeille de fer, le matin — alors que le facteur frappait le double coup solennel, qui me faisait vivre ! J'ai revu par les fenêtres ces arbres malades du square désert — j'ai vu le large, si souvent traversé cet hiver-là, grelottant sur le pont du steamer mouillé de bruine et noirci de fumée — avec ma pauvre bien-aimée errante, en habits de voyageuse, une longue robe terne couleur de la poussière des routes, un manteau qui collait humide à ses épaules froides, un de ces chapeaux de paille sans plume et presque sans rubans, que les riches dames jettent en arrivant, tant ils sont déchiquetés par l'air de la mer et que les pauvres bien-aimées regarnissent pour bien des saisons encore. Autour de son cou s'enroulait le terrible mouchoir qu'on agite en se disant adieu pour toujours.

Un spectacle interrompu

Que la civilisation est loin de procurer les jouissances attribuables à cet état ! on doit par exemple s'étonner qu'une association entre les rêveurs, y séjournant, n'existe pas, dans toute grande ville, pour subvenir à un journal qui remarque les événements sous le jour propre au rêve. Artifice que la *réalité*, bon à fixer l'intellect moyen entre les mirages d'un fait ; mais elle repose par cela même sur quelque

universelle entente : voyons donc s'il n'est pas, dans
l'idéal, un aspect nécessaire, évident, simple, qui
serve de type. Je veux, en vue de moi seul, écrire
comme elle frappa mon regard de poète, telle Anec-
dote, avant que la divulguent des *reporters* par la
foule dressés à assigner à chaque chose son carac-
tère commun.

Le petit théâtre des Prodigalités adjoint l'exhibi-
tion d'un vivant cousin d'Atta Troll ou de Martin à sa
féerie classique *la Bête et le Génie ;* j'avais pour
reconnaître l'invitation du billet double hier égaré
chez moi, posé mon chapeau dans la stalle vacante
à mes côtés, une absence d'ami y témoignait du goût
général à esquiver ce naïf spectacle. Que se passait-il
devant moi ? rien, sauf que : de pâleurs évasives de
mousseline se réfugiant sur vingt piédestaux en
architecture de Bagdad, sortaient un sourire et des
bras ouverts à la lourdeur triste de l'ours : tandis
que le héros, de ces sylphides évocateur et leur gar-
dien, un clown, dans sa haute nudité d'argent, raillait
l'animal par notre supériorité. Jouir comme la foule
du mythe inclus dans toute banalité, quel repos et,
sans voisins où verser des réflexions, voir l'ordinaire
et splendide veille trouvée à la rampe par ma recher-
che assoupie d'imaginations ou de symboles. Etran-
ger à mainte réminiscence de pareilles soirées, l'acci-
dent le plus neuf ! suscita mon attention : une
des nombreuses salves d'applaudissements décernés
selon l'enthousiasme à l'illustration sur la scène du
privilège authentique de l'Homme, venait, brisée par
quoi ? de cesser net, avec un fixe fracas de gloire à
l'apogée, inhabile à se répandre. Tout oreilles, il
fallut être tout yeux. Au geste du pantin, une paume
crispée dans l'air ouvrant les cinq doigts, je compris,

qu'il avait, l'ingénieux ! capté les sympathies par la
mine d'attraper au vol quelque chose, figure (et c'est
tout) de la facilité dont est par chacun prise une
idée : et qu'ému au léger vent, l'ours rythmiquement
et doucement levé interrogeait cet exploit, une griffe
posée sur les rubans de l'épaule humaine. Personne
qui ne haletât, tant cette situation portait de consé-
quences graves pour l'honneur de la race : qu'allait-il
arriver ? L'autre patte s'abattit, souple, contre un
bras longeant le maillot ; et l'on vit, couple uni dans
un secret rapprochement, comme un homme infé-
rieur, trapu, bon, debout sur l'écartement de deux
jambes de poil, éteindre pour y apprendre les pra-
tiques du génie, et son crâne au noir museau ne
l'atteignant qu'à la moitié, le buste de son frère bril-
lant et surnaturel : mais qui, lui ! exhaussait, la
bouche folle de vague, un chef affreux remuant par
un fil visible dans l'horreur des dénégations vérita-
bles d'une mouche de papier et d'or. Spectacle clair,
plus que les tréteaux vaste, avec ce don, propre à
l'art, de durer longtemps : pour le parfaire je laissai,
sans que m'offusquât l'attitude probablement fatale
prise par le mime dépositaire de notre orgueil, jaillir
tacitement le discours interdit au rejeton des sites
arctiques: « Sois bon (c'était le sens), et plutôt que
de manquer à la charité, explique-moi la vertu de
cette atmosphère de splendeur, de poussière et de
voix, où tu m'appris à me mouvoir. Ma requête, pres-
sante, est juste, que tu ne sembles pas, en une an-
goisse qui n'est que feinte, répondre ne savoir, élancé
aux régions de la sagesse, aîné subtil ! à moi, pour te
faire libre, vêtu encore du séjour informe des caver-
nes où je replongeai, dans la nuit d'époques humbles
ma force latente. Authentiquons, par cette embras-

sade étroite, devant la multitude siégeant à cette fin, le pacte de notre réconciliation. » L'absence d'aucun souffle unie à l'espace, dans quel lieu absolu vivais-je, un des drames de l'histoire astrale élisant, pour s'y produire, ce modeste théâtre ! La foule s'effaçait, toute, en l'emblème de sa situation spirituelle magnifiant la scène : dispensateur moderne de l'extase, seul, avec l'impartialité d'une chose élémentaire, le gaz, dans les hauteurs de la salle, continuait un bruit lumineux d'attente.

Le charme se rompit : c'est quand un morceau de chair, nu, brutal, traversa ma vision dirigé de l'intervalle des décors, en avance de quelques instants sur la récompense, mystérieuse d'ordinaire après ces représentations. Loque substituée saignant auprès de l'ours qui, ses instincts retrouvés antérieurement à une curiosité plus haute dont le dotait le rayonnement théâtral, retomba à quatre pattes et, comme emportant parmi soi le Silence, alla de la marche étouffée de l'espèce, flairer, pour y appliquer les dents, cette proie. Un soupir, exempt presque de déception, soulagea incompréhensiblement l'assemblée : dont les lorgnettes, par rangs, cherchèrent, allumant la netteté de leurs verres, le jeu du splendide imbécile évaporé dans sa peur ; mais virent un repas abject préféré peut-être par l'animal à la même chose qu'il lui eût fallu d'abord faire de *notre image*, pour y goûter. La toile, hésitant jusque-là à accroître le danger ou l'émotion, abattit subitement son journal de tarifs et de lieux communs. Je me levai comme tout le monde, pour aller respirer au dehors, étonné de n'avoir pas senti, cette fois encore, le même genre d'impression que mes semblables, mais serein : car ma façon de voir, après tout, avait été supérieure, et même la vraie.

Réminiscence

Orphelin, j'errais en noir et l'œil vacant de famille : au quinconce se déplièrent des tentes de fête, éprouvai-je le futur et que je serais ainsi, j'aimais le parfum des vagabonds, vers eux à oublier mes camarades. Aucun cri de chœurs par la déchirure, ni tirade loin, le drame requérant l'heure sainte des quinquets, je souhaitais de parler avec un môme trop vacillant pour figurer parmi sa race, au bonnet de nuit taillé comme le chaperon de Dante ; qui rentrait en soi, sous l'aspect d'une tartine de fromage mou, déjà la neige des cimes, le lys ou autre blancheur constitutive d'ailes au dedans : je l'eusse prié de m'admettre à son repas supérieur, partagé vite avec quelque aîné fameux jailli contre une proche toile en train des tours de force et banalités alliables au jour. Nu, de pirouetter dans sa prestesse de maillot à mon avis surprenante, lui, qui d'ailleurs commença : « Tes parents ? — Je n'en ai pas. — Allons, si tu savais comme c'est farce, un père... même l'autre semaine que bouda la soupe, il faisait des grimaces aussi belles, quand le maître lançait les claques et les coups de pied. Mon cher ! » et de

triompher en élevant à moi la jambe avec aisance
glorieuse, « il nous épate, papa », puis de mordre au
régal chaste du très jeune : « Ta maman, tu n'en as
pas, peut-être, que tu es seul ? la mienne mange de
la filasse et le monde bat des mains. Tu ne sais rien,
des parents sont des gens drôles, qui font rire. »
La parade s'exaltait, il partit : moi, je soupirai, déçu
tout à coup de n'avoir pas de parents.

La déclaration foraine

Le Silence ! il est certain qu'à mon côté, ainsi que
songes, étendue dans un bercement de promenade
sous les roues assoupissant l'interjection de fleurs,
toute femme, et j'en sais une qui voit clair ici,
m'exempte de l'effort à proférer un vocable : la com-
plimenter haut de quelque interrogatrice toilette,
offre de soi presque à l'homme en faveur de qui
s'achève l'après-midi, ne pouvant à l'encontre de tout
ce rapprochement fortuit, que suggérer la distance
sur ses traits aboutie à une fossette de spirituel sou-
rire. Ainsi ne consent la réalité ; car ce fut impitoya-
blement, hors du rayon qu'on sentait avec luxe expi-
rer aux vernis du landau, comme une vociération,
parmi trop de tacite félicité pour une tombée de
jour sur la banlieue, avec orage, dans tous sens à la
fois et sans motif, du rire strident ordinaire des cho-
ses et de leur cuivrerie triomphale : au fait, la caco-

phonie à l'ouïe de quiconque, un instant écarté, plutôt qu'il ne s'y fond, auprès de son idée, reste à vif devant la hantise de l'existence.

« La fête de... » et je ne sais quel rendez-vous suburbain ! nomma l'enfant voiturée dans mes distractions, la voix claire d'aucun ennui ; j'obéis et fis arrêter.

Sans compensation à cette secousse qu'un besoin d'explication figurative plausible pour mes esprits, comme symétriquement s'ordonnent des verres d'illumination peu à peu éclairés en guirlandes et attributs, je décidai, la solitude manquée, de m'enfoncer même avec bravoure en ce déchaînement exprès et haïssable de tout ce que j'avais naguères fui dans une gracieuse compagnie : prête et ne témoignant de surprise à la modification dans notre programme, du bras ingénu elle s'en repose sur moi, tandis que nous allons parcourir, les yeux sur l'enfilade, l'allée d'ahurissement qui divise en écho du même tapage les foires et permet à la foule d'y renfermer pour un temps l'univers. Subséquemment aux assauts d'un médiocre dévergondage en vue de quoi que ce soit qui détourne notre stagnation amusée par le crépuscule, au fond, bizarre et pourpre, nous retint à l'égal de la nue incendiaire un humain spectacle, poignant : reniée du châssis peinturluré ou de l'inscription en capitales une baraque, apparemment vide.

A qui ce matelas décousu pour improviser ici,
comme les voiles dans tous les temps et les temples,
l'arcane ! appartînt, sa fréquentation durant le jeûne
n'avait pas chez son possesseur excité avant qu'il le
déroulât comme le gonfalon d'espoirs en liesse, l'hal-
lucination d'une merveille à montrer (que l'inanité
de son famélique cauchemar) ; et pourtant, mû par
le caractère frérial d'exception à la misère quoti-
dienne qu'un pré, quand l'institue le mot mystérieux
de fête, tient des souliers nombreux y piétinant (en
raison de cela point aux profondeurs des vêtements
quelque unique velléité du dur sou à sortir à seule
fin de se dépenser), lui aussi ! n'importe qui de tout
dénué sauf de la notion qu'il y avait lieu pour être
un des élus, sinon de vendre, de faire voir, mais quoi,
avait cédé à la convocation du bienfaisant rendez-
vous. Ou très prosaïquement, peut-être le rat éduqué
à moins que, lui-même, ce mendiant sur l'athlétique
vigueur de ses muscles comptât, pour décider de
l'engouement populaire, faisait défaut, à l'instant pré-
cis, comme cela résulte souvent de la mise en
demeure de l'homme par les circonstances générales.

« Battez la caisse ! » proposa en altesse Madame...
seule tu sais Qui, marquant un suranné tambour
duquel se levait, les bras décroisés afin de signifier
inutile l'approche de son théâtre sans prestige, un
vieillard que cette camaraderie avec un instrument
de rumeur et d'appel, peut-être, séduisit à son vacant
dessein ; puis comme si, de ce que tout de suite on
pût, ici, envisager de plus beau, l'énigme, par un

bijou fermant la mondaine, en tant qu'à sa gorge le manque de réponse, scintillait ! la voici engouffrée, à ma surprise de pitre coi devant une halte du public qu'empaume l'éveil des ra et des fla assourdissant mon invariable et obscur pour moi-même d'abord. « Entrez, tout le monde, ce n'est qu'un sou, on le rend à qui n'est pas satisfait de la représentation. » Le nimbe en paillasson dans le remerciement joignant deux paumes séniles vidé, j'en agitai les couleurs, en signal, de loin, et me coiffai, prêt à fendre la masse debout en le secret de ce qu'avait su faire avec ce lieu sans rêve l'initiative d'une contemporaine de nos soirs.

A hauteur du genou, elle émergeait, sur une table, des cent têtes.

Net ainsi qu'un jet égaré d'autre part la dardait électriquement, éclate pour moi ce calcul qu'à défaut de tout, elle, selon que la mode, une fantaisie ou l'humeur du ciel circonstanciaient sa beauté, sans supplément de danse ou de chant, pour la cohue amplement payait l'aumône exigée en faveur d'un quelconque ; et du même trait je comprends mon devoir en le péril de la subtile exhibition, ou qu'il n'y avait au monde pour conjurer la défection dans les curiosités que de recourir à quelque puissance absolue, comme d'une Métaphore. Vite, dégoiser jusqu'à éclaircissement, sur maintes physionomies, de leur sécurité qui, ne saisissant tout du coup, se rend à l'évidence, même ardue, impliquée en la parole et consent à échanger son billon contre des présomptions exactes et supérieures, bref, la certitude pour chacun de n'être pas refait.

Un coup d'œil, le dernier, à une chevelure où fume puis éclaire de fastes de jardins le pâlissement du chapeau en crêpe de même ton que la statuaire robe se relevant, avance au spectateur, sur un pied comme le reste hortensia.

Alors :

> La chevelure vol d'une flamme à l'extrême
> Occident de désirs pour la tout déployer
> Se pose (je dirais mourir un diadème)
> Vers le front couronné son ancien foyer

> Mais sans or soupirer que cette vive nue
> L'ignition du feu toujours intérieur
> Originellement la seule continue
> Dans le joyau de l'œil véridique ou rieur

> Une nudité de héros tendre diffame
> Celle qui ne mouvant astre ni feux au doigt
> Rien qu'à simplifier avec gloire la femme
> Accomplit par son chef fulgurante l'exploit

De semer de rubis le doute qu'elle écorche
Ainsi qu'une joyeuse et tutélaire torche

Mon aide à la taille de la vivante allégorie qui déjà
résignait sa faction, peut-être faute chez moi de
faconde ultérieure, afin d'en assoupir l'élan genti-
ment à terre : « Je vous ferai observer, ajoutai-je,
maintenant de plain-pied avec l'entendement des
visiteurs, coupant court à leur ébahissement devant
ce congé par une affectation de retour à l'authen-
ticité du spectacle, Messieurs et Dames, que la per-
sonne qui a eu l'honneur de se soumettre à votre
jugement, ne requiert pour vous communiquer le
sens de son charme, un costume ou aucun acces-
soire usuel de théâtre. Ce naturel s'accommode de
l'allusion parfaite que fournit la toilette toujours à
l'un des motifs primordiaux de la femme, et suffit,
ainsi que votre sympathique approbation m'en con-
vainc. » Un suspens de marque appréciative sauf
quelques confondants « Bien sûr ! » ou « C'est
cela ! » et « Oui » par les gosiers comme plusieurs
bravos prêtés par des paires de mains généreuses,
conduisit jusqu'à la sortie sur une vacance d'arbres
et de nuit la foule où nous allions nous mêler, n'était
l'attente en gants blancs encore d'un enfantin tour-
lourou qui les rêvait dégourdir à l'estimation d'une
jarretière hautaine.

— Merci, consentit la chère, une bouffée droit à
elle d'une constellation ou des feuilles bue comme
pour y trouver sinon le rassérènement, elle n'avait
douté d'un succès, du moins l'habitude frigide de sa

voix : j'ai dans l'esprit le souvenir de choses qui ne
s'oublient.

— Oh ! rien que lieu commun d'une esthétique...

— Que vous n'auriez peut-être pas introduit, qui
sait ? mon ami, le prétexte de formuler ainsi devant
moi au conjoint isolement par exemple de notre voi-
tue — où est-elle — regagnons-la : — mais ceci jaillit,
forcé, sous le coup de poing brutal à l'estomac, que
cause une impatience de gens auxquels coûte que
coûte et soudain il faut proclamer quelque chose
fût-ce la rêverie...

— Qui s'ignore et se lance nue de peur, en travers
du public ; c'est vrai. Comme vous, Madame, ne
l'auriez entendu si irréfutablement, malgré sa rédu-
plication sur une rime du trait final, mon boniment
d'après un mode primitif du sonnet [1], je le gage, si
chaque terme ne s'en était répercuté jusqu'à vous
par de variés tympans, pour charmer un esprit
ouvert à la compréhension multiple.

— Peut-être ! accepta notre pensée dans un enjoue-
ment de souffle nocturne la même.

1. Usité à la Renaissance anglaise.

Le nénuphar blanc

J'avais beaucoup ramé, d'un grand geste net assoupi, les yeux au dedans fixés sur l'entier oubli d'aller, comme le rire de l'heure coulait alentour. Tant d'immobilité paressait que frôlé d'un bruit inerte où fila jusqu'à la moitié la yole, je ne vérifiai l'arrêt qu'à l'étincellement stable d'initiales sur les avirons mis à nu, ce qui me rappela à mon identité mondaine.

Qu'arrivait-il, où étais-je ?

Il fallut, pour voir clair en l'aventure, me remémorer mon départ tôt, ce juillet de flamme, sur l'intervalle vif entre ses végétations dormantes d'un toujours étroit et distrait ruisseau, en quête des floraisons d'eau et avec un dessein de reconnaître l'emplacement occupé par la propriété de l'amie d'une amie, à qui je devais improviser un bonjour. Sans que le ruban d'aucune herbe me retînt devant un paysage plus que l'autre chassé avec son reflet en l'onde par le même impartial coup de rame, je venais échouer dans quelque touffe de roseaux, terme mystérieux de ma course, au milieu de la rivière : où tout de suite élargie en fluvial bosquet, elle étale un nonchaloir d'étang plissé des hésitations à partir qu'a une source.

L'inspection détaillée m'apprit que cet obstacle de verdure en pointe sur le courant, masquait l'arche unique d'un pont prolongé, à terre, d'ici et de là, par une haie clôturant des pelouses. Je me rendis compte. Simplement le parc de Madame..., l'inconnue à saluer.

Un joli voisinage, pendant la saison, la nature d'une personne qui s'est choisi retraite aussi humidement impénétrable ne pouvant être que conforme à mon goût. Sûr, elle avait fait de ce cristal son miroir intérieur à l'abri de l'indiscrétion éclatante des après-midi ; elle y venait et la buée d'argent glaçant des saules ne fut bientôt que la limpidité de son regard habitué à chaque feuille.

Toute je l'évoquais lustrale.

Courbé dans la sportive attitude où me maintenait de la curiosité, comme sous le silence spacieux de ce que s'annonçait l'étrangère, je souris au commencement d'esclavage dégagé par une possibilité féminine : que ne signifiaient pas mal les courroies attachant le soulier du rameur au bois de l'embarcation, comme on ne fait qu'un avec l'instrument de ses sortilèges.

« — Aussi bien une quelconque... » allais-je terminer.

Quand un imperceptible bruit me fit douter si l'habitante du bord hantait mon loisir, ou inespérément le bassin.

Le pas cessa, pourquoi ?

Subtil secret des pieds qui vont, viennent, con-
duisent l'esprit où le veut la chère ombre enfouie en
de la batiste et les dentelles d'une jupe affluant sur
le sol comme pour circonvenir du talon à l'orteil,
dans une flottaison, cette initiative par quoi la
marche s'ouvre, tout au bas et les plis rejetés en
traîne, une échappée, de sa double flèche savante.

Connaît-elle un motif à sa station, elle-même la
promeneuse : et n'est-ce, moi, tendre trop haut la
tête, pour ces joncs à ne dépasser et toute la mentale
somnolence où se voile ma lucidité, que d'interroger
jusque-là le mystère.

« — A quel type s'ajustent vos traits, je sens leur
précision, Madame, interrompre chose installée ici
par le bruissement d'une venue, oui ! ce charme ins-
tinctif d'en dessous que ne défend pas contre l'explo-
rateur la plus authentiquement nouée, avec une
boucle en diamant, des ceintures. Si vague concept
se suffit : et ne transgressera le délice empreint de
généralité qui permet et ordonne d'exclure tous
visages, au point que la révélation d'un (n'allez point
le pencher, avéré, sur le furtif seuil où je règne)
chasserait mon trouble, avec lequel il n'a que faire. »

Ma présentation, en cette tenue de maraudeur aquatique, je la peux tenter, avec l'excuse du hasard.

Séparés, on est ensemble : je m'immisce à de sa confuse intimité, dans ce suspens sur l'eau où mon songe attarde l'indécise, mieux que visite, suivie d'autres, l'autorisera. Que de discours oiseux en comparaison de celui que je tins pour n'être pas entendu, faudra-t-il, avant de retrouver aussi intuitif accord que maintenant, l'ouïe au ras de l'acajou vers le sable entier qui s'est tu !

La pause se mesure au temps de ma détermination.

Conseille, ô mon rêve, que faire ?

Résumer d'un regard la vierge absence éparse en cette solitude et, comme on cueille, en mémoire d'un site, l'un de ces magiques nénuphars clos qui y surgissent tout à coup, enveloppant de leur creuse blancheur un rien, fait de songes intacts, du bonheur qui n'aura pas lieu et de mon souffle ici retenu dans la peur d'une apparition, partir avec : tacitement, en déramant peu à peu sans du heurt briser l'illusion ni que le clapotis de la bulle visible d'écume enroulée à ma fuite ne jette aux pieds survenus de personne la ressemblance transparente du rapt de mon idéale fleur.

Si, attirée par un sentiment d'insolite, elle a paru, la Méditative ou la Hautaine, la Farouche, la Gaie, tant pis pour cette indicible mine que j'ignore à jamais ! car j'accomplis selon les règles la manœu-

vre : me dégageai, virai et je contournais déjà une
ondulation du ruisseau, emportant comme un noble
œuf de cygne, tel que n'en jaillera le vol, mon ima-
ginaire trophée, qui ne se gonfle d'autre chose sinon
de la vacance exquise de soi qu'aime, l'été, à pour-
suivre, dans les allées de son parc, toute dame,
arrêtée parfois et longtemps, comme au bord d'une
source à franchir ou de quelque pièce d'eau.

L'ecclésiastique

Les printemps poussent l'organisme à des actes
qui, dans une autre saison, lui sont inconnus et maint
traité d'histoire naturelle abonde en descriptions de
ce phénomène, chez les animaux. Qu'il serait d'un
intérêt plus plausible de recueillir certaines des alté-
rations qu'apporte l'instant climatérique dans les
allures d'individus faits pour la spiritualité ! Mal
quitté par l'ironie de l'hiver, j'en retiens, quant à
moi, un état équivoque tant que ne s'y substitue pas
un naturalisme absolu ou naïf, capable de poursuivre
une jouissance dans la différenciation de plusieurs
brins d'herbes. Rien dans le cas actuel n'apportant de
profit à la foule, j'échappe, pour le méditer, sous
quelques ombrages environnant d'hier la ville : or
c'est de leur mystère presque banal que j'exhiberai
un exemple saisissable et frappant des inspirations
printanières.

Vive fut tout à l'heure, dans un endroit peu fréquenté du bois de Boulogne, ma surprise quand, sombre agitation basse, je vis, par les mille interstices d'arbustes bons à ne rien cacher, total et des battements supérieurs du tricorne s'animant jusqu'à des souliers affermis par des boucles en argent, un ecclésiastique, qui à l'écart de témoins, répondait aux sollicitations du gazon. A moi ne plût (et rien de pareil ne sert les desseins providentiels) que, coupable à l'égal d'un faux scandalisé se saisissant d'un caillou du chemin, j'amenasse par mon sourire même d'intelligence, une rougeur sur le visage à deux mains voilé de ce pauvre homme, autre que celle sans doute trouvée dans son solitaire exercice ! Le pied vif, il me fallut, pour ne produire par ma présence de distraction, user d'adresse ; et fort contre la tentation d'un regard porté en arrière, me figurer en esprit l'apparition quasi-diabolique qui continuait à froisser le renouveau de ses côtes, à droite, à gauche et du ventre, en obtenant une chaste frénésie. Tout, se frictionner ou jeter les membres, se rouler, glisser, aboutissait à une satisfaction : et s'arrêter, interdit du chatouillement de quelque haute tige de fleur à de noirs mollets, parmi cette robe spéciale portée avec l'apparence qu'on est pour soi tout même sa femme. Solitude, froid silence épars dans la verdure, perçus par des sens moins subtils qu'inquiets, vous connûtes les claquements furibonds d'une étoffe ; comme si la nuit absconse en ses plis en sortait enfin secouée ! et les heurts sourds contre la terre du squelette rajeuni ; mais l'énergumène n'avait point à vous contempler. Hilare, c'était assez de chercher en soi la cause d'un plaisir ou d'un devoir, qu'expliquait mal un retour, devant une pelouse, aux gambades du séminaire. L'influence du souffle vernal doucement dilatant les immuables textes inscrits en sa chair, lui aussi, enhardi de ce trouble agréable à sa stérile pensée, était venu reconnaître par un contact avec la Nature, immédiat, net, violent, positif, dénué de toute curiosité intellectuelle, le bien-être général ; et candidement, loin des obédiences et de la contrainte de son occupation, des canons, des interdits, des censures, il se roulait, dans la béatitude de sa simplicité native, plus heureux qu'un âne. Que le but de sa promenade atteint se soit, droit et d'un jet, relevé non sans secouer les pistils et essuyer les sucs attachés à sa personne, le héros de ma vision, pour rentrer, inaperçu, dans la foule et les habitudes de son ministère, je ne songe à rien nier ; mais j'ai le droit de ne point considérer cela. Ma discrétion vis-à-vis d'ébats d'abord apparus n'a-t-elle pas pour récompense d'en fixer à jamais comme une rêverie de passant se plut à la compléter, l'image marquée d'un sceau mystérieux de modernité, à la fois baroque et belle ?

La Gloire

La Gloire ! je ne la sus qu'hier, irréfragable, et rien ne m'intéressera d'appelé par quelqu'un ainsi.

Cent affiches s'assimilant l'or incompris des jours, trahison de la lettre, ont fui, comme à tous confins de la ville, mes yeux au ras de l'horizon par un départ sur le rail traînés avant de se recueillir dans l'abstruse fierté que donne une approche de forêt en son temps d'apothéose.

Si discord parmi l'exaltation de l'heure, un cri faussa ce nom connu pour déployer la continuité de cimes tard évanouies, Fontainebleau, que je pensai, la glace du compartiment violentée, du poing aussi étreindre à la gorge l'interrupteur : Tais-toi ! Ne divulgue pas du fait d'un aboi indifférent l'ombre ici insinuée dans mon esprit, aux portières de wagons battant sous un vent inspiré et égalitaire, les touristes omniprésents vomis. Une quiétude menteuse de riches bois suspend alentour quelque extraordinaire état d'illusion, que me réponds-tu ? qu'ils ont, ces voyageurs, pour ta gare aujourd'hui quitté la capitale, bon employé vociférateur par devoir et dont je n'attends, loin d'accaparer une ivresse à tous départie par les libéralités conjointes de la nature et de l'Etat, rien qu'un silence prolongé le temps de m'isoler de la délégation urbaine vers l'extatique torpeur de ces feuillages là-bas trop immobilisés pour qu'une crise ne les éparpille bientôt dans l'air ; voici, sans attenter à ton intégrité, tiens, une monnaie.

Un uniforme inattentif m'invitant vers quelque barrière, je remets sans dire mot, au lieu du suborneur métal, mon billet.

Obéi pourtant, oui, à ne voir que l'asphalte s'étaler net de pas, car je ne peux encore imaginer qu'en ce pompeux octobre exceptionnel du million d'existences étageant leur vacuité en tant qu'une monotonie énorme de capitale dont va s'effacer ici la hantise avec le coup de sifflet sous la brume, aucun furtivement évadé que moi n'ait senti qu'il est, cet an, d'amers et lumineux sanglots, mainte indécise flottaison d'idée désertant les hasards comme des branches, tel frisson et ce qui fait penser à un automne sous les cieux.

Personne et, les bras de doute envolés comme qui porte aussi un lot d'une splendeur secrète, trop inappréciable trophée pour paraître ! mais sans du coup m'élancer dans cette diurne veillée d'immortels troncs au déversement sur un d'orgueils surhumains (or ne faut-il pas qu'on en constate l'authenticité ?) ni passer le seuil où des torches consument, dans une haute garde, tous rêves antérieurs à leur éclat répercutant en pourpre dans la nue l'universel sacre de l'intrus royal qui n'aura eu qu'à venir : j'attendis, pour l'être, que lent et repris du mouvement ordinaire, se réduisit à ses proportions d'une chimère puérile emportant du monde quelque part, le train qui m'avait là déposé seul.

Conflit

Longtemps, voici du temps — je croyais — que s'exempta mon idée d'aucun accident même vrai ; préférant aux hasards, puiser, dans son principe, jaillissement.

Un goût pour une maison abandonnée, lequel paraîtrait favorable à cette disposition, amène à me dédire : tant le contentement pareil, chaque année verdissant l'escalier de pierres extérieur, sauf celle-ci, à pousser contre les murailles un volet hivernal puis raccorder comme si pas d'interruption, l'œillade d'à présent au spectacle immobilisé autrefois. Gage de retours fidèles, mais voilà que ce battement, vermoulu, scande un vacarme, refrains, altercations, en-dessous : je me rappelle comment la légende de la malheureuse demeure dont je hante le coin intact, envahie par une bande de travailleurs en train d'offenser le pays parce que tout de solitude, avec une voie ferrée, survint, m'angoissa au départ, irais-je ou pas, me fit presque hésiter — à revoir, tant pis ! ce sera à défendre, comme mien, arbitrairement s'il faut, le local et j'y suis. Une tendresse, exclusive dorénavant, que ç'ait été lui qui, dans la suppression concernant des sites précieux, reçût la pire injure ; hôte, je le deviens, de sa déchéance : invraisemblablement, le

séjour chéri pour la désuétude et de l'exception,
tourné par les progrès en cantine d'ouvriers de
chemin de fer.

Terrassiers, puisatiers, par qui un velours hâve aux
jambes, semble que le remblai bouge, ils dressent,
au repos, dans une tranchée, la rayure bleu et blanc
transversale des maillots comme la nappe d'eau peu
à peu (vêtement oh ! que l'homme est la source qu'il
cherche) : ce les sont, mes co-locataires jadis ceux, en
esprit, quand je les rencontrai sur les routes, choyés
comme les ouvriers quelconques par excellence : la
rumeur les dit chemineaux. Las et forts, grouille-
ment partout où la terre a souci d'être modifiée, eux
trouvent, en l'absence d'usine, sous les intempéries,
indépendance.

Les maîtres si quelque part, dénués de gêne, verbe
haut. — Je suis le malade des bruits et m'étonne que
presque tout le monde répugne aux odeurs mau-
vaises, moins au cri. Cette cohue entre, part, avec le
manche, à l'épaule, de la pioche et de la pelle : or,
elle invite, en sa faveur, les émotions de derrière la
tête et force à procéder, directement, d'idées dont on
se dit *c'est de la littérature !* Tout à l'heure, dévot
ennemi, pénétrant dans une crypte ou cellier en com-
mun, devant la rangée de l'outil double, cette pelle
et cette pioche, sexuels — dont le métal, résumant
la force pure du travailleur, féconde les terrains sans
culture, je fus pris de religion, outre que de mécon-
tentement, émue à m'agenouiller. Aucun homme de
loi ne se targue de déloger l'intrus — baux tacites,
usages locaux — établi par surprise et ayant même
payé aux propriétaires : je dois jouer le rôle ou res-

treindre, à mes droits, l'empiétement. Quelque lan-
gage, la chance que je le tienne, comporte du dédain,
bien sûr, puisque la promiscuité, couramment, me
déplaît : ou, serai-je, d'une note juste, conduit à dis-
courir ainsi ? — Camarades — par exemple — vous
ne supposez pas l'état de quelqu'un épars dans un
paysage celui-ci, où toute foule s'arrête, en tant
qu'épaisseur de forêt à l'isolement que j'ai voulu
tutélaire de l'eau ; or mon cas, tel et, quand on jure,
hoquète, se bat et s'estropie, la discordance produit,
comme dans ce suspens lumineux de l'air, la plus
intolérable si sachez, invisible des déchirures. — Pas
que je redoute l'inanité, quant à des simples, de cet
aveu, qui les frapperait, sûrement, plus qu'autres au
monde et ne commanderait le même rire immédiat
qu'à onze messieurs, pour voisins : avec le sens,
pochards, du merveilleux et, soumis à une rude cor-
vée, de délicatesses quelque part supérieures, peut-
être ne verraient-ils, dans mon douloureux privilège,
aucune démarcation strictement sociale pour leur
causer ombrage, mais personnelle — s'observe-
raient-ils un temps, bref, l'habitude plausiblement
reprend le dessus ; à moins qu'un ne répondît, tout
de suite, avec égalité. — Nous, le travail cessé pour
un peu, éprouvons le besoin de se confondre, entre
soi : qui a hurlé, moi, lui ? son coup de voix m'a
grandi, et tiré de la fatigue, aussi est-ce, déjà, boire,
gratuitement, d'entendre crier un autre. — Leur
chœur, incohérent, est en effet nécessaire. Comme
vite je me relâche de ma défense, avec la même sen-
sibilité qui l'aiguisa ; et j'introduis, par la main,
l'assaillant. Ah ! à l'exprès et propre usage du rêveur
se clôture, au noir d'arbres, en spacieux retirement,
la Propriété, comme veut le vulgaire : il faut que je

l'aie manquée, avec obstination, durant mes jours —
omettant le moyen d'acquisition — pour satisfaire
quelque singulier instinct de ne rien posséder et de
seulement passer, au risque d'une résidence comme
maintenant ouverte à l'aventure qui n'est pas, tout
à fait, le hasard, puisqu'il me rapproche, selon que
je me fis, de prolétaires.

Alternatives, je prévois la saison, de sympathie et
de malaise...

— Ou souhaiterais, pour couper court, qu'un me
cherchât querelle : en attendant et seule stratégie,
s'agit de clore un jardinet, sablé, fleuri par mon art,
en terrasse sur l'onde, la pièce d'habitation à la cam-
pagne... Qu'étranger ne passe le seuil, comme vers
un cabaret, les travailleurs iront à leur chantier par
un chemin loué et fauché dans les moissons.

« Fumier ! » accompagné de pieds dans la grille, se
profère violemment : je comprends qui l'aménité
nomme, eh ! bien même d'un soûlaud, grand gars le
visage aux barreaux, elle me vexe malgré moi ; est-ce
caste, du tout, je ne mesure, individu à individu, de
différence, en ce moment, et ne parviens à ne pas
considérer le forcené, titubant et vociférant, comme
un homme ou à nier le ressentiment à son endroit.
Très raide, il me scrute avec animosité. Impossible
de l'annuler, mentalement : de parfaire l'œuvre de la
boisson, le coucher, d'avance, en la poussière et qu'il
ne soit pas ce colosse tout à coup grossier et

méchant. Sans que je cède même par un pugilat qui
illustrerait, sur le gazon, la lutte des classes, à ses
nouvelles provocations débordantes. Le mal qui le
ruine, l'ivrognerie, y pourvoira, à ma place, au point
que le sachant, je souffre de mon mutisme, gardé
indifférent, qui me fait complice.

Un énervement d'états contradictoires, oiseux,
faussés et la contagion jusqu'à moi, par du trouble,
de quelque imbécile ébriété.

Même le calme, obligatoire dans une région
d'échos, comme on y trempe, je l'ai particulièrement
les soirs de dimanche, jusqu'au silence. Appréhension
quant à cette heure, qui prend la transparence de la
journée, avant les ombres puis l'écoule lucide vers
quelque profondeur. J'aime assister, en paix, à la
crise et qu'elle se réclame de quelqu'un. Les compa-
gnons apprécient l'instant, à leur façon, se concer-
tent, entre souper et coucher, sur les salaires ou
interminablement disputent, en le décor vautrés.
M'abstraire ni quitter, exclus, la fenêtre, regard, moi
là, de l'ancienne bâtisse sur l'endroit qu'elle sait ;
pour faire au groupe des avances, sans effet. Tou-
jours le cas : pas lieu de se trouver ensemble ; un
contact peut, je le crains, n'intervenir entre des
hommes. — « Je dis » une voix « que nous trimons,
chacun ici, au profit d'autres. » — « Mieux », inter-
romprais-je bas, « vous le faites, afin qu'on vous
paie et d'être légalement, quant à vous seuls. » —
« Oui, les bourgeois », j'entends, peu concerné « veu-

lent un chemin de fer ». — « Pas moi, du moins » pour sourire « je ne vous ai pas appelés dans cette contrée de luxe et sonore, bouleversée autant que je suis gêné ». Ce colloque, fréquent, en muettes restrictions de mon côté, manque, par enchantement ; quelle pierrerie, le ciel fluide ! Toutes les bouches ordinaires tues au ras du sol comme y dégorgeant leur vanité de parole. J'allais conclure : « Peut-être moi, aussi, je travaille... — A quoi ? n'eût objecté aucun, admettant, à cause de comptables, l'occupation transférée des bras à la tête. A quoi — tait, dans la conscience seule, un écho — du moins, qui puisse servir, parmi l'échange général. Tristesse que ma production reste, à ceux-ci, par essence, comme les nuages au crépuscule ou des étoiles, vaine.

Véritablement, aujourd'hui, qu'y a-t-il ?

L'escouade du labeur gît au rendez-vous mais vaincue. Ils ont trouvé, l'un après l'autre qui la forment, ici affalée en l'herbe, l'élan à peine, chancelant tous comme sous un projectile, d'arriver et tomber à cet étroit champ de bataille : quel sommeil de corps contre la motte sourde.

Ainsi vais-je librement admirer et songer.

Non, ma vue ne peut, de l'ouverture où je m'accoude, s'échapper dans la direction de l'horizon, sans que quelque chose de moi n'enjambe, indûment, avec manque d'égard et de convenance à mon tour, cette jonchée d'un fléau ; dont, en ma qualité, je dois comprendre le mystère et juger le devoir : car, contrairement à la majorité et beaucoup de plus fortunés, le pain ne lui a pas suffi — ils ont peiné une partie notable de la semaine, pour l'obtenir, d'abord ; et, maintenant, la voici, demain, ils ne savent pas, rampent par le vague et piochent sans mouvement — qui fait en son sort, un trou égal à celui creusé, jusqu'ici, tous les jours, dans la réalité des terrains (fondation, certes, de temple). Ils réservent, honorablement, sans témoigner de ce que c'est ni que s'éclaire cette fête, la part du sacré dans l'existence, par un arrêt, l'attente et le momentané suicide. La connaissance qui resplendirait — d'un orgueil inclus à l'ouvrage journalier, résister, simplement et se montrer debout — alentour magnifiée par une colonnade de futaie ; quelque instinct la chercha dans un nombre considérable, pour les déjeter ainsi, de petits verres et ils en sont avec l'absolu d'un accomplissement rituel, moins officiants que victimes, à figurer, au soir, l'hébétement de tâches si l'observance relève de la fatalité plus que d'un vouloir.

Les constellations s'initient à briller : comme je voudrais que parmi l'obscurité qui court sur l'aveugle troupeau, aussi des points de clarté, telle pensée tout à l'heure, se fixassent, malgré ces yeux scellés ne les distinguant pas — pour le fait, pour l'exactitude, pour qu'il soit dit. Je penserai, donc, uniquement, à eux, les importuns, qui me ferment, par leur abandon, le lointain vespéral ; plus que, naguères, par leur tumulte. Ces artisans de tâches élémentaires, il m'est loisible, les veillant, à côté d'un fleuve limpide continu, d'y regarder le peuple — une intelligence robuste de la condition humaine leur courbe l'échine journellement pour tirer, sans l'intermédiaire du blé, le miracle de vie qui assure la présence : d'autres ont fait les défrichements passés et des aqueducs ou livreront un terre-plein à telle machine, les mêmes, Louis-Pierre, Martin, Poitou et le Normand, quand ils ne dorment pas, ainsi s'invoquent-ils selon les mères ou la province ; mais plutôt des naissances sombrèrent et l'anonymat et l'immense sommeil l'ouïe à la génératrice, les prostrant, cette fois, subit un accablement et un élargissement de tous les siècles et, autant cela possible — réduite aux proportions sociales, d'éternité.

PAGES DIVERSES

HÉRÉSIES ARTISTIQUES

L'ART POUR TOUS

Toute chose sacrée et qui veut demeurer sacrée s'enveloppe de mystère. Les religions se retranchent à l'abri d'arcanes dévoilés au seul prédestiné : l'art a les siens.

La musique nous offre un exemple. Ouvrons à la légère Mozart, Beethoven ou Wagner, jetons sur la première page de leur œuvre un œil indifférent, nous sommes pris d'un religieux étonnement à la vue de ces processions macabres de signes sévères, chastes, inconnus. Et nous refermons le missel vierge d'aucune pensée profanatrice.

J'ai souvent demandé pourquoi ce caractère nécessaire a été refusé à un seul art, au plus grand. Celui-là est sans mystère contre les curiosités hypocrites, sans terreur contre les impiétés, ou sous le sourire et la grimace de l'ignorance et de l'ennemi.

Je parle de la poésie. Les *Fleurs du Mal*, par

exemple, sont imprimées avec des caractères dont l'épanouissement fleurit à chaque aurore les plates-bandes d'une tirade utilitaire, et se vendent dans des livres blancs et noirs, identiquement pareils à ceux qui débitent de la prose du vicomte du Terrail ou des vers de M. Legouvé.

Ainsi les premiers venus entrent de plain-pied dans un chef-d'œuvre, et depuis qu'il y a des poëtes, il n'a pas été inventé, pour l'écartement de ces importuns, une langue immaculée, — des formules hiératiques dont l'étude aride aveugle le profane et aiguillonne le patient fatal ; — et ces intrus tiennent en façon de carte d'entrée une page de l'alphabet où ils ont appris à lire !

O fermoirs d'or des vieux missels ! ô hiéroglyphes inviolés des rouleaux de papyrus !

Qu'advient-il de cette absence de mystère ?

Comme tout ce qui est absolument beau, la poésie force l'admiration ; mais cette admiration sera lointaine, vague, — bête, elle sort de la foule. Grâce à cette sensation générale, une idée inouïe et saugrenue germera dans les cervelles, à savoir, qu'il est indispensable de l'*enseigner* dans les collèges, et irrésistiblement, comme tout ce qui est enseigné à plusieurs, la poésie sera abaissée au rang d'une science. Elle sera expliquée à tous également, égalitairement, car il est difficile de distinguer sous les crins ébouriffés de quel écolier blanchit l'étoile sibylline.

Et de là, puisque à juste titre est un homme incomplet celui qui ignore l'histoire, une science, qui voit trouble dans la physique, une science, nul n'a reçu une *solide* éducation s'il ne peut *juger* Homère et *lire* Hugo, gens de science.

Un homme, — je parle d'un de ces hommes pour qui la vanité moderne, à court d'appellations flatteuses, a évoqué le titre vide de citoyen, — un citoyen, et cela m'a fait penser parfois, confesser, le front haut, que la musique, ce parfum qu'exhale l'encensoir du rêve, ne porte avec elle, différente en cela des aromes sensibles, aucun ravissement extatique : le même homme, je veux dire le même citoyen, enjambe nos musées avec une liberté indifférente et une froideur distraite, dont il aurait honte dans une église, où il comprendrait au moins la nécessité d'une hypocrisie quelconque, et de temps à autre lance à Rubens, à Delacroix, un de ces regards qui sentent la rue. — Hasardons, en le murmurant aussi bas que nous pourrons, les noms de Shakespeare ou de Gœthe : ce drôle redresse la tête d'un air qui signifie : « Ceci rentre dans mon domaine. »

C'est que, la musique étant pour tous un art, la peinture un art, la statuaire un art, — et la poésie n'en étant plus un (en effet chacun rougirait de l'*ignorer*, et je ne sais personne qui ait à rougir de n'être pas expert en art), on abandonne musique, peinture et statuaire aux *gens du métier*, et comme l'on tient à sembler instruit, on apprend la poésie.

Il est à propos de dire ici que certains écrivains, maladroitement vaillants, ont tort de demander compte à la foule de l'ineptie de son goût et de la nullité de son imagination. Outre « qu'injurier la foule, c'est s'encanailler soi-même », comme dit justement Charles Baudelaire, l'inspiré doit dédaigner ces sorties contre le Philistin : l'exception, toute glorieuse et sainte qu'elle soit, ne s'insurge pas contre la règle, et qui niera que l'absence d'idéal ne soit la règle ? Ajoutez que la sérénité du dédain n'engage pas seule à éviter ces récriminations ; la raison nous apprend encore qu'elles ne peuvent être qu'inutiles ou nuisibles : inutiles, si le Philistin n'y prend garde ; nuisibles, si, vexé d'une sottise qui est le lot de la majorité, il s'empare des poëtes et grossit l'armée des faux admirateurs. — J'aime mieux le voir profane que profanateur. — Rappelons-nous que le poète (qu'il rythme, chante, peigne, sculpte) n'est pas le niveau au-dessous duquel rampent les autres hommes ; c'est la foule qui est le niveau, et il plane. Sérieusement avons-nous jamais vu dans la Bible que l'ange raillât l'homme, qui est sans ailes ?

Il faudrait qu'on se crût un homme complet sans avoir lu un vers d'Hugo, comme on se croit un homme complet sans avoir déchiffré une note de Verdi, et qu'une des bases de l'instruction de tous ne fût pas un art, c'est-à-dire un mystère accessible à de rares individualités. La multitude y gagnerait ceci qu'elle ne dormirait plus sur Virgile des heures qu'elle dépenserait activement et dans un but pratique, et la poésie, cela qu'elle n'aurait plus l'ennui, — faible pour elle, il est vrai, l'immortelle, — d'entendre à ses pieds les abois d'une meute d'êtres qui, parce qu'ils sont savants, intelligents, se croient en droit de l'estimer, quand ce n'est point de la régenter.

A ce mal, du reste, les poètes, et les plus grands, ne sont nullement étrangers.

Voici.

Qu'un philosophe ambitionne la popularité, je l'en estime. Il ne ferme pas les mains sur la poignée de vérités radieuses qu'elles enserrent ; il les répand, et cela est juste qu'elles laissent un lumineux sillage à chacun de ses doigts. Mais qu'un poète, un adorateur du beau inaccessible au vulgaire, — ne se contente pas des suffrages du sanhédrin de l'art, cela m'irrite, et je ne le comprends pas.

L'homme peut être démocrate, l'artiste se dédouble et doit rester aristocrate.

Et pourtant nous avons sous les yeux le contraire. On multiplie les éditions à bon marché des poètes, et cela au consentement et au contentement des poëtes. Croyez-vous que vous y gagnerez de la gloire, ô rêveurs, ô lyriques ? Quand l'artiste seul avait votre livre, coûte que coûte, eût-il dû payer de son dernier liard la dernière de vos étoiles, vous aviez de vrais admirateurs. Et maintenant cette foule qui vous *achète* pour votre bon marché vous comprend-elle ? Déjà profanés par l'enseignement, une dernière barrière vous tenait au-dessus de ses désirs, — celle des sept francs à tirer de la bourse, — et vous culbutez cette barrière, imprudents ! O vos propres ennemis, pourquoi (plus encore par vos doctrines que par le prix de vos livres, qui ne dépend pas de vous seuls) encenser et prêcher vous-mêmes cette impiété, la vulgarisation de l'art ! Vous marcherez donc à côté de ceux qui, effaçant les notes mystérieuses de la musique, — cette idée se pavane par les rues, qu'on ne rie pas, — en ouvrent les arcanes à la cohue, ou de ces autres qui la propagent à tout prix dans les campagnes, contents que l'on joue faux, pourvu que l'on joue. Qu'arrivera-t-il un jour, le jour du châtiment ? Vous aussi, l'on vous enseignera comme ces grands martyrs, Homère, Lucrèce, Juvénal !

Vous penserez à Corneille, à Molière, à Racine,

qui sont populaires et glorieux ? — Non, ils ne sont
pas populaires : leur nom peut-être, leurs vers, cela
est faux. La foule les a lus une fois, je le confesse,
sans les comprendre. Mais qui les relit ? les artistes
seuls.

Et déjà vous êtes punis : il vous est arrivé d'avoir,
parmi des œuvres adorables ou fulgurantes, laissé
échapper quelques vers qui n'aient pas ce haut par-
fum de distinction suprême qui plane autour de
vous. Et voilà ce que votre foule admirera. Vous
serez désespérés de voir vos vrais chefs-d'œuvre
accessibles aux seules âmes d'élite et négligés par ce
vulgaire dont ils auraient dû être ignorés. Et s'il
n'en était déjà ainsi, si la masse n'avait défloré ses
poèmes, il est certain que les pièces auréolaires
d'Hugo ne seraient pas *Moïse* ou *Ma fille, va prier...*,
comme elle le proclame, mais le *Faune* ou *Pleurs
dans la nuit*.

L'heure qui sonne est sérieuse : l'éducation se
fait dans le peuple, de grandes doctrines vont se
répandre. Faites que s'il est une vulgarisation, ce
soit celle du bon, non celle de l'art, et que vos efforts
n'aboutissent pas — comme ils n'y ont pas tendu,
je l'espère — à cette chose, grotesque si elle n'était
triste pour l'artiste de race, le *poète ouvrier*.

Que les masses lisent la morale, mais de grâce ne
leur donnez pas notre poésie à gâter.

O poètes, vous avez toujours été orgueilleux ; soyez
plus, devenez dédaigneux.

SYMPHONIE LITTÉRAIRE

THÉOPHILE GAUTIER. — CHARLES BAUDELAIRE.
THÉODORE DE BANVILLE.

I

Muse moderne de l'Impuissance, qui m'interdis
depuis longtemps le trésor familier des Rythmes,
et me condamnes (aimable supplice) à ne faire plus
que relire, — jusqu'au jour où tu m'auras enveloppé
dans ton irrémédiable filet, l'ennui, et tout sera fini
alors, — les maîtres inaccessibles dont la beauté me
désespère ; mon ennemie, et cependant mon enchan-
teresse aux breuvages perfides et aux mélancoliques
ivresses, je te dédie, comme une raillerie ou, — le
sais-je ? — comme un gage d'amour, ces quelques
lignes de ma vie écrites dans les heures clémentes
où tu ne m'inspiras pas la haine de la création et le
stérile amour du néant. Tu y découvriras les jouis-

sances d'une âme purement passive qui n'est que femme encore, et qui demain peut-être sera bête.

C'est une de ces matinées exceptionnelles où mon esprit, miraculeusement lavé des pâles crépuscules de la vie quotidienne, s'éveille dans le Paradis, trop imprégné d'immortalité pour chercher une jouissance, mais regardant autour de soi avec une candeur qui semble n'avoir jamais connu l'exil. Tout ce qui m'environne a désiré revêtir ma pureté ; le ciel lui-même ne me contredit pas, et son azur, sans un nuage depuis longtemps, a encore perdu l'ironie de sa beauté, qui s'étend au loin adorablement bleue. Heure précieuse, et dont je dois prolonger l'état de grâce avec d'autant moins de négligence que je sombre chaque jour en un plus cruel ennui. Dans ce but, âme trop puissamment liée à la Bêtise terrestre, pour me maintenir par une rêverie personnelle à la hauteur d'un charme que je payerais volontiers de toutes les années de ma vie, j'ai recours à l'Art, et je lis les vers de Théophile Gautier aux pieds de la Vénus éternelle.

Bientôt une insensible transfiguration s'opère en moi, et la sensation de légèreté se fond peu à peu en une de perfection. Tout mon être spirituel, — le trésor profond des correspondances, l'accord intime des couleurs, le souvenir du rythme antérieur, et la science mystérieuse du Verbe, — est requis, et tout entier s'émeut, sous l'action de la rare poésie que j'invoque, avec un ensemble d'une si merveilleuse justesse que de ses jeux combinés résulte la seule lucidité.

Maintenant qu'écrire ? Qu'écrire, puisque je n'ai pas voulu l'ivresse, qui m'apparaît grossière et comme une injure à ma béatitude ? (Qu'on s'en sou-

vienne, je ne jouis pas, mais je vis dans la beauté.)
Je ne saurais même louer ma lecture salvatrice,
bien qu'à la vérité un grand hymne sorte de cet
aveu, que sans elle j'eusse été incapable de garder
un instant l'harmonie surnaturelle où je m'attarde :
et quel autre adjuvant terrestre, violemment, par
le choc du contraste ou par une excitation étrangère,
ne détruirait pas un ineffable équilibre par lequel
je me perds en la divinité ? Donc je n'ai plus qu'à
me taire, — non que je me plaise dans une extase
voisine de la passivité, mais parce que la voix
humaine est ici une erreur, comme le lac, sous l'im-
mobile azur que ne tache pas même la blanche
lune des matins d'été, se contente de la refléter
avec une muette admiration que troublerait bruta-
lement un murmure de ravissement. Toutefois, — au
bord de mes yeux calmes s'amasse une larme dont
les diamants primitifs n'atteignent pas la noblesse ;
— est-ce un pleur d'exquise volupté ? Ou, peut-être,
tout ce qu'il y avait de divin et d'extra-terrestre en
moi a-t-il été appelé comme un parfum par cette lec-
ture trop sublime ? De quelle source qu'elle naisse,
je laisse cette larme, transparente comme mon rêve
lucide, raconter qu'à la faveur de cette poésie, née
d'elle-même et qui exista dans le répertoire éternel
de l'Idéal de tout temps, avant sa moderne émersion
du cerveau de l'impeccable artiste, une âme dédai-
gneuse du banal coup d'aile d'un enthousiasme
humain peut atteindre *la plus haute cime de sérénité*
où nous ravisse la beauté.

II

L'hiver, quand ma torpeur me lasse, je me plonge avec délices dans les chères pages des *Fleurs du mal*. Mon Baudelaire à peine ouvert, je suis attiré dans un paysage surprenant qui vit au regard avec l'intensité de ceux que crée le profond opium. Là-haut, et à l'horizon, un ciel livide d'ennui, avec les déchirures bleues qu'a faites la Prière proscrite. Sur la route, seule végétation, souffrent de rares arbres dont l'écorce douloureuse est un enchevêtrement de nerfs dénudés : leur croissance *visible* est accompagnée sans fin, malgré l'étrange immobilité de l'air, d'une plainte déchirante comme celle des violons, qui, parvenue à l'extrémité des branches, frissonne en feuilles musicales. Arrivé, je vois de mornes bassins disposés comme les plates-bandes d'un éternel jardin : dans le granit noir de leurs bords, enchâssant les pierres précieuses de l'Inde, dort une eau morte et métallique, avec de lourdes fontaines en cuivre où tombe tristement un rayon bizarre et plein de la grâce des choses fanées. Nulles fleurs, à terre, alentour, — seulement, de loin en loin, quelques plumes d'aile d'âmes déchues. Le ciel, qu'éclaire enfin un second rayon, puis d'autres, perd lentement sa lividité, et verse la pâleur bleue des beaux jours d'octobre, et bientôt, l'eau, le granit ébénéen et les pierres précieuses flamboient comme aux soirs les carreaux des villes : c'est le couchant. O prodige, une singulière rougeur, autour de laquelle se répand une odeur enivrante de chevelures secouées, tombe en cascade du ciel obscurci ! Est-ce une avalanche de roses mauvaises ayant le péché pour parfum ? — Est-ce du fard ? — Est-ce du sang ? — Etrange coucher de soleil ! Ou ce torrent n'est-il qu'un fleuve de larmes empourprées par le feu de bengale du saltimbanque Satan qui se meut par derrière ? Ecoutez comme cela tombe avec un bruit lascif de baisers... Enfin, des ténèbres d'encre ont tout envahi où l'on n'entend voleter que le crime, le remords et la Mort. Alors je me voile la face, et des sanglots, arrachés à mon âme moins par ce cauchemar que par une amère sensation d'exil, traversent le noir silence. Qu'est-ce donc que la patrie ?

J'ai fermé le livre et les yeux, et je cherche la patrie. Devant moi se dresse l'apparition du poëte savant qui me l'indique en un hymne élancé mystiquement comme un lis. Le rythme de ce chant ressemble à la rosace d'une ancienne église : parmi l'ornementation de vieille pierre, souriant dans un séraphique outremer qui semble être la prière sortant de leurs yeux bleus plutôt que notre vulgaire azur, des anges blancs comme des hosties chantent leur extase en s'accompagnant de harpes imitant leurs ailes, de cymbales d'or natif, de rayons purs contournés en trompettes, et de tambourins où résonne la virginité des jeunes tonnerres : les saintes ont des palmes, — et je ne puis regarder plus haut que les vertus théologales, tant la sainteté est ineffable ; mais j'entends éclater cette parole d'une façon éternelle : *Alleluia !*

III

Mais quand mon esprit n'est pas gratifié d'une ascension dans les cieux spirituels, quand je suis las de regarder l'ennui dans le métal cruel d'un miroir, et, cependant, aux heures où l'âme rythmique veut des vers et aspire à l'antique délice du chant, mon poëte, c'est le divin Théodore de Banville, qui n'est pas un homme, mais la voix même de la lyre. Avec lui, je sens la poésie m'enivrer, — ce que tous les peuples ont appelé la poésie, — et, souriant, je bois le nectar dans l'Olympe du lyrisme.

Et quand je ferme le livre, ce n'est plus serein ou hagard, mais fou d'amour, et débordant, et les yeux pleins de grandes larmes de tendresse, avec un nouvel orgueil d'être homme. Tout ce qu'il y a d'enthousiasme ambrosien en moi et de bonté musicale, de noble et de pareil aux dieux, chante, et j'ai l'extase radieuse de la Muse ! J'aime les roses, j'aime l'or du soleil, j'aime les harmonieux sanglots des femmes aux longs cheveux, *et je voudrais tout confondre dans un poétique baiser !*

C'est que cet homme représente en nos temps le poëte, l'éternel et le classique poëte, fidèle à la déesse, et vivant parmi la gloire oubliée des héros et des dieux. Sa parole est, sans fin, un chant d'enthousiasme, d'où s'élance la musique, et le cri de l'âme ivre de toute la gloire. Les vents sinistres qui parlent dans l'effarement de la nuit, les abîmes pittoresques de la nature, il ne les veut entendre ni ne doit les voir : il marche en roi à travers l'enchantement édenéen de l'âge d'or, célébrant à jamais la noblesse des rayons et la rougeur des roses, les cygnes et les colombes, et l'éclatante blancheur du lis enfant, — la terre heureuse ! Ainsi dut être celui qui le premier reçut des dieux la lyre et dit l'ode éblouie avant notre aïeul Orphée. Ainsi lui-même, Apollon.

Aussi j'ai institué dans mon rêve la cérémonie d'un triomphe que j'aime à évoquer aux heures de splendeur et de féerie, et je l'appelle la fête du poëte : l'élu est cet homme au nom prédestiné, harmonieux comme un poëme et charmant comme un décor. Dans une apothéose, il siège sur un trône d'ivoire, couvert de la pourpre que lui seul a le droit de porter, et le front couronné des feuilles géantes du laurier de la Turbie. Ronsard chante des odes, et Vénus, vêtue de l'azur qui sort de sa chevelure, lui verse l'ambroisie — cependant qu'à ses pieds roulent les sanglots d'un peuple reconnaissant. La grande lyre s'extasie dans ses mains augustes.

QUELQUES MÉDAILLONS
ET PORTRAITS EN PIED

VILLIERS DE L'ISLE-ADAM

Nul, que je me rappelle, ne fut, par un vent d'illusion engouffré dans les plis visibles, tombant de son geste ouvert qui signifiait : « Me voici », avec une impulsion aussi véhémente et surnaturelle, poussé, que jadis cet adolescent ; ou ne connut à ce moment de la jeunesse dans lequel fulgure le destin entier, non le sien, mais celui possible de l'Homme ! la scintillation mentale qui désigne le buste à jamais du diamant d'un ordre solitaire, ne serait-ce qu'en raison de regards abdiqués par la conscience des autres. Je ne sais pas, mais je crois, en réveillant ces souvenirs de primes années, que vraiment l'arrivée fut extraordinaire, ou que nous étions bien fous ! les deux peut-être et me plais à l'affirmer. Il agitait aussi des drapeaux de victoire très anciens, ou

futurs, ceux-là mêmes qui laissent de l'oubli des
piliers choir leur flamme amortie brûlant encore :
je jure que nous les vîmes.

Ce qu'il voulait, ce survenu, en effet, je pense
sérieusement que c'était : régner. Ne s'avisa-t-il pas,
les gazettes indiquant la vacance d'un trône, celui
de Grèce, incontinent d'y faire valoir ses droits, en
vertu de suzerainetés ancestoriales, aux Tuileries :
réponse, qu'il repassât, le cas échéant, une minute
auparavant on en avait disposé. La légende, vrai-
semblable, ne fut jamais, par l'intéressé, démentie.
Aussi ce candidat à toute majesté survivante, d'abord
élut-il domicile chez les poètes ; cette fois, décidé,
il le disait, assagi, clairvoyant « avec l'ambition —
d'ajouter à l'illustration de ma race la seule gloire
vraiment noble de nos temps, celle *d'un grand écri-
vain* ». La devise est restée.

Quel rapport pouvait-il y avoir entre des marches
doctes au souffle de chesnaies près le bruit de mer ;
ou que la solitude ramenée à soi-même sous le calme
nobiliaire et provincial de quelque hôtel désert de
l'antique Saint-Brieuc, se concentrât pour en surgir,
en tant que silence tonnant des orgues dans la
retraite de mainte abbaye consultée par une juvénile
science et, cette fois, un groupe, en plein Paris perdu,
de plusieurs bacheliers eux-mêmes intuitifs à se
rejoindre : au milieu de qui exactement tomba le
jeune Philippe Auguste Mathias de si prodigieux
nom. Rien ne troublera, chez moi ni dans l'esprit de
plusieurs hommes, aujourd'hui dispersés, la vision
de l'arrivant. Eclair, oui, cette réminiscence brillera
selon la mémoire de chacun, n'est-ce pas ? des assis-

tants. François Coppée, Dierx, Heredia, Paul Verlaine, rappelez-vous ! et Catulle Mendès.

Un génie ! nous le comprîmes tel.

Dans ce touchant conclave qui, aux débuts d'une génération, en vue d'entretenir à tout le moins un reflet du saint éclat, assemble des jeunes gens, en cas qu'un d'eux se décèle l'Elu : on le sentit, tout de suite, présent, tous subissant la même commotion.

Je le revois.

Ses aïeux étaient dans le rejet par un mouvement à sa tête habituel, en arrière, dans le passé, d'une vaste chevelure cendrée indécise, avec un air de : « Qu'ils y restent, je saurai faire, quoique cela soit plus difficile maintenant » ; et nous ne doutions pas que son œil bleu pâle, emprunté à des cieux autres que les vulgaires, ne se fixât sur l'exploit philosophique prochain, de nous irrévé.

Certainement, il surprit ce groupe où, non sans raison, comme parmi ses congénères, il avait atterri, d'autant mieux qu'à de hauts noms, comme Rodolphe-le-Bel, seigneur de Villiers et de Dormans, 1067, le fondateur — Raoul, sire de Villiers-le-Bel, en 1146 ; Jean de Villiers, mari, en 1324, de Marie de l'Isle, et leur fils, Pierre Ier qui, la famille éteinte des seigneurs de l'Isle-Adam, est le premier Villiers de l'Isle-Adam — Jean de Villiers, petit-fils, maréchal de France qui se fit héroïquement massacrer,

en 1437, à Bruges, pour le duc de Bourgogne —
enfin le premier des grands maîtres de Malte pro-
prement dits, par cela qu'il fut le dernier des grands
maîtres de Rhodes, le vaincu valeureux de Soliman,
du fait de Charles Quint restauré, Philippe de
Villiers de l'Isle-Adam, honneur des chevaliers de
Saint-Jean de Jérusalem (la sonorité se fait plus
générale) ; à tant d'échos, après tout qui somnolent
dans les traités ou les généalogies, le dernier descen-
dant vite mêlait d'autres noms qui, pour nous,
artistes unis dans une tentative restreinte, je vais
dire laquelle, comportaient peut-être un égal lointain,
encore qu'ils fussent plutôt de notre monde : saint
Bernard, Kant, le Thomas de la Somme, principa-
lement un désigné par lui, le Titan de l'Esprit
Humain, Hegel, dont le singulier lecteur semblait
aussi se recommander, entre autres cartes de visite
ou lettres de présentation, ayant compulsé leurs
tomes, en ces retraites, qu'avec une entente de
l'existence moderne il multipliait, au seuil de ses
jours, dans des monastères, Solesmes, la Trappe et
quelques-uns imaginaires, pour que la solitude y
fût complète (parce qu'entré dans la lutte et la
production il n'y a plus à apprendre qu'à ses
dépens, la vie). Il lut considérablement, une fois
pour toutes et les ans à venir, notamment ce qui
avait trait à la grandeur éventuelle de l'Homme,
soit en l'histoire, soit interne, voire dans le doute
ici d'une réalisation — autre part, du fait des pro-
messes, selon la religion : car il était prudent.

Nous, par une velléité différente, étions groupés :
simplement resserrer une bonne fois, avant de
léguer au temps, en condition excellente, avec

l'accord voulu et définitif, un vieil instrument parfois faussé, le vers français, et plusieurs se montrèrent, dans ce travail, d'experts luthiers.

À l'enseigne un peu rouillée maintenant du *Parnasse Contemporain*, traditionnelle, le vent l'a décrochée, d'où soufflé ? nul ne le peut dire ; indiscutable : la vieille métrique française (je n'ose ajouter la poésie) subit, à l'instant qu'il est, une crise merveilleuse, ignorée dans aucune époque, chez aucune nation, où parmi les plus zélés remaniements de tous genres, jamais on ne touche à la prosodie. Toutefois la précaution parnassienne ne reste pas oiseuse : elle fournit le point de repère entre la refonte, toute d'audace, romantique, et la liberté ; et marque (avant que ne se dissolve, en quelque chose d'identique au clavier primitif de la parole, la versification) un jeu officiel ou soumis au rythme fixe.

Souci qui moindre pour un prince intellectuel du fond d'une lande ou des brumes et de la réflexion surgi, afin de dominer par quelque moyen et d'attribuer à sa famille, ayant attendu au-delà des temps, une souveraineté récente quasi mystique — pesait peu dans une frêle main, creuset de vérités dont l'effusion devait illuminer — ne signifiait guère, sauf la particularité peut-être que nous professâmes, le vers n'étant autre qu'un mot parfait, vaste, natif, une adoration pour la vertu des mots : celle-ci ne pouvait être étrangère à qui venait conquérir tout avec un mot, son nom, autour duquel déjà il voyait, à vrai dire, matériellement, se rallumer le lustre, aujourd'hui discernable pour notre seul esprit. Le culte du vocable que le prosateur allait tant, et plus que personne, solenniser (et lequel n'est, en dehors de toute doctrine, que la glorification de l'intimité même de la race, en sa fleur, le parler) serra tout de suite un lien entre les quelques-uns et lui : non que Villiers dédaignât le déploiement du mot en vers, il gardait dans quelque malle, avec la plaque de Malte, parmi les engins de captation du monde moderne, un recueil de poésies, visionnaire déjà, dont il trouva séant de ne point souffler, parmi des émailleurs et graveurs sur gemmes, préférant se rendre compte à la dérobée, attitude qui chez un débutant dénote du caractère. Même, après un laps, il fit lapidaire son enthousiasme, et paya la bienvenue, parmi nous, avec des *lieds* ou chants brefs.

Ainsi il vint, c'était tout, pour lui ; pour nous, la surprise même — et toujours, des ans, tant que traîna le simulacre de sa vie, et des ans, jusqu'aux précaires récents derniers, quand chez l'un de nous l'appel de la porte d'entrée suscitait l'attention par quelque son pur, obstiné, fatidique comme d'une heure absente aux cadrans et qui voulait demeurer, invariablement se répétait pour les amis anciens eux-mêmes vieillis, et malgré la fatigue à présent du visiteur, lassé, cassé, cette obsession de l'arrivée d'autrefois.

Villiers de l'Isle-Adam se montrait.

Toujours, il apportait une fête, et le savait ; et

maintenant ce devenait plus beau peut-être, plus
humblement beau, ou poignant, cette irruption,
des antiques temps, incessamment ressassée, que
la première en réalité ; malgré que le mystère par
lui quitté jadis, la vague ruine à demi écroulée
sur un sol de foi s'y fût à tout jamais tassée ; or,
on se doutait entre soi d'autres secrets pas moins
noirs, ni sinistres et de tout ce qui assaillait le déses-
péré seigneur perpétuellement échappé au tourment.
La munificence, dont il payait le refuge ! aussitôt
dépouillée l'intempérie du dehors ainsi qu'un rude
pardessus : l'allégresse de reparaître lui, très correct
et presque élégant nonobstant des difficultés, et de
se mirer en la certitude que dans le logis, comme
en plusieurs, sans préoccupation de dates, du jour,
fût-ce de l'an, on l'attendait — il faut l'avoir ouï
six heures durant quelquefois ! Il se sentait en
retard et, pour éviter les explications, trouvait des
raccourcis éloquents, des bonds de pensée et de
tels sursauts, qui inquiétaient le lieu cordial. A
mesure que dans le corps à corps avec la contra-
riété s'amoindrissait, dans l'aspect de l'homme
devenu chétif, quelque trait saillant de l'apparition
de jeunesse, à quoi il ne voulut jamais être inférieur,
il le centuplait par son jeu, de douloureux sous-
entendus ; et signifiait pour ceux auxquels pas une
inflexion de cette voix, et même le silence, ne restait
étranger : « J'avais raison, jadis, de me produire
ainsi, dans l'exagération causée peut-être par l'agran-
dissement de vos yeux ordinaires, certes, d'un roi
spirituel, ou de qui ne doit pas être ; ne fût-ce que
pour vous en donner l'idée. Histrion véridique, je
le fus de moi-même ! de celui que nul n'atteint en
soi, excepté à des moments de foudre et alors on

l'expie de sa durée, comme déjà ; et vous voyez bien
que cela est (dont vous sentîtes par moi l'impres-
sion, puisque me voici conscient et que je m'exprime
maintenant en le même langage qui sert, chez
autrui, à se duper, à converser, à se saluer) et doré-
navant le percevrez, comme si, sous chacun de mes
termes, l'or convoité et tu à l'envers de toute loqua-
cité humaine, à présent ici s'en dissolvait, irradié,
dans une véracité de trompettes inextinguibles pour
leur supérieure fanfare. »

Il se taisait ; merci, Toi, maintenant d'avoir parlé,
on comprend.

Minuits avec indifférence jetés dans cette veillée
mortuaire d'un homme debout auprès de lui-même,
le temps s'annulait, ces soirs ; il l'écartait d'un
geste, ainsi qu'à mesure son intarissable parole,
comme on efface, quand cela a servi ; et dans ce
manque de sonnerie d'instant perçue à de réelles
horloges, il paraissait — toute la lucidité de cet
esprit suprêmement net, même dans des délibéra-
tions peu communes, sur quelque chose de mysté-
rieux fixée comme serait l'évanouissement tardif,
jusqu'à l'espace élargi, du timbre annonciateur,
lequel avait fait dire à l'hôte : « C'est Villiers »
quand, affaiblie, une millième fois se répétait son
arrivée de jadis — discuter anxieusement avec lui-
même un point, énigmatique et dernier, pourtant à
ses yeux clair. Une question d'heure, en effet, étrange
et de grand intérêt, mais qu'ont occasion de se poser
peu d'hommes ici-bas, à savoir que peut-être lui ne

serait point venu à la sienne, pour que le conflit fût tel. Si ! à considérer l'Histoire il avait été ponctuel, devant l'assignation du sort, nullement intempestif, ni répréhensible : car ce n'est pas contemporainement à une époque, aucunement, que doivent, pour exalter le sens, advenir ceux que leur destin chargea d'en être à nu l'expression ; ils sont projetés maints siècles au delà, stupéfaits, à témoigner ce qui, normal à l'instant même, vit tard magnifiquement par le regret, et trouvera dans l'exil de leur nostalgique esprit tourné vers le passé, sa vision pure.

EDGAR POE

Edgar Poe personnellement m'apparaît depuis Whistler. Je savais, défi au marbre, ce front, des yeux à une profondeur d'astre nié en seule la distance, une bouche que chaque serpent tordit excepté le rire ; sacrés comme un portrait devant un volume d'œuvres, mais le démon en pied ! sa tragique coquetterie noire, inquiète et discrète : la personne analogue du peintre, à qui le rencontre, dans ce temps, chez nous, jusque par la préciosité de sa taille dit un même état de raréfaction américain, vers la beauté. Villiers de l'Isle-Adam, quelques soirs, en redingote, jeune ou suprême, évoqua du geste l'Ombre tout silence. Cependant et pour l'avouer, toujours, malgré ma confrontation de daguerréotypes et de gravures, une piété unique telle enjoint de me représenter le pur entre les Esprits, plutôt et de préférence à quelqu'un, comme un aérolithe ; stellaire, de foudre, projeté des desseins finis humains, très loin de nous contemporainement à qui il éclata en pierreries d'une couronne pour personne, dans maint siècle d'ici. Il est cette exception, en effet, et le cas littéraire absolu.

VERLAINE

La tombe aime tout de suite le silence.

Acclamations, renom, la parole haute cesse et le sanglot des vers abandonnés ne suivra jusqu'à ce lieu de discrétion celui qui s'y dissimule pour ne pas offusquer, d'une présence, sa gloire.

Aussi, de notre part, à plus d'un menant un deuil fraternel, aucune intervention littéraire : elle occupe, unanimement, les journaux, comme les blanches feuilles de l'œuvre interrompu ressaisiraient leur ampleur et s'envolent porter le cri d'une disparition vers la brume et le public.

La Mort, cependant, institue exprès cette dalle pour qu'un pas dorénavant puisse s'y affermir en vue de quelque explication ou de dissiper le malentendu. Un adieu du signe au défunt cher lui tend la main, si convenait à l'humaine figure souveraine que ce fut, de reparaître, une fois dernière, pensant qu'on le comprit mal et de dire : Voyez mieux comme j'étais.

Apprenons, messieurs, au passant, à quiconque, absent, certes, ici, par incompétence et vaine vision se trompa sur le sens extérieur de notre ami, que cette tenue, au contraire, fut, entre toutes, correcte.

Oui, les *Fêtes Galantes*, la *Bonne Chanson*, *Sagesse*, *Amour*, *Jadis et Naguère*, *Parallèlement* ne verse-raient-ils pas, de génération en génération, quand s'ouvrent, pour une heure, les juvéniles lèvres, un ruisseau mélodieux qui les désaltérera d'onde suave, éternelle et française — conditions, un peu, à tant de noblesse visible : que nous aurions profondément à pleurer et à vénérer, spectateurs d'un drame sans le pouvoir de gêner même par de la sympathie rien à l'attitude absolue que quelqu'un se fit en face du sort.

Paul Verlaine, son génie enfui au temps futur, reste héros.

Seul, ô plusieurs qui trouverions avec le dehors tel accommodement fastueux ou avantageux, consi-dérons que — seul, comme revient cet exemple par les siècles rarement, notre contemporain affronta, dans toute l'épouvante, l'état du chanteur et du rêveur. La solitude, le froid, l'inélégance et la pénu-rie, qui sont des injures infligées auxquelles leur victime aurait le droit de répondre par d'autres volontairement faites à soi-même — ici la poésie presque a suffi — d'ordinaire composent le sort qu'encourt l'enfant avec son ingénue audace marchant en l'existence selon sa divinité : soit, convint le beau mort, il faut ces offenses, mais ce sera jusqu'au bout, douloureusement et impudiquement.

Scandale, du côté de qui ? de tous, par un répercuté, accepté, cherché : sa bravoure, il ne se cacha pas du destin, en harcelant, plutôt par défi, les hésitations, devenait ainsi la terrible probité. Nous vîmes cela, messieurs, et en témoignons : cela, ou pieuse révolte, l'homme se montrant devant sa Mère qu'elle qu'elle soit et voilée, foule, inspiration, vie, le nu qu'elle a fait du poète et cela consacre un cœur farouche, loyal, avec de la simplicité et tout imbu d'honneur.

Nous saluerons de cet hommage, Verlaine, dignement, votre dépouille.

ARTHUR RIMBAUD

Lettre à M. Harrison Rhodes

J'imagine qu'une de ces soirées de mardi, rares, où vous me fîtes l'honneur, chez moi, d'ouïr mes amis converser, le nom soudainement d'Arthur Rimbaud se soit bercé à la fumée de plusieurs cigarettes ; installant, pour votre curiosité, du vague.

Quel, le personnage, questionnez-vous : du moins, avec des livres *Une Saison en Enfer, Illuminations* et ses *Poèmes* naguères publiés en l'ensemble, exerce-t-il sur les événements poétiques récents une influence si particulière que, cette allusion faite, par exemple, on se taise, énigmatiquement et réfléchisse, comme si beaucoup de silence, à la fois, et de rêverie s'imposait ou d'admiration inachevée.

Doutez, mon cher hôte, que les principaux novateurs, maintenant, voire un, à l'exception, peut-être, mystérieusement, du magnifique aîné, *qui leva l'archet*, Verlaine, aient à quelque profondeur et par un trait direct, subi Arthur Rimbaud. Ni la liberté allouée au vers ou, mieux, jaillie telle par miracle, ne se réclamera de qui fut, à part le balbutiement de tous derniers poèmes ou quand il cessa, un strict observateur du jeu ancien. Estimez son plus magique effet produit par opposition d'un monde antérieur au Parnasse, même au Romantisme, ou très classique, avec le désordre somptueux d'une passion on ne saurait dire rien que spirituellement exotique. Eclat, lui, d'un météore, allumé sans motif autre que sa présence, issu seul et s'éteignant. Tout, certes, aurait existé, depuis, sans ce passant considérable, comme aucune circonstance littéraire vraiment n'y prépara : le cas personnel demeure, avec force.

Mes souvenirs : plutôt ma pensée, souvent, à ce Quelqu'un, voici ; comme peut faire une causerie, en votre faveur immédiate.

Je ne l'ai pas connu, mais je l'ai vu, une fois, dans un des repas littéraires, en hâte, groupés à l'issue de la Guerre — le *Dîner des Vilains Bonshommes*, certes, par antiphrase, en raison du portrait, qu'au convive dédie Verlaine. « L'homme était grand, bien bâti, presque athlétique, un visage parfaitement ovale d'ange en exil, avec des cheveux châtain clair mal en ordre et des yeux d'un bleu pâle inquiétant. » Avec je ne sais quoi fièrement poussé, ou mauvaisement, de fille du peuple, j'ajoute, de son état blanchisseuse, à cause de vastes mains, par la transition du chaud au froid rougies d'engelures. Lesquelles eussent indiqué des métiers plus terribles, appartenant à un garçon. J'appris qu'elles avaient autographié de beaux vers ; non publiés : la bouche, au pli boudeur et narquois n'en récita aucun.

Comme je descendais des Fleuves impassibles,
Je ne me sentis plus guidé par les haleurs :
Des Peaux-rouges criards les avaient pris pour cibles,
Les ayant cloués nus aux poteaux de couleurs.

et

Plus douce qu'aux enfants la chair des pommes sures,
L'eau verte pénétra ma coque de sapin
Et des taches de vins bleus et des vomissures
Me lava, dispersant gouvernail et grappin.

et

J'ai rêvé la nuit verte aux neiges éblouies,
Baiser montant aux yeux des mers avec lenteurs,
La circulation des sèves inouïes,
Et l'éveil jaune et bleu des phosphores chanteurs !

et

Parfois, martyr lassé des pôles et des zones,
La mer dont le sanglot faisait mon roulis doux
Montait vers moi ses fleurs d'ombre aux ventouses
Et je restais, ainsi qu'une femme à genoux...   [jaunes

et

J'ai vu des archipels sidéraux ! Et des îles
Dont les cieux délirants sont ouverts au vogueur :
— Est-ce en ces nuits sans fond que tu dors et t'exiles,
Millions d'oiseaux d'or, ô future Vigueur ? —

et tout ! qu'il faudrait dérouler comme primitivement
s'étire un éveil génial, en ce chef-d'œuvre, car *Le
Bateau Ivre* était fait à l'époque, déjà : tout ce qui,
à peu de là, parerait les mémoires et en surgira tant
qu'on dira des vers, se taisait parmi le nouveau-
venu ainsi que *Les Assis, Les Chercheuses de Poux,
Premières Communiantes,* du même temps ou celui
d'une puberté perverse et superbe. Notre curiosité,
entre familiers, sauvés des maux publics, omit un
peu cet éphèbe au sujet de qui courait, cependant,
que c'était, à dix-sept ans son quatrième voyage, en
1872 effectué, ici, comme les précédents, à pied :
non, un ayant eu lieu, de l'endroit natal, Charleville
dans les Ardennes, vers Paris, fastueusement d'abord,
avec la vente de tous les prix de la classe, de rhéto-
rique, par le collégien. Rappels, or hésitation entre la
famille, une mère d'origine campagnarde, dont séparé
le père, officier en retraite, et des camarades les
frères Cros, Forain futur et toujours et irrésistible-

ment Verlaine : un va-et-vient résultait ; au risque de
coucher, en partant, sur les bateaux à charbon du
canal, en revenant, de tomber dans un avant-poste de
fédérés ou combattants de la Commune. Le grand
gars, adroitement se fit passer pour un franc-tireur
du parti, en détresse et inspira le bon mouvement
d'une collecte à son bénéfice. Menus faits, quelcon-
ques et, du reste, propres à un, ravagé violemment
par la littérature le pire désarroi, après les lentes
heures studieuses aux bancs, aux bibliothèques, cette
fois maître d'une expression certaine prématurée,
intense, l'excitant à des sujets inouïs, — en quête
aussitôt de « sensations neuves » insistait-il « pas
connues » et il se flattait de les rencontrer en le
bazar d'illusion des cités, vulgaire : mais, qui livre au
démon adolescent, un soir, quelque vision grandiose
et factice continuée, ensuite, par la seule ivrognerie.

L'anecdote, à bon marché, ne manque pas, le fil
rompu d'une existence, en laissa choir dans les jour-
naux : à quoi bon faire, centième, miroiter ces détails
jusqu'à les enfiler en sauvages verroteries et compo-
ser le collier du roi nègre, que ce fut la plaisanterie,
tard, de représenter, dans quelque peuplade incon-
nue, le poète. Vous ambitionnerez de suivre, comme
je les perçois et pour y infuser le plus de belle pro-
babilité les *grandes lignes* d'un destin significatif ;
lequel doit garder dans ses écarts, d'apparence, le
rythme, étant d'un chanteur et quelque étrange sim-
plicité. Toutefois en remerciant de m'aider, par
votre question à évoquer pour moi-même, la pre-
mière fois dans l'ensemble, cette personnalité qui
vous séduit, mon cher ami, je veux comme exception

remémorer une historiette qu'avec des sourires me contait délicieusement Théodore de Banville. La bonté de ce Maître était secourable. On le vint trouver. A l'intention d'un des nôtres ; et précisait-on en quelque jargon, de permettre qu'il fît *du grand art*. Banville opina que pour ce résultat, d'abord, le talent devenant secondaire, une chambre importe, où gîter, la loua dans les combles de sa maison rue de Buci ; une table, l'encre et les plumes comme accessoires, du papier, un lit blanc aussi pour les moments où l'on ne rêve debout, ni sur la chaise. Le jeune homme errant fut installé : mais quelle, la stupéfaction du donateur méthodique, à l'heure où la cour interne unit, par l'arome, les dîners, d'entendre des cris poussés à chaque étage, et, aussitôt, de considérer, nu, dans le cadre de mansarde là-haut, quelqu'un agitant éperdument et lançant par-dessus les tuiles du toit, peut-être pour qu'ils disparussent avec les derniers rayons du soleil, des lambeaux de vêtements : et comme il s'inquiétait, près du dieu, de cette tenue, enfin, mythologique, « C'est, » répondit Arthur Rimbaud à l'auteur des *Exilés*, qui dut convenir de la justesse impliquée, certainement, par cette observation et accuser sa propre imprévoyance « que je ne puis fréquenter une chambre si propre, virginale, avec mes vieux habits criblés de poux ». L'hôte ne se jugea correct qu'après avoir adressé des effets à lui de rechange et une invitation devant le repas du soir, car « l'habillement, outre le logis, ne suffit pas, si l'on veut produire des poèmes remarquables, il tarde également de manger »

Le prestige de Paris usé : aussi, Verlaine entre de naissantes contrariétés de ménage et quelque appré-

hension de poursuites, comme fonctionnaire humble
de la Commune, certes, décidèrent Rimbaud à visiter
Londres. Ce couple y mena une orgiaque misère,
humant la libre fumée de charbon, ivre de récipro-
cité. Une lettre de France bientôt pardonnait, appelant
l'un des transfuges, pourvu qu'il abandonnât son
compagnon. La jeune épouse, au rendez-vous, atten-
dait une réconciliation, parmi mère et belle-mère. Je
crois au récit supérieurement tracé par M. Berri-
chon [1] et indique selon lui une scène, poignante au
monde, attendu qu'elle compta pour héros, l'un
blessé comme l'autre délirant, deux poètes dans leur
farouche mal. Prié par les femmes ensemble, Ver-
laine renonçait à l'ami ; mais le vit, à la porte de la
chambre d'hôtel fortuitement, vola dans ses bras le
suivre, n'écouta l'objurgation par celui-ci, refroidi, de
n'en rien faire « jurant que leur liaison devait être
à jamais rompue » — « même sans le sou » quoique
seulement à Bruxelles en vue d'un subside pécuniaire
pour regagner le pays « il partirait ». Le geste
repoussait Verlaine qui tira, égaré, d'un pistolet, sur
l'indifférent et tomba en larmes au devant. Il était
dit que les choses ne resteraient pas, j'allais énoncer,
en famille. Rimbaud revenait, pansé, de l'hospice et
dans la rue, obstiné à partir, reçut une nouvelle
balle, publique maintenant ; que son si fidèle expia,
deux ans, dans la prison de Mons. Solitaire, après
cette circonstance tragique, on peut dire que rien
ne permet de le déchiffrer, en sa crise définitive,
certes, intéressante puisqu'il cesse toute littérature :
camarade ni écrit. Des faits ? il devait selon un but
quelconque, retourner en Angleterre, avant 1875,

1. *La Revue blanche*, Verlaine héroïque, 15 février 1896.

qu'importe ; puis gagna l'Allemagne, avec des situations pédagogiques, et un don pour les langues, qu'il collectionnait, ayant abjuré toute exaltation dans la sienne propre ; atteignit l'Italie, en chemin de fer jusqu'au Saint-Gothard, ensuite à pied, franchissant les Alpes : séjourne quelques mois, pousse aux Cyclades et, malade d'une insolation, se trouve rapatrié officiellement.

Pas sans que l'effleurât une avant-brise du Levant.

Voici la date mystérieuse, pourtant naturelle, si l'on convient que celui, qui rejette des rêves, par sa faute ou la leur, et s'opère, vivant, de la poésie, ultérieurement ne sait trouver que loin, très loin, un état nouveau. L'oubli comprend l'espace du désert ou de la mer. Ainsi les fuites tropicales moins, peut-être, quant au merveilleux et au décor : puisque c'est en soldat racolé, 1876, sur le marché hollandais, pour Sumatra, déserteur dès quelques semaines, rembarqué au coût de sa prime, par un vaisseau anglais, avant de se faire, audacieusement, marchand d'hommes, à son tour, y amassant un pécule perdu en Danemark et en Suède, d'où rapatriement ; en Chef des Carrières de marbre dans l'île de Chypre, 1879, après une pointe vers l'Egypte, à Alexandrie et — on verra, le reste des jours, en « traitant ». L'adieu total à l'Europe, aux climat et usages insupportables, également est ce voyage au Harar, près de l'Abyssinie (théâtre hier, d'événements militaires) où, comme les sables, s'étend le silence relativement à tout acte de l'exilé. Il trafiqua, sur la côte et l'autre bord, à Aden — le rencontra-t-on toutefois à ce point

extrême ? féeriquement d'objets précieux encore,
comme quelqu'un dont les mains ont caressé jadis
les pages — ivoire, poudre d'or, ou encens. Sensible
à la qualité rare de sa pacotille, peut-être pas, comme
entachée d'orientalisme Mille et Une Nuits ou de cou-
leur locale : mais aux paysages bus avec soif de vasti-
tude et d'indépendance ! et si, l'instinct des vers
renoncé, tout devient inférieur en s'en passant —
même vivre, du moins que ce soit virilement, sauva-
gement, la civilisation ne survivant, chez l'individu, à
un signe suprême.

Une nouvelle inopinée, en 1891, circula par les
journaux : que celui, qui avait été et demeure, pour
nous un poète, voyageur, débarqué à Marseille, avec
une fortune et opéré, arthritique, venait d'y mourir.
Sa bière prit le chemin de Charleville, accueillie dans
ce refuge, jadis, de toutes agitations, par la piété
d'une sœur.

Je sais à tout le moins la gratuité de se substituer,
aisément, à une conscience : laquelle dut, à l'occa-
sion, parler haut, pour son compte, dans les soli-
tudes. Ordonner, en fragments intelligibles et pro-
bables, pour la traduire, la vie d'autrui, est tout
juste, impertinent : il ne reste que de pousser à ses
limites ce genre de méfait. Seulement je me ren-
seigne. — Une fois, entre des migrations, vers 1875,
le compatriote de Rimbaud et son camarade au col-
lège, M. Delahaye, à une réminiscence de qui ceci
puise, discrètement l'interrogea sur ses vieilles visées,
en quelques mots, que j'entends, comme — « eh !

bien, la littérature ? » l'autre fit la sourde oreille, enfin répliqua avec simplicité que « non, il n'en faisait plus », sans accentuer le regret ni l'orgueil. « Verlaine » ? à propos duquel la causerie le pressa : rien, sinon qu'il évitait, plutôt comme déplaisante, la mémoire de procédés, à son avis, excessifs.

L'imagination de plusieurs, dans la presse participant au sens, habituel chez la foule, des trésors à l'abandon ou fabuleux, s'enflamma de la merveille que des poèmes restassent, inédits, peut-être, composés là-bas. Leur largeur d'inspiration et l'accent vierge ! on y songe comme à quelque chose qui eût pu être ; avec raison, parce qu'il ne faut jamais négliger, en idée, aucune des possibilités qui volent autour d'une figure, elles appartiennent à l'original, même contre la vraisemblance, y plaçant un fond légendaire momentané, avant que cela se dissipe tout à fait. J'estime, néanmoins, que prolonger l'espoir d'une œuvre de maturité nuit, ici, à l'interprétation exacte d'une aventure unique dans l'histoire de l'art. Celle d'un enfant trop précocement touché et impétueusement par l'aile littéraire qui, avant le temps presque d'exister, épuisa d'orageuses et magistrales fatalités, sans recours à du futur.

Une supposition, autrement forte, comme intérêt, que d'un manuscrit démenti par le regard perspicace sur cette destinée, hante, relative à l'état du vagabond s'il avait, de retour, après le laisser volontaire des splendeurs de la jeunesse, appris leur épanouissement, parmi la génération en fruits opulents non moins et plus en rapport avec le goût jadis de gloire, que ceux là-bas aux oasis : les aurait-il reniés ou

cueillis ? Le Sort, avertissement à l'homme du rôle
accompli, sans doute afin qu'il ne vacille pas en trop
de perplexité, trancha ce pied qui se posait sur le sol
natal étranger : ou, tout de suite et par surcroît, la
fin arrivant, établit, entre le patient et diverses voix
lesquelles, souvent, l'appelèrent notamment une du
grand Verlaine, le mutisme que sont un mur ou le
rideau d'hôpital. Interdiction que, pour aspirer la
surprise de sa renommée et sitôt l'écarter ou, à
l'opposé, s'en défendre et jeter un regard d'envie
sur ce passé grandi pendant l'absence, lui se retour-
nât à la signification, neuve, proférée en la langue,
des quelques syllabes ARTHUR RIMBAUD : l'épreuve,
alternative, gardait la même dureté et mieux la
valut-il, effectivement, omise. Cependant, on doit,
approfondissant d'hypothèse pour y rendre la beauté
éventuelle, cette carrière hautaine, après tout et sans
compromission — d'anarchiste, par l'esprit — présu-
mer que l'intéressé en eût accueilli avec une fière
incurie l'aboutissement à la célébrité comme concer-
nant certes, quelqu'un qui avait été lui, mais ne
l'était plus, d'aucune façon : à moins que le fantôme
impersonnel ne poussât la désinvolture jusqu'à
réclamer traversant Paris, pour les joindre à l'argent
rapporté, simplement des droits d'auteur.

Avril 1896

EDOUARD MANET

Qu'un destin tragique, omise la Mort filoutant, complice de tous, à l'homme la gloire, dur, hostile marquât quelqu'un enjouement et grâce, me trouble — pas la huée contre qui a, dorénavant, rajeuni la grande tradition picturale selon son instinct, ni la gratitude posthume : mais, parmi le déboire, une ingénuité virile de chèvre-pied au pardessus mastic, barbe et blond cheveu rare, grisonnant avec esprit. Bref, railleur à Tortoni, élégant ; en l'atelier, la furie qui le ruait sur la toile vide, confusément, comme si jamais il n'avait peint — un don précoce à jadis inquiéter ici résume avec la trouvaille et l'acquit subit : enseignement au témoin quotidien inoublieux, moi, qu'on se joue tout entier, de nouveau, chaque fois, n'étant autre que tous sans rester différent, à volonté. Souvenir, il disait, alors, si bien : « L'œil, une main... » que je resonge.

Cet œil — Manet — d'une enfance de lignée vieille citadine, neuf, sur un objet, les personnes posé, vierge et abstrait, gardait naguères l'immédiate fraîcheur de la rencontre, aux griffes d'un rire du regard, à narguer, dans la pose, ensuite, les fatigues de vingtième séance. Sa main — la pression sentie claire et prête énonçait dans quel mystère la limpidité de la vue y descendait, pour ordonner, vivace, lavé, profond, aigu ou hanté de certain noir, le chef-d'œuvre nouveau et français.

BERTHE MORISOT

Tant de clairs tableaux irisés, ici, exacts, prime-
sautiers, eux peuvent attendre avec le sourire futur,
consentiront que comme titre au livret qui les
classe, un Nom, avant de se résoudre en leur qualité,
pour lui-même prononcé ou le charme extraordinaire
avec lequel il fut porté, évoque une figure de race,
dans la vie et de personnelle élégance extrêmes.
Paris la connut peu, si sienne, par lignée et invention
dans la grâce, sauf à des rencontres comme celle-ci,
fastes, les expositions ordinairement de Monet et
Renoir, quelque part où serait un Degas, devant
Puvis de Chavannes ou Whistler, plusieurs les hôtes
du haut salon, le soir ; en la matinée, atelier très
discret, dont les lambris Empire encastrèrent des
toiles d'Edouard Manet. Quand, à son tour, la dame
y peignait-elle, avec furie et nonchalance, des ans,
gardant la monotonie et dégageant à profusion une
fraîcheur d'idée, il faut dire — toujours — hormis
ces réceptions en l'intimité où, le matériel de travail
relégué, l'art même était loin quoique immédiat dans
une causerie égale au décor, ennobli du groupe : car
un Salon, surtout, impose, avec quelques habitués,
par l'absence d'autres, la pièce, alors, explique son
élévation et confère, de plafonds altiers, la supério-
rité à la gardienne, là, de l'espace si, comme c'était,
énigmatique de paraître cordiale et railleuse ou
accueillant selon le regard scrutateur levé de l'attente,

distinguée, sur quelque meuble bas, la ferveur. Prudence aux quelques-uns d'apporter une bonhomie, sans éclat, un peu en comparses sachant parmi ce séjour, raréfié dans l'amitié et le beau, quelque chose, d'étrange, planer, qu'ils sont venus pour indiquer de leur petit nombre, la luxueuse, sans même y penser, exclusion de tout le dehors.

Cette particularité d'une grande artiste qui, non plus, comme maîtresse de maison, ne posséda rien de banal, causait, aux présentations, presque la gêne. Pourquoi je cède, pour attarder une réminiscence parfaite, bonne, défunte, comme sitôt nous la résumions précieusement au sortir, dans les avenues du Bois ou des Champs-Elysées, tout à coup à me mémorer ma satisfaction, tel minuit, de lire en un compagnon de pas, la même timidité que, chez moi, longtemps, envers l'amicale méduse, avant le parti gai de tout brusquer par un dévouement. « Auprès de Madame Manet » concluait le paradoxal confident, un affiné causeur entre les grands jeunes poètes et d'aisé maintien, « je me fais l'effet d'un rustre et une brute ». Pareil mot, que n'ouït pas l'intéressée, ne se redira plus. Comme toute remarque très subtile appartient aux feuillets de la fréquentation, les entr'ouvrir, à moitié, livre ce qui se doit, d'un visage, au temps : relativement à l'exception, magnifique, dans la sincérité du retirement qui élut une femme du monde à part soi ; puis se précise un fait de la société, il semble, maintenant.

Les quelques dissidentes du sexe qui présentent l'esthétique autrement que par leur individu, au reste, encourent un défaut, je ne désigne pas de traiter avec sommaire envahissement le culte que, peut-être, confisquons-nous au nom d'études et de la rêverie, passons une concurrence de prêtresses avisées ; mais, quand l'art s'en mêle, au contraire, de dédaigner notre pudeur qui allie visée et dons chez chacun et, tout droit, de bondir au sublime, éloigné, certes, gravement, au rude, au fort : elles nous donnent une leçon de virilité et, aussi, déchargeraient les institutions officielles ou d'Etat, en soignant la notion de vastes maquettes éternelles, dont le goût, de se garer, à moins d'illumination spéciale. — Une juvénilité constante absout l'emphase. — Que la pratique plairait, efficace, si visant, pour les transporter vers plus de rareté, encore et d'essence, les délicatesses, que nous nous contraignons d'avoir presque féminines. A ce jeu s'adonna, selon le tact d'une arrière-petite-nièce, en descendance, de Fragonard, Mme Berthe Morisot, naguère apparentée à l'homme, de ce temps, qui rafraîchit la tradition française — par mariage avec un frère, M. Eugène Manet, esprit très perspicace et correct. Toujours, délicieusement, aux manifestations pourchassées de l'Impressionnisme [1] — la source, en peinture, vive — un panneau, revoyons-le, en 1874, 1876, 1877, 1883,

---

1. Mary Cassatt, outre les plus hauts cités, ainsi que Cézanne, Pissarro, Rouart, Sisley, Caillebotte, Guillaumin, avant la consécration.

limpide, frissonnant empaumait à des carnations, à des vergers, à des ciels, à toute la légèreté du métier avec une pointe de XVIIIᵉ siècle exaltée de présent, la critique, attendrie pour quelque chose de moins péremptoire que l'entourage et d'élyséennement savoureux : erreur, une acuité interdisant ce bouquet, déconcertait la bienveillance. Attendu, il importe, que la fascination dont on aimerait profiter, superficiellement et à travers de la présomption, ne s'opère qu'à des conditions intègres et même pour le passant hostiles ; comme regret. Toute maîtrise jette le froid : ou la poudre fragile du coloris se défend par une vitre, divination pour certains.

Telle, de bravoure, une existence allait continuer, insoucieuse, après victoire et dans l'hommage [1] ; quand la prévision faillit, durant l'hiver, de 1895, aux frimas tardifs, voici les douze mois revenus : la ville apprit que cette absente, en des magies, se retirait plus avant soit suprêmement, au gré d'un malaise de la saison. Pas, dans une sobriété de prendre congé sans insistance ou la cinquantaine avivant une expression, bientôt, souvenir : on savait la personne de prompt caprice, pour conjurer l'ennui, singulière, apte dans les résolutions ; mais elle n'eût pas accueilli celle-là de mourir, plutôt que conserver le cercle fidèle, à cause, passionnément, d'une ardente flamme maternelle, où se mit, en entier, la créatrice — elle

1. Ensemble exposé chez Boussod et Valadon, juin 95 ; acquisition d'une œuvre pour le Musée du Luxembourg.

subit, certes, l'apitoiement ou la torture, malgré la force d'âme, envisageant l'heure inquiète d'abandonner, hors un motif pour l'une et l'autre de séparation, près le chevalet, une très jeune fille, de deux sangs illustre, à ses propres espoirs joignant la belle fatalité de sa mère et des Manet. Consignons l'étonnement des journaux à relater d'eux-mêmes, comme un détail notoire pour les lecteurs, le vide, dans l'art, inscrit par une disparue auparavant réservée : en raison, soudain, de l'affirmation, dont quiconque donne avis, à l'instant salua cette renommée tacite.

Si j'ai inopportunément, prélude aux triomphe et délice, hélas ! anniversaires, obscurci par le deuil, des traits invités à reformer la plus noble physionomie, je témoigne d'un tort, accuse la défaillance convenable aux tristesses : l'impartiale visiteuse, aujourd'hui, de ses travaux, ne le veut ni, elle-même, entre tous ces portraits, intercepter du haut d'une chevelure blanchie par l'abstraite épuration en le beau plus qu'âgée, avec quelque longueur de voile, un jugement, foyer serein de vision ou n'ayant pas besoin, dans la circonstance, du recul de la mort : sans ajouter que ce serait, pour l'artiste, en effet, verser dans tel milieu en joie, en fête et en fleur, la seule ombre qui, par elle, y fût jamais peinte et que son pinceau récusait.

Ici, que s'évanouissent, dispersant une caresse radieuse, idyllique, fine, poudroyante, diaprée, comme en ma mémoire, les tableaux, reste leur armature, maint superbe dessin, pas de moindre instruction, pour attester une science dans la volontaire griffe, couleurs à part, sur un sujet — ensemble trois cents ouvrages environ, et études qu'au public d'apprécier avec le sens, vierge, puisé à ce lustre nacré et argenté : faut-il, la hantise de suggestions, aspirant à se traduire en l'occasion, la taire, dans la minute, suspens de perpétuité chatoyante ? Silence, excepté que paraît un spectacle d'enchantement moderne. Loin ou dès la croisée qui prépare à l'extérieur et maintient, dans une attente verte d'Hespérides aux simples oranges et parmi la brique rose d'Eldorados, tout à coup l'irruption à quelque carafe, éblouissamment du jour, tandis que multicolore il se propage en perses et en tapis réjouis, le génie, distillateur de la Crise, où cesse l'étincelle des chimères au mobilier, est, d'abord, d'un peintre. Poétiser, par art plastique, moyen de prestiges directs, semble, sans intervention, le fait de l'ambiance éveillant aux surfaces leur lumineux secret : ou la riche analyse, chastement pour la restaurer, de la vie, selon une alchimie, — mobilité et illusion. Nul éclairage, intrus, de rêves ; mais supprimés, par contre, les aspects commun ou professionnel. Soit, que l'humanité exulte, en tant que les chairs de préférence chez l'enfant, fruit, jusqu'au bouton de la nubilité, là tendrement finit cette célébration de nu,

notre contemporaine aborde sa semblable comme il
ne faut l'omettre, la créature de gala, agencée en vue
d'usages étrangers, galbeuse ou fignolée relevant du
calligraphe à moins que le genre n'induise, littéraire-
ment, le romancier ; à miracle, elle la restitue, par
quelle clairvoyance, le satin se vivifiant à un contact
de peau, l'orient des perles, à l'atmosphère : ou,
dévêt, en négligé idéal, la mondanité fermée au style,
pour que jaillisse l'intention de la toilette dans un
rapport avec les jardins et la plage, une serre, la
galerie. Le tour classique renoué et ces fluidité, niti-
dité.

Féerie, oui, quotidienne — sans distance, par
l'inspiration, plus que le plein air enflant un glisse-
ment, le matin ou après-midi, de cygnes à nous ; ni
au delà que ne s'acclimate, des ailes détournée et de
tous paradis, l'enthousiaste innéité de la jeunesse
dans une profondeur de journée.

Rappeler, indépendamment des sortilèges, la magi-
cienne, tout à l'heure obéit à un souhait, de concor-
dance, qu'elle-même choya, d'être aperçue par autrui
comme elle se pressentit : on peut dire que jamais
elle ne manqua d'admiration ni de solitude. Plus,
pourquoi — il faut regarder les murs — au sujet de
celle dont l'éloge courant veut que son talent dénote

la femme — encore, aussi, qu'un maître : son œuvre, achevé, selon l'estimation des quelques grands originaux qui la comptèrent comme camarade dans la lutte, vaut, à côté d'aucun, produit par un d'eux et se lie, exquisement, à l'histoire de la peinture, pendant une époque du siècle.

RICHARD WAGNER

RÊVERIE D'UN POÈTE FRANÇAIS

Un poète français contemporain, exclu de toute participation aux déploiements de beauté officiels, en raison de divers motifs, aime, ce qu'il garde de sa tâche pratiqué ou l'affinement mystérieux du vers pour de solitaires Fêtes, à réfléchir aux pompes souveraines de la Poésie, comme elles ne sauraient exister concurremment au flux de banalité charrié par les arts dans le faux semblant de civilisation. — Cérémonies d'un jour qui gît au sein, inconscient, de la foule : presque un Culte !

La certitude de n'être impliqué, lui ni personne de ce temps, dans aucune entreprise pareille, l'affranchit de toute restriction apportée à son rêve par le sentiment d'une impéritie et par l'écart des faits.

Sa vue d'une droiture introublée se jette au loin.

A son aise et c'est le moins, qu'il accepte pour exploit de considérer, seul, dans l'orgueilleux repli des conséquences, le Monstre, Qui ne peut Etre! Attachant au flanc la blessure d'un regard affirmatif et pur.

Omission faite de coups d'œil sur le faste extraordinaire mais inachevé aujourd'hui de la figuration plastique, d'où s'isole, du moins, en sa perfection de rendu, la Danse seule capable, par son écriture sommaire, de traduire le fugace et le soudain jusqu'à l'Idée — pareille vision comprend tout, absolument tout le Spectacle futur — cet amateur, s'il envisage l'apport de la Musique au Théâtre faite pour en mobiliser la merveille, ne songe pas longtemps à part soi... déjà, de quels bonds que parte sa pensée, elle ressent la colossale approche d'une Initiation. Ton souhait, plutôt, vois s'il n'est pas rendu.

Singulier défi qu'aux poètes dont il usurpe le devoir avec la plus candide et splendide bravoure, inflige Richard Wagner!

Le sentiment se complique envers cet étranger, transports, vénération, aussi d'un malaise que tout soit fait, autrement qu'en irradiant, par un jeu direct, du principe littéraire même.

Doutes et nécessité, pour un jugement, de discerner les circonstances que rencontra, au début, l'effort du Maître. Il surgit au temps d'un théâtre, le seul qu'on peut appeler caduc, tant la Fiction en est fabriquée d'un élément grossier : puisqu'elle s'impose à même et tout d'un coup, commandant de croire à l'existence du personnage et de l'aventure — de croire, simplement, rien de plus. Comme si cette foi exigée du spectateur ne devait pas être précisément la résultante par lui tirée du concours de tous les arts suscitant le miracle, autrement inerte et nul, de la scène ! Vous avez à subir un sortilège, pour l'accomplissement de quoi ce n'est trop d'aucun moyen d'enchantement impliqué par la magie musicale, afin de violenter votre raison aux prises avec un simulacre, et d'emblée on proclame : « Supposez que cela a eu lieu véritablement et que vous y êtes ! »

Le Moderne dédaigne d'imaginer ; mais expert à se servir des arts, il attend que chaque l'entraîne jusqu'où éclate une puissance spéciale d'illusion, puis consent.

Il le fallait bien, que le Théâtre d'avant la Musique partît d'un concept autoritaire et naïf, quand ne disposaient pas de cette ressource nouvelle d'évocation ses chefs-d'œuvre, hélas ! gisant aux feuillets pieux du livre, sans l'espoir, pour aucun, d'en jaillir à nos solennités. Son jeu reste inhérent au passé ou tel que le répudierait, à cause de cet intellectuel despotisme, une représentation populaire : la foule y voulant, selon la suggestion des arts, être maîtresse de sa créance. Une simple adjonction orchestrale change du tout au tout, annulant son principe même, l'ancien théâtre, et c'est comme strictement allégorique, que l'acte scénique maintenant, vide et abstrait en soi, impersonnel, a besoin, pour s'ébranler avec vraisemblance, de l'emploi du vivifiant effluve qu'épand la Musique.

Sa présence, rien de plus ! à la Musique, est un triomphe, pour peu qu'elle ne s'applique point, même comme leur élargissement sublime, à d'antiques conditions, mais éclate la génératrice de toute vitalité : un auditoire éprouvera cette impression que, si l'orchestre cessait de déverser son influence, le mime resterait, aussitôt, statue.

Pouvait-il, le Musicien et proche confident du secret de son Art, en simplifier l'attribution jusqu'à cette visée initiale ? Métamorphose pareille requiert le désintéressement du critique n'ayant pas derrière soi, prêt à se ruer d'impatience et de joie, l'abîme d'exécution musicale ici le plus tumultueux qu'homme ait contenu de son limpide vouloir.

Lui, fit ceci.

Allant au plus pressé, il concilia toute une tradition, intacte, dans la désuétude prochaine, avec ce que de vierge et d'occulte il devinait sourdre, en ses partitions. Hors une perspicacité ou suicide stérile, si vivace abonda l'étrange don d'assimilation en ce créateur quand même, que des deux éléments de beauté qui s'excluent et, tout au moins, l'un l'autre, s'ignorent, le drame personnel et la musique idéale, il effectua l'hymen. Oui, à l'aide d'un harmonieux compromis, suscitant une phase exacte de théâtre, laquelle répond, comme par surprise, à la disposition de sa race !

Quoique philosophiquement elle ne fasse là encore que se juxtaposer, la Musique (je somme qu'on insinue d'où elle point, son sens premier et sa fatalité) pénètre et enveloppe le Drame de par l'éblouissante volonté et s'y allie : pas d'ingénuité ou de profondeur qu'avec un éveil enthousiaste elle ne prodigue dans ce dessein, sauf que son principe même, à la Musique, échappe.

Le tact est prodige qui, sans totalement en transformer aucune, opère, sur la scène et dans la symphonie, la fusion de ces formes de plaisir disparates.

Maintenant, en effet, une musique qui n'a de cet art que l'observance des lois très complexes, seulement d'abord le flottant et l'infus, confond les couleurs et les lignes du personnage avec les timbres et les thèmes en une ambiance plus riche de Rêverie que tout air d'ici-bas, déité costumée aux invisibles plis d'un tissu d'accords ; ou va l'enlever de sa vague de Passion, au déchaînement trop vaste vers un seul, le précipiter, le tordre : et le soustraire à sa notion, perdue devant cet afflux surhumain, pour la lui faire ressaisir quand il domptera tout par le chant, jailli dans un déchirement de la pensée inspiratrice. Toujours le héros, qui foule une brume autant que notre sol, se montrera dans un lointain que comble la vapeur des plaintes, des gloires, et de la joie émises par l'instrumentation, reculé ainsi à des commencements. Il n'agit qu'entouré, à la Grecque, de la stupeur mêlée d'intimité qu'éprouve une assistance devant des mythes qui n'ont presque jamais été, tant leur instinct passé se fond ! sans cesser cependant d'y bénéficier des familiers dehors de l'individu humain. Même certains satisfont à l'esprit par ce fait de ne sembler pas dépourvus de toute accointance avec de hasardeux symboles.

Voici à la rampe intronisée la Légende.

Avec une piété antérieure, un public, pour la seconde fois depuis les temps, hellénique d'abord, maintenant germain, considère le secret, représenté, d'origines. Quelque singulier bonheur, neuf et barbare, l'assoit : devant le voile mouvant la subtilité de l'orchestration, à une magnificence qui décore sa genèse.

Tout se retrempe au ruisseau primitif : pas jusqu'à la source.

Si l'esprit français, strictement imaginatif et abstrait, donc poétique, jette un éclat, ce ne sera pas ainsi : il répugne, en cela d'accord avec l'Art dans son intégrité, qui est inventeur, à la Légende. Voyez-le, des jours abolis ne garder aucune anecdote énorme et fruste, comme une prescience de ce

qu'elle apporterait d'anachronisme dans une représentation théâtrale, Sacre d'un des actes de la Civilisation[1]. A moins que la Fable, vierge de tout, lieu,
temps et personne sus, ne se dévoile empruntée au
sens latent en le concours de tous, celle inscrite sur
la page des Cieux et dont l'Histoire même n'est que
l'interprétation, vaine, c'est-à-dire un Poème, l'Ode.
Quoi ! le siècle ou notre pays, qui l'exalte, ont dissous par la pensée les Mythes, pour en refaire ! Le
Théâtre les appelle, non ! pas de fixes, ni de séculaires et de notoires, mais un, dégagé de personnalité,
car il compose notre aspect multiple : que, de prestiges correspondant au fonctionnement national,
évoque l'Art, pour le mirer en nous. Type sans dénomination préalable, pour qu'émane la surprise : son
geste résume vers soi nos rêves de sites ou de paradis, qu'engouffre l'antique scène avec une prétention
vide à les contenir ou à les peindre. Lui, quelqu'un !
ni cette scène, quelque part (l'erreur connexe, décor
stable et acteur réel, du Théâtre manquant de la
Musique) : est-ce qu'un fait spirituel, l'épanouissement de symboles ou leur préparation, nécessite
endroit, pour s'y développer, autre que le fictif foyer
de vision dardé par le regard d'une foule ! Saint des
Saints, mais mental... alors y aboutissent, dans quelque éclair suprême, d'où s'éveille la Figure que Nul
n'est, chaque attitude mimique prise par elle à un
rythme inclus dans la symphonie, et le délivrant !
Alors viennent expirer comme aux pieds de l'incarnation, pas sans qu'un lien certain les apparente ainsi
à son humanité, ces raréfactions et ces sommités

1. Exposition, Transmission de Pouvoirs, etc. : t'y vois-je,
Brünnhild ou qu'y ferais-tu, Siegfried !

naturelles que la Musique rend, arrière prolongement vibratoire de tout comme la Vie.

L'Homme, puis son authentique séjour terrestre, échangent une réciprocité de preuves.

Ainsi le Mystère.

La Cité, qui donna, pour l'expérience sacrée un théâtre, imprime à la terre le sceau universel.

Quant à son peuple, c'est bien le moins qu'il ait témoigné du fait auguste, j'atteste la Justice qui ne peut que régner là ! puisque cette orchestration, de qui, tout à l'heure, sortit l'évidence du dieu, ne synthétise jamais autre chose que les délicatesses et les magnificences, immortelles, innées, qui sont à l'insu de tous dans le concours d'une muette assistance.

Voilà pourquoi, Génie ! moi, l'humble qu'une logique éternelle asservit, ô Wagner, je souffre et me reproche, aux minutes marquées par la lassitude, de ne pas faire nombre avec ceux qui, ennuyés de tout afin de trouver le salut définitif, vont droit à l'édifice de ton Art, pour eux le terme du chemin. Il ouvre, cet incontestable portique, en des temps de jubilé qui ne le sont pour aucun peuple, une hospitalité contre l'insuffisance de soi et la médiocrité des patries ; il exalte des fervents jusqu'à la certitude : pour eux ce n'est pas l'étape la plus grande jamais ordonnée par un signe humain, qu'ils parcourent avec toi comme conducteur, mais le voyage fini de l'humanité vers un Idéal. Au moins, voulant ma part du délice, me permettras-tu de goûter, dans ton Temple, à mi-côte de la montagne sainte, dont le lever de vérités, le plus compréhensif encore, trompette la coupole et invite, à perte de vue du parvis, les gazons que le pas de tes élus foule, un repos : c'est comme l'isolement, pour l'esprit, de notre incohérence qui le pourchasse, autant qu'un abri contre la trop lucide hantise de cette cime menaçante d'absolu, devinée dans le départ des nuées là-haut, fulgurante, nue, seule : au delà et que personne ne semble devoir atteindre. Personne ! ce mot n'obsède pas d'un remords le passant en train de boire à ta conviviale fontaine.

CRISE DE VERS

Tout à l'heure, en abandon de geste, avec la lassitude que cause le mauvais temps désespérant une après l'autre après-midi, je fis retomber, sans une curiosité mais ce lui semble avoir lu tout voici vingt ans, l'effilé de multicolores perles qui plaque la pluie, encore, au chatoiement des brochures dans la bibliothèque. Maint ouvrage, sous la verroterie du rideau, alignera sa propre scintillation : j'aime comme en le ciel mûr, contre la vitre, à suivre des lueurs d'orage.

Notre phase, récente, sinon se ferme, prend arrêt ou peut-être conscience : certaine attention dégage la créatrice et relativement sûre volonté.

Même la presse, dont l'information veut les vingt ans, s'occupe du sujet, tout à coup, à date exacte.

La littérature ici subit une exquise crise, fonda-
mentale.

Qui accorde à cette fonction une place ou la pre-
mière, reconnaît, là, le fait d'actualité : on assiste,
comme finale d'un siècle, pas ainsi que ce fut dans le
dernier, à des bouleversements ; mais, hors de la
place publique, à une inquiétude du voile dans le
temple avec des plis significatifs et un peu sa déchi-
rure.

Un lecteur français, ses habitudes interrompues à
la mort de Victor Hugo, ne peut que se déconcerter.
Hugo, dans sa tâche mystérieuse, rabattit toute la
prose, philosophie, éloquence, histoire au vers, et,
comme il était le vers personnellement, il confisqua
chez qui pense, discourt ou narre, presque le droit à
s'énoncer. Monument en ce désert, avec le silence
loin ; dans une crypte, la divinité ainsi d'une majes-
tueuse idée inconsciente, à savoir que la formule
appelée vers est simplement elle-même la littérature ;
que vers il y a sitôt que s'accentue la diction, rythme
dès que style. Le vers, je crois, avec respect attendit
que le géant qui l'identifiait à sa main tenace et
plus ferme toujours de forgeron, vînt à manquer ;
pour, lui, se rompre. Toute la langue, ajustée à la
métrique, y recouvrant ses coupes vitales, s'évade,
selon une libre disjonction aux mille éléments sim-
ples ; et, je l'indiquerai, pas sans similitude avec la

multiplicité des cris d'une orchestration, qui reste verbale.

La variation date de là : quoique en dessous et d'avance inopinément préparée par Verlaine, si fluide, revenu à de primitives épellations.

Témoin de cette aventure, où l'on me voulut un rôle plus efficace quoiqu'il ne convient à personne, j'y dirigeai, au moins, mon fervent intérêt ; et il se fait temps d'en parler, préférablement à distance ainsi que ce fut presque anonyme.

Accordez que la poésie française, en raison de la primauté dans l'enchantement donnée à la rime, pendant l'évolution jusqu'à nous, s'atteste intermittente : elle brille un laps ; l'épuise et attend. Extinction, plutôt usure à montrer la trame, redites. Le besoin de poétiser, par opposition à des circonstances variées, fait, maintenant, après un des orgiaques excès périodiques de presque un siècle comparable à l'unique Renaissance, ou le tour s'imposant de l'ombre et du refroidissement, pas du tout ! que l'éclat diffère, continue : la retrempe, d'ordinaire cachée, s'exerce publiquement, par le recours à de délicieux à-peu-près.

Je crois départager, sous un aspect triple, le traitement apporté au canon hiératique du vers ; en graduant.

Cette prosodie, règles si brèves, intraitable
d'autant : elle notifie tel acte de prudence, dont
l'hémistiche, et statue du moindre effort pour simu-
ler la versification, à la manière des codes selon quoi
s'abstenir de voler est la condition par exemple de
droiture. Juste ce qu'il n'importe d'apprendre ;
comme ne pas l'avoir deviné par soi et d'abord,
établit l'inutilité de s'y contraindre.

Les fidèles à l'alexandrin, notre hexamètre, des-
serrent intérieurement ce mécanisme rigide et puéril
de sa mesure ; l'oreille, affranchie d'un compteur
factice, connaît une jouissance à discerner, seule,
toutes les combinaisons possibles, entre eux, de
douze timbres.

Jugez le goût très moderne.

Un cas, aucunement le moins curieux, intermé-
diaire ; — que le suivant.

Le poète d'un tact aigu qui considère cet alexan-
drin toujours comme le joyau définitif, mais à ne
sortir, épée, fleur, que peu et selon quelque motif
prémédité, y touche comme pudiquement ou se joue
à l'entour, il en octroie de voisins accords, avant de
le donner superbe et nu : laissant son doigté défail-
lir contre la onzième syllabe ou se propager jusqu'à
une treizième maintes fois. M. Henri de Régnier
excelle à ces accompagnements, de son invention, je
sais, discrète et fière comme le génie qu'il instaura et
révélatrice du trouble transitoire chez les exécutants
devant l'instrument héréditaire. Autre chose ou sim-
plement le contraire, se décèle une mutinerie, exprès,
en la vacance du vieux moule fatigué, quand Jules

Laforgue, pour le début, nous initia au charme certain du vers faux.

Jusqu'à présent, ou dans l'un et l'autre des modèles précités, rien, que réserve et abandon, à cause de la lassitude par abus de la cadence nationale ; dont l'emploi, ainsi que celui du drapeau, doit demeurer exceptionnel. Avec cette particularité toutefois amusante que des infractions volontaires ou de savantes dissonances en appellent à notre délicatesse au lieu que se fût, il y a quinze ans à peine, le pédant, que nous demeurions, exaspéré, comme devant quelque sacrilège ignare ! Je dirai que la réminiscence du vers strict hante ces jeux à côté et leur confère un profit.

Toute la nouveauté s'installe, relativement au vers libre, pas tel que le XVIIe siècle l'attribua à la fable ou l'opéra (ce n'était qu'un agencement, sans la strophe, de mètres divers notoires) mais, nommons-le, comme il sied, « polymorphe » : et envisageons la dissolution maintenant du nombre officiel, en ce qu'on veut, à l'infini, pourvu qu'un plaisir s'y réitère. Tantôt une euphonie fragmentée selon l'assentiment du lecteur intuitif, avec une ingénue et précieuse justesse — naguère M. Moréas ; ou bien un geste, alangui, de songerie, sursautant, de passion, qui scande — M. Vielé-Griffin ; préalablement M. Kahn avec une très savante notation de la valeur tonale des mots. Je ne donne de noms, il en est d'autres typiques, ceux de MM. Charles Morice, Verhaeren, Dujardin, Mockel et tous, que comme preuve à mes dires ; afin qu'on se reporte aux publications.

Le remarquable est que, pour la première fois, au cours de l'histoire littéraire d'aucun peuple, concurremment aux grandes orgues générales et séculaires, où s'exalte, d'après un latent clavier, l'orthodoxie, quiconque avec son jeu et son ouïe individuels se peut composer un instrument, dès qu'il souffle, le frôle ou frappe avec science ; en user à part et le dédier aussi à la Langue.

Une haute liberté d'acquise, la plus neuve : je ne vois, et ce reste mon intense opinion, effacement de rien qui ait été beau dans le passé, je demeure convaincu que dans les occasions amples on obéira toujours à la tradition solennelle, dont la prépondérance relève du génie classique : seulement, quand n'y aura pas lieu, à cause d'une sentimentale bouffée ou pour un récit, de déranger les échos vénérables, on regardera à le faire. Toute âme est une mélodie, qu'il s'agit de renouer ; et pour cela, sont la flûte ou la viole de chacun.

Selon moi jaillit tard une condition vraie ou la possibilité, de s'exprimer non seulement, mais de se moduler, à son gré.

Les langues imparfaites en cela que plusieurs, manque la suprême : penser étant écrire sans accessoires, ni chuchotement mais tacite encore l'immortelle parole, la diversité, sur terre, des idiomes empêche personne de proférer les mots qui, sinon se trouveraient, par une frappe unique, elle-même matériellement la vérité. Cette prohibition sévit expresse, dans la nature (on s'y bute avec un sourire) que ne vaille de raison pour se considérer Dieu ; mais, sur l'heure, tourné à de l'esthétique, mon sens regrette que le discours défaille à exprimer les objets par des touches y répondant en coloris ou en allure, lesquelles existent dans l'instrument de la voix, parmi les langages et quelquefois chez un. A côté d'*ombre*, opaque, *ténèbres* se fonce peu ; quelle déception, devant la perversité conférant à *jour* comme à *nuit*, contradictoirement, des timbres obscur ici, là clair. Le souhait d'un terme de splendeur brillant, ou qu'il s'éteigne, inverse ; quant à des alternatives lumineuses simples — *Seulement*, sachons *n'existerait pas le vers* : lui, philosophiquement rémunère le défaut des langues, complément supérieur.

Arcane étrange ; et, d'intentions pas moindres, a jailli la métrique aux temps incubatoires.

Qu'une moyenne étendue de mots, sous la compréhension du regard, se range en traits définitifs, avec quoi le silence.

Si, au cas français, invention privée ne surpasse le legs prosodique, le déplaisir éclaterait, cependant, qu'un chanteur ne sût à l'écart et au gré de pas dans l'infinité des fleurettes, partout où sa voix rencontre une notation, cueillir... La tentative, tout à l'heure, eut lieu et, à part des recherches érudites en tel sens encore, accentuation, etc., annoncées, je connais qu'un jeu, séduisant, se mène avec les fragments de l'ancien vers reconnaissables, à l'éluder ou le découvrir, plutôt qu'une subite trouvaille, du tout au tout, étrangère. Le temps qu'on desserre les contraintes et rabatte le zèle, où se faussa l'école. Très précieusement : mais, de cette libération à supputer davantage ou, pour de bon, que tout individu apporte une prosodie, neuve, participant de son souffle — aussi, certes, quelque orthographe — la plaisanterie rit haut ou inspire le tréteau des préfaciers. Similitude entre les vers, et vieilles proportions, une régularité durera parce que l'acte poétique consiste à voir soudain qu'une idée se fractionne en un nombre de motifs égaux par valeur et à les grouper ; ils riment : pour sceau extérieur, leur commune mesure qu'apparente le coup final.

Au traitement, si intéressant, par la versification subi, de repos et d'interrègne, gît, moins que dans nos circonstances mentales vierges, la crise.

Ouïr l'indiscutable rayon — comme des traits dorent et déchirent un méandre de mélodies : ou la Musique rejoint le Vers pour former, depuis Wagner, la Poésie.

Pas que l'un ou l'autre élément ne s'écarte, avec avantage, vers une intégrité à part triomphant, en tant que concert muet s'il n'articule et le poème, énonciateur : de leurs communauté et retrempe, éclaire l'instrumentation jusqu'à l'évidence sous le

voile, comme l'élocution descend au soir des sono-
rités. Le moderne des météores, la symphonie, au
gré ou à l'insu du musicien, approche la pensée ; qui
ne se réclame plus seulement de l'expression cou-
rante.

Quelque explosion du Mystère à tous les cieux de
son impersonnelle magnificence, où l'orchestre ne
devait pas ne pas influencer l'antique effort qui le
prétendit longtemps traduire par la bouche seule de
la race.

Indice double conséquent —

Décadente, Mystique, les Ecoles se déclarant ou
étiquetées en hâte par notre presse d'information,
adoptent, comme rencontre, le point d'un Idéalisme
qui (pareillement aux fugues, aux sonates) refuse les
matériaux naturels et, comme brutale, une pensée
exacte les ordonnant ; pour ne garder de rien que la
suggestion. Instituer une relation entre les images
exacte, et que s'en détache un tiers aspect fusible et
clair présenté à la divination... Abolie, la prétention,
esthétiquement une erreur, quoiqu'elle régît les
chefs-d'œuvre, d'inclure au papier subtil du volume
autre chose que par exemple l'horreur de la forêt, ou
le tonnerre muet épars au feuillage ; non le bois
intrinsèque et dense des arbres. Quelques jets de
l'intime orgueil véridiquement trompetés éveillent
l'architecture du palais, le seul habitable ; hors de

toute pierre, sur quoi les pages se refermeraient mal.

« Les monuments, la mer, la face humaine, dans leur plénitude, natifs, conservant une vertu autrement attrayante que ne les voilera une description, évocation dites, *allusion* je sais, *suggestion* : cette terminologie quelque peu de hasard atteste la tendance, une très décisive, peut-être, qu'ait subie l'art littéraire, elle le borne et l'exempte. Son sortilège, à lui, si ce n'est libérer, hors d'une poignée de poussière ou réalité sans l'enclore, au livre, même comme texte, la dispersion volatile soit l'esprit, qui n'a que faire de rien outre la musicalité de tout [1]. »

Parler n'a trait à la réalité des choses que commercialement : en littérature, cela se contente d'y faire une allusion ou de distraire leur qualité qu'incorporera quelque idée.

A cette condition s'élance le chant, qu'une joie allégée.

Cette visée, je la dis Transposition — Structure, une autre.

L'œuvre pure implique la disparition élocutoire du poète, qui cède l'initiative aux mots, par le heurt de

---

1. *La Musique et les Lettres*, extrait.

leur inégalité mobilisés ; ils s'allument de reflets réciproques comme une virtuelle traînée de feux sur des pierreries, remplaçant la respiration perceptible en l'ancien souffle lyrique ou la direction personnelle enthousiaste de la phrase.

Une ordonnance du livre de vers point innée ou partout, élimine le hasard ; encore la faut-il, pour omettre l'auteur : or, un sujet, fatal, implique, parmi les morceaux ensemble, tel accord quant à la place, dans le volume, qui correspond. Susceptibilité en raison que le cri possède un écho — des motifs de même jeu s'équilibreront, balancés, à distance, ni le sublime incohérent de la mise en page romantique ni cette unité artificielle, jadis, mesurée en bloc au livre. Tout devient suspens, disposition fragmentaire avec alternance et vis-à-vis, concourant au rythme total, lequel serait le poème tu, aux blancs ; seulement traduit, en une manière, par chaque pendentif. Instinct, je veux, entrevu à des publications et, si le type supposé, ne reste pas exclusif de complémentaires, la jeunesse, pour cette fois, en poésie où s'impose une foudroyante et harmonieuse plénitude, bégaya le magique concept de l'Œuvre. Quelque symétrie, parallèlement, qui, de la situation des vers en la pièce se lie à l'authenticité de la pièce dans le volume, vole, outre le volume, à plusieurs inscrivant, eux, sur l'espace spirituel, le paragraphe amplifié du génie, anonyme et parfait comme une existence d'art.

Chimère, y avoir pensé atteste, au reflet de ses squames, combien le cycle présent, ou quart dernier de siècle, subit quelque éclair absolu — dont l'échevèlement d'ondée à mes carreaux essuie le trouble ruisselant, jusqu'à illuminer ceci — que, plus ou moins, tous les livres, contiennent la fusion de quelques redites comptées : même il n'en serait qu'un — au monde, sa loi — bible comme la simulent des nations. La différence, d'un ouvrage à l'autre, offrant autant de leçons proposées dans un immense concours pour le texte véridique, entre les âges dits civilisés ou — lettrés.

Certainement, je ne m'assieds jamais aux gradins des concerts, sans percevoir parmi l'obscure sublimité telle ébauche de quelqu'un des poèmes immanents à l'humanité ou leur originel état, d'autant plus compréhensible que tu et que pour en déterminer la vaste ligne le compositeur éprouva cette facilité de suspendre jusqu'à la tentation de s'expliquer. Je me figure par un indéracinable sans doute préjugé d'écrivain, que rien ne demeurera sans être proféré ; que nous en sommes là, précisément, à rechercher, devant une brisure des grands rythmes littéraires (il en a été question plus haut) et leur éparpillement en frissons articulés proches de l'instrumentation, un art d'achever la transposition, au Livre, de la symphonie ou uniment de reprendre notre bien : car, ce n'est pas de sonorités élémentaires par les cuivres, les cordes, les bois, indéniablement mais de l'intellectuelle parole à son apogée que doit avec plénitude et évidence, résulter, en tant que l'ensemble des rapports existant dans tout, la Musique.

Un désir indéniable à mon temps est de séparer comme en vue d'attributions différentes le double état de la parole, brut ou immédiat ici, là essentiel.

Narrer, enseigner, même décrire, cela va et encore qu'à chacun suffirait peut-être pour échanger la pensée humaine, de prendre ou de mettre dans la main d'autrui en silence une pièce de monnaie, l'emploi élémentaire du discours dessert l'universel *reportage* dont, la littérature exceptée, participe tout entre les genres d'écrits contemporains.

A quoi bon la merveille de transposer un fait de nature en sa presque disparition vibratoire selon le jeu de la parole, cependant ; si ce n'est pour qu'en émane, sans la gêne d'un proche ou concret rappel, la notion pure.

Je dis : une fleur ! et, hors de l'oubli où ma voix relègue aucun contour, en tant que quelque chose d'autre que les calices sus, musicalement se lève, idée même et suave, l'absente de tous bouquets.

Au contraire d'une fonction de numéraire facile et représentatif, comme le traite d'abord la foule, le dire, avant tout, rêve et chant, retrouve chez le Poète, par nécessité constitutive d'un art consacré aux fictions, sa virtualité.

Le vers qui de plusieurs vocables refait un mot total, neuf, étranger à la langue et comme incantatoire, achève cet isolement de la parole : niant, d'un trait souverain, le hasard demeuré aux termes malgré l'artifice de leur retrempe alternée en le sens et la sonorité, et vous cause cette surprise de n'avoir ouï jamais tel fragment ordinaire d'élocution, en même temps que la réminiscence de l'objet nommé baigne dans une neuve atmosphère.

QUANT AU LIVRE

L'ACTION RESTREINTE

Plusieurs fois vint un Camarade, le même, cet autre, me confier le besoin d'agir : que visait-il — comme la démarche à mon endroit annonça de sa part, aussi, à lui jeune, l'occupation de créer, qui paraît suprême et réussir avec des mots ; j'insiste, qu'entendait-il expressément ?

Se détendre les poings, en rupture de songe sédentaire, pour un trépignant vis-à-vis avec l'idée, ainsi qu'une envie prend ou bouger : mais la génération semble peu agitée, outre le désintéressement politique, du souci d'extravaguer du corps. Excepté la monotonie, certes, d'enrouler, entre les jarrets, sur la chaussée, selon l'instrument en faveur, la fiction d'un éblouissant rail continu.

Agir, sans ceci et pour qui n'en fait commencer l'exercice à fumer, signifia, visiteur, je te comprends, philosophiquement, produire sur beaucoup un mouvement qui te donne en retour l'émoi que tu en fus le principe, donc existes : dont aucun ne se croit, au préalable, sûr. Cette pratique entend deux façons ; ou, par une volonté, à l'insu, qui dure une vie, jusqu'à l'éclat multiple — penser, cela : sinon, les déversoirs à portée maintenant dans une prévoyance, journaux et leur tourbillon, y déterminer une force en un sens, quelconque de divers contrariée, avec l'immunité du résultat nul.

Au gré, selon la disposition, plénitude, hâte.

Ton acte toujours s'applique à du papier ; car méditer, sans traces, devient évanescent, ni que s'exalte l'instinct en quelque geste véhément et perdu que tu cherchas.

Ecrire —

L'encrier, cristal comme une conscience, avec sa goutte, au fond, de ténèbres relative à ce que quelque chose soit : puis, écarte la lampe.

Tu remarquas, on n'écrit pas, lumineusement sur champ obscur, l'alphabet des astres, seul, ainsi s'indique, ébauché ou interrompu ; l'homme poursuit noir sur blanc.

Ce pli de sombre dentelle, qui retient l'infini, tissé par mille, chacun selon le fil ou prolongement ignoré son secret, assemble des entrelacs distants où dort un luxe à inventorier, stryge, nœud, feuillages et présenter.

Avec le rien de mystère, indispensable, qui demeure, exprimé, quelque peu.

Je ne sais pas si l'Hôte perspicacement circonscrit son domaine d'effort : ce me plaira de le marquer, aussi certaines conditions. Le droit à rien accomplir d'exceptionnel ou manquant aux agissements vulgaires, se paie, chez quiconque, de l'omission de lui et on dirait de sa mort comme un tel. Exploits, il les commet dans le rêve, pour ne gêner personne ; mais encore, le programme en reste-t-il affiché à ceux qui n'ont cure.

L'écrivain, de ses maux, dragons qu'il a choyés, ou d'une allégresse, doit s'instituer, au texte, le spirituel histrion.

Plancher, lustre, obnubilation des tissus et liquéfaction de miroirs, en l'ordre réel, jusqu'aux bonds excessifs de notre forme gazée autour d'un arrêt, sur pied, de la virile stature, un Lieu se présente, scène, majoration devant tous du spectacle de Soi ; là, en raison des intermédiaires de la lumière, de la chair et des rires le sacrifice qu'y fait, relativement à sa personnalité, l'inspirateur, aboutit complet ou c'est, dans une résurrection étrangère, fini de celui-ci : de qui le verbe répercuté et vain désormais s'exhale par la chimère orchestrale.

Une salle, il se célèbre, anonyme, dans le héros.

Tout, comme fonctionnement de fêtes : un peuple témoigne de sa transfiguration en vérité.

Honneur.

Cherchez, où c'est, quelque chose de pareil —

Le reconnaîtra-t-on dans ces immeubles suspects se détachant, par une surcharge en le banal, du commun alignement, avec prétention à synthétiser les faits divers d'un quartier ; ou, si quelque fronton, d'après le goût divinatoire français, isole, sur une place, son spectre, je salue. Indifférent à ce qui, ici et là, se débite comme le long de tuyaux, la flamme aux langues réduites.

Ainsi l'Action, en le mode convenu, littéraire, ne transgresse pas le Théâtre ; s'y limite, à la représentation — immédiat évanouissement de l'écrit. Finisse, dans la rue, autre part, cela, le masque choit, je n'ai pas à faire au poète : parjure ton vers, il n'est doué que de faible pouvoir dehors, tu préféras alimenter le reliquat d'intrigues commises à l'individu. A quoi sert de te préciser, enfant le sachant, comme moi, qui n'en conservai notion que par une qualité ou un défaut d'enfance exclusifs, ce point, que tout, véhicule ou placement, maintenant offert à l'idéal, y est contraire — presque une spéculation, sur ta pudeur, pour ton silence — ou défectueux, pas direct et légitime dans le sens que tout à l'heure voulut un élan et vicié. Comme jamais malaise ne suffit, j'éclairerai, assurément, de digressions prochaines en le nombre qu'il faudra, cette réciproque contamination de l'œuvre et des moyens : mais auparavant ne convint-il spacieusement de s'exprimer, ainsi que d'un cigare, par jeux circonvolutoires, dont le vague, à tout le moins, se traçât sur le jour électrique et cru ?

Un délicat a, je l'espère, pâti —

Extérieurement, comme le cri de l'étendue, le voyageur perçoit la détresse du sifflet. « Sans doute » il se convainc : « on traverse un tunnel — *l'époque* — celui, long le dernier, rampant sous la cité avant la gare toute puissante du virginal palais central, qui couronne. » Le souterrain durera, ô impatient, ton recueillement à préparer l'édifice de haut verre essuyé d'un vol de la Justice.

Le suicide ou abstention, ne rien faire, pourquoi ? — Unique fois au monde, parce qu'en raison d'un événement toujours que j'expliquerai, il n'est pas de Présent, non — un présent n'existe pas... Faute que se déclare la Foule, faute — de tout. Mal informé celui qui se crierait son propre contemporain, désertant, usurpant, avec impudence égale, quand du passé cessa et que tarde un futur ou que les deux se remmêlent perplexement en vue de masquer l'écart. Hors des premier-Paris chargés de divulguer une foi en le quotidien néant et inexperts si le fléau mesure sa période à un fragment, important ou pas, de siècle.

Aussi garde-toi et sois là.

La poésie, sacre ; qui essaie, en de chastes crises isolément, pendant l'autre gestation en train.

Publie.

Le Livre, où vit l'esprit satisfait, en cas de malentendu, un obligé par quelque pureté d'ébat à secouer le gros du moment. Impersonnifié, le volume, autant qu'on s'en sépare comme auteur, ne réclame approche de lecteur. Tel, sache, entre les accessoires humains, il a lieu tout seul : fait, étant. Le sens enseveli se meut et dispose, en chœur, des feuillets.

Loin, la superbe de mettre en interdit, même quant aux fastes, l'instant : on constate qu'un hasard y dénie les matériaux de confrontation à quelques rêves ; ou aide une attitude spéciale.

Toi, Ami, qu'il ne faut frustrer d'années à cause que parallèles au sourd labeur général, le cas est étrange : je te demande, sans jugement, par manque de considérants soudains, que tu traites mon indication comme une folie je ne le défends, rare. Cependant la tempère déjà cette sagesse, ou discernement, s'il ne vaut pas mieux — que de risquer sur un état à tout le moins incomplet environnant, certaines conclusions d'art extrêmes qui peuvent éclater, diamantairement, dans ce temps à jamais, en l'intégrité du Livre — les jouer, mais et par un triomphal renversement, avec l'injonction tacite que rien, palpitant en le flanc inscient de l'heure, aux pages montré, clair, évident, ne la trouve prête ; encore que n'en soit peut-être une autre où ce doive illuminer.

ÉTALAGES

Ainsi pas même ; ce ne fut : naïf, je commençais à m'y complaire. Un semestre a passé l'oubli ; et abonde, fleurit, se répand notre production littéraire, comme généralement.

Une nouvelle courut, avec le vent d'automne, le marché et s'en revint aux arbres effeuillés seuls : en tirez-vous un rétrospectif rire, égal au mien ; il s'agissait de désastre dans la librairie, on remémora le terme de « krach » ? Les volumes jonchaient le sol, que ne disait-on, invendus ; à cause du public se déshabituant de lire probablement pour contempler à même, sans intermédiaire, les couchers du soleil familiers à la saison et beaux. Triomphe, désespoir, comme à ces ras de ciel, de pair, chez le haut commerce de Lettres ; tant que je soupçonne une réclame jointe à l'effarement, en raison de ceci et je ne saurais pourquoi sinon, que le roman, produit agréé courant, se réclama de l'intérêt comme atteint par la calamité.

Personne ne fit d'allusion aux vers.

Rien omis en cette farce (importance, consultations et gestes) de ce qui signifiait qu'on allait donc être, à la faveur de l'idéal, assimilé aux banquiers déçus, avoir une situation, sujette aux baisses et aux revirements, sur la place : y prendre un pied, presque en le levant.

Non : ce semble que non, vantardise ; il faut en rabattre.

La mentale denrée, comme une autre, indispensable, garde son cours et je rentre d'une matinée, au dehors, de printemps, charmé ainsi que tout citadin par le peu d'ivresse de la rue ; n'ayant, en le trajet, éprouvé, que devant les modernes épiceries ou les cordonneries du livre, un souci mais aigu et que proclame l'architecture demandée, par ces bazars, à la construction de piles ou de colonnades avec leur marchandise.

Le lançage ou la diffusion annuels de la lecture, jadis l'hiver, avance maintenant jusqu'au seuil d'été ; comme la vitre qui mettait, sur l'acquisition, un froid, a cessé ; et l'édition en plein air crève ses ballots vers la main pour le lointain gantée, de l'acheteuse prompte à choisir une brochure, afin de la placer entre ses yeux et la mer.

Interception, notez —

Ce que pour l'extrême-orient, l'Espagne et de délicieux illettrés, l'éventail à la différence près que cette autre aile de pàpier plus vive : infiniment et sommaire en son déploiement, cache le site pour rapporter contre les lèvres une muette fleur peinte comme le mot intact et nul de la songerie par les battements approché.

Aussi je crois, poète, à mon dommage, qu'y inscrire un distique est de trop.

Cet isolateur, avec pour vertu, mobile, de renouveler l'inconscience du délice sans cause.

Le volume, je désigne celui de récits ou le genre, procède à l'inverse : contradictoirement il évite la lassitude donnée par une fréquentation directe d'autrui et multiplie le soin qu'on ne se trouve vis-à-vis ou près de soi-même : attentif au danger double. Expressément, ne nous dégage, ne nous confond et, par oscillation adroite entre cette promiscuité et du vide, fournit notre vraisemblance. Artifice, tel roman, comme quoi toute circonstance où se ruent de fictifs contemporains, pour extrême celle-ci ne présente rien, quant au lecteur, d'étranger ; mais recourt à l'uniforme vie. Ou, l'on ne possède que des semblables, aussi parmi les êtres qu'il y a lieu, en lisant, d'imaginer. Avec les caractères initiaux de l'alphabet, dont chaque comme touche subtile correspond à une attitude de Mystère, la rusée pratique évoquera certes des gens, toujours : sans la compensation qu'en les faisant tels ou empruntés aux moyens méditatifs de l'esprit, ils n'importunent. Ces fâcheux (à qui, la porte tantôt du réduit cher, nous ne l'ouvririons) par le fait de feuillets entre-bâillés pénètrent, émanent, s'insinuent ; *et nous comprenons que c'est nous.*

Voilà ce que, précisément, exige un moderne : se mirer, quelconque — servi par son obséquieux fantôme tramé de la parole prête aux occasions.

Tandis qu'il y avait, le langage régnant, d'abord à l'accorder selon son origine, pour qu'un sens auguste se produisît : en le Vers, dispensateur, ordonnateur du jeu des pages, maître du livre. Visiblement soit qu'apparaisse son intégralité, parmi les marges et du blanc ; ou qu'il se dissimule, nommez-le Prose, néanmoins c'est lui si demeure quelque secrète poursuite de musique, dans la réserve du Discours.

Or je n'interromprai un dessein, de discerner, en le volume, dont la consommation s'impose au public, le motif de son usage. Qui est (sans le souci que la littérature vaille à cet effet, mais pour l'opposé) incontinent de réduire l'horizon et le spectacle à une moyenne bouffée de banalité, scripturale, essentielle : proportionnée au bâillement humain incapable, seul, d'en puiser le principe, pour l'émettre. Le vague ou le commun et le fruste, plutôt que les bannir, occupation ! se les appliquer en tant qu'un état : du moment que la très simple chose appelée âme ne consent pas fidèlement à scander son vol d'après un

ébat inné ou selon la récitation de quelques vers, nou-
veaux ou toujours les mêmes, sus.

Un commerce, résumé d'intérêts énormes et élé-
mentaires, ceux du nombre, emploie l'imprimerie,
pour la propagande d'opinions, le narré du fait
divers et cela devient plausible, dans la Presse, limi-
tée à la publicité, il semble, omettant un art. Je ne
désapprouve que le retour de quelque trivialité au
livre primitif qui partagea, en faveur du journal, le
monopole de l'outillage intellectuel, peut-être pour
s'y décharger. Plutôt la Presse, chez nous seuls, a
voulu une place aux écrits — son traditionnel feuil-
leton en rez-de-chaussée longtemps soutint la masse
du format entier : ainsi qu'aux avenues, sur le fra-
gile magasin éblouissant, glaces à scintillation de
bijoux ou par la nuance de tissus baignées, sûrement
pose un immeuble lourd d'étages nombreux. Mieux,
la fiction proprement dite ou le récit, imaginatif,
s'ébat au travers de « quotidiens » achalandés, triom-
phant à des lieux principaux, jusqu'au sommet ; en
déloge l'article de fonds, ou d'actualité, apparu
secondaire. Suggestion et même leçon de quelque
beauté : qu'aujourd'hui n'est seulement le rempla-
çant d'hier, présageant demain, mais sort du temps,
comme général, avec une intégrité lavée ou neuve.
Le vulgaire placard crié comme il s'impose, tout
ouvert, dans le carrefour, subit ce reflet, ainsi, de quel
ciel émané sur la poussière, du texte politique. Telle
aventure laisse indifférents certains parce qu'imagi-
nent-ils, à un peu plus ou moins de rareté et de

sublime près dans le plaisir goûté par les gens, la situation se maintient quant à ce qui, seul, est précieux et haut, immesurablement et connu du nom de Poésie : elle, toujours restera exclue et son frémissement de vols autre part qu'aux pages est parodié, pas plus, par l'envergure, en nos mains, de la feuille hâtive ou vaste du journal. A jauger l'extraordinaire surproduction actuelle, où la Presse cède son moyen intelligemment, la notion prévaut, cependant, de quelque chose de très décisif, qui s'élabore : comme avant une ère, un concours pour la fondation du Poème populaire moderne, tout au moins de *Mille et Une Nuits* innombrables : dont une majorité lisante soudain inventée s'émerveillera. Comme à une fête assistez, vous, de maintenant, aux hasards de ce foudroyant accomplissement ! Sinon l'intensité de la chauffe notoirement dépasse une consommation au jour le jour.

Tout bonnement s'achève une promenade par cette divagation sans objet, que déterminer un sentiment ténu mais exact, chez plusieurs, entre ceux du présent ; à qui j'en ai, du reste, avec précaution, référé. Leur malaise, c'est beaucoup ! de la gêne — les ferait, ces lettrés, plus qu'au cri de journaux, hâter le pas ou détourner la vue devant un encanaillement du format sacré, le volume, à notre gaz ; qui en paraît la langue à nu, vulgaire, dardée sur le carrefour.

La boutique accroît, aussi, l'hésitation à user, avec le même contentement que naguères, de privilèges, pourtant à eux, ou publier.

Rien ensuite ; et comme cela ne tire pas à conséquence !

Le personnage, de qui l'on a souci (du moins on exige qu'il soit part, loin et ne l'entendît-on pas immédiatement) se fait deviner : il ne recherche de facilité ordinaire ou à la portée, son nom tourbillonne ou s'élève par une force propre jamais en rapport avec les combinaisons mercantiles.

Une époque sait, d'office, l'existence du Poète.

Afin de compter, par leurs visages, ses invités, lui ne présenterait qu'intimement le manuscrit, il est célèbre ! Feuillets de hollande ancien ou en japon, ornement de consoles, en l'ombre ; ni quoi que ce soit, décidant l'essor extraordinaire en l'abstention d'aucune annonce, le fait a lieu, ou le miracle. Pas de jeune ami, jusqu'au recul de la province, à l'heure — qui, silencieusement, ne s'en instruise. A rêver, ce l'est, à croire, le temps juste de le réfuter, que le réseau des communications omettant quelques renseignements les mêmes journaliers, ait activé, spontanément, ses fils, vers ce résultat.

Tenez ! ou pour retomber dans mon début, en menant à ses confins une idée y dût-elle éclater en façon de paradoxe.

Le discrédit, où se place la librairie, a trait, moins à un arrêt de ses opérations, je ne le découvre ; qu'à sa notoire impuissance envers l'œuvre exceptionnelle.

L'auteur, la chance au mieux ou un médiocre éblouissement monétaire, ce serait, pour lui, de même ; en effet : parce que n'existe devant les écrits achalandés, de gain littéraire colossal. La métallurgie l'emporte à cet égard. Mis sur le pied de l'ingénieur, je deviens, aussitôt, secondaire : si préférable était une situation à part. A quoi bon trafiquer de ce qui, peut-être, ne se doit vendre, surtout quand cela ne se vend pas.

Comme le Poète a sa divulgation, de même il vit ; hors et à l'insu de l'affichage, du comptoir affaissé sous les exemplaires ou de placiers exaspérés : antérieurement selon un pacte avec la Beauté qu'il se chargea d'apercevoir de son nécessaire et compréhensif regard, et dont il connaît les transformations.

LE LIVRE, INSTRUMENT SPIRITUEL

Une proposition qui émane de moi — si, diversement, citée à mon éloge ou par blâme — je la revendique avec celles qui se presseront ici — sommaire veut, que tout, au monde, existe pour aboutir à un livre.

Les qualités, requises en cet ouvrage, à coup sûr le génie, m'épouvantent un parmi les dénués : ne s'y arrêter et, admis le volume ne comporter aucun signataire, quel est-il : l'hymne, harmonie et joie, comme pur ensemble groupé dans quelque circonstance fulgurante, des relations entre tout. L'homme chargé de voir divinement, en raison que le lien, à volonté, limpide, n'a d'expression qu'au parrallélisme, devant son regard, de feuillets.

Sur un banc de jardin, où telle publication neuve, je me réjouis si l'air, en passant, entr'ouvre et, au hasard, anime, d'aspects, l'extérieur du livre : plusieurs — à quoi, tant l'aperçu jaillit, personne depuis qu'on lut, peut-être n'a pensé. Occasion de le faire, quand libéré, le journal domine, le mien, même, que j'écartai, s'envole près de roses, jaloux de couvrir leur ardent et orgueilleux conciliabule : développé parmi le massif, je le laisserai, aussi les paroles fleurs à leur mutisme et, techniquement, propose, de noter comment ce lambeau diffère du livre, lui suprême. Un journal reste le point de départ ; la littérature s'y décharge à souhait.

Or —

Le pliage est, vis-à-vis de la feuille imprimée
grande, un indice, quasi religieux ; qui ne frappe pas
autant que son tassement, en épaisseur, offrant le
minuscule tombeau, certes, de l'âme.

Tout ce que trouva l'imprimerie se résume, sous
le nom de Presse, jusqu'ici, élémentairement dans le
journal : la feuille à même, comme elle a reçu em-
preinte, montrant, au premier degré, brut, la coulée
d'un texte. Cet emploi, immédiat ou antérieur à la
production close, certes, apporte des commodités à
l'écrivain, placards joints bout à bout, épreuves, qui
rendent l'improvisation. Ainsi, strictement, un « quo-
tidien » avant qu'à la vision, peu à peu, mais de qui ?
paraisse un sens, dans l'ordonnance, voire un
charme, je dirai de féerie populaire. Suivez — le faîte
ou premier-Paris, dégagement, supérieur, à travers
mille obstacles, atteint au désintéressement et, de la
situation, précipite et refoule, comme par un feu
électrique, loin, après les articles émergés à sa suite,
la servitude originelle, l'annonce, en quatrième page,
entre une incohérence de cris inarticulés. Spectacle,
certainement, moral — que manque-t-il, avec l'exploit,
au journal, pour effacer le livre : quoique, visible-
ment encore, d'en bas ou, plutôt, à la base, l'y ratta-
che une pagination, par le feuilleton, commandant la
généralité des colonnes : rien, ou presque — si le
livre tarde tel qu'il est, un déversoir, indifférent, où
se vide l'autre... Jusqu'au format, oiseux : et vaine-
ment, concourt cette extraordinaire, comme un vol

recueilli mais prêt à s'élargir, intervention du pliage ou le rythme, initiale cause qu'une feuille fermée, contienne un secret, le silence y demeure, précieux et des signes évocatoires succèdent, pour l'esprit, à tout littérairement aboli.

Oui, sans le reploiement du papier et les dessous qu'il installe, l'ombre éparse en noirs caractères, ne présenterait une raison de se répandre comme un bris de mystère, à la surface, dans l'écartement levé par le doigt.

Journal, la feuille étalée, pleine, emprunte à l'impression un résultat indu, de simple maculature : nul doute que l'éclatant et vulgaire avantage soit, au vu de tous, la multiplication de l'exemplaire et, gise dans le tirage. Un miracle prime ce bienfait, au sens haut ou les mots, originellement, se réduisent à l'emploi, doué d'infinité jusqu'à sacrer une langue, des quelque vingt lettres — leur devenir, tout y rentre pour tantôt sourdre, principe — approchant d'un rite la composition typographique.

Le livre, expansion totale de la lettre, doit d'elle tirer, directement, une mobilité et spacieux, par correspondances, instituer un jeu, on ne sait, qui confirme la fiction.

Rien de fortuit, là, où semble un hasard capter l'idée, l'appareil est l'égal : ne juger, en conséquence,

ces propos — industriels ou ayant trait à une matérialité : la fabrication du livre, en l'ensemble qui
s'épanouira, commence, dès une phrase. Immémorialement le poète sut la place de ce vers, dans le
sonnet qui s'inscrit pour l'esprit ou sur espace pur.
A mon tour, je méconnais le volume et une merveille
qu'intime sa structure, si je ne puis, sciemment,
imaginer tel motif en vue d'un endroit spécial, page
et la hauteur, à l'orientation de jour la sienne ou
quant à l'œuvre. Plus le va-et-vient successif incessant du regard, une ligne finie, à la suivante, pour
recommencer : pareille pratique ne représente le
délice, ayant immortellement, rompu, une heure, avec
tout, de traduire sa chimère. Autrement ou sauf exécution, comme de morceaux sur un clavier, active,
mesurée par les feuillets — que ne ferme-t-on les
yeux à rêver ? Cette présomption ni asservissement
fastidieux : mais l'initiative, dont l'éclair est chez
quiconque, raccorde la notation fragmentée.

Un solitaire tacite concert se donne, par la lecture,
à l'esprit qui regagne, sur une sonorité moindre, la
signification : aucun moyen mental exaltant la symphonie, ne manquera, raréfié et c'est tout — du fait
de la pensée. La Poésie, proche l'idée, est Musique,
par excellence — ne consent pas d'infériorité.

Voici, dans le cas réel, que pour ma part, cependant, au sujet de brochures à lire d'après l'usage
courant, je brandis un couteau, comme le cuisinier
égorgeur de volailles.

Le reploiement vierge du livre, encore, prête à un sacrifice dont saigna la tranche rouge des anciens tomes ; l'introduction d'une arme, ou coupe-papier, pour établir la prise de possession. Combien personnelle plus avant, la conscience, sans ce simulacre barbare : quand elle se fera participation, au livre pris d'ici, de là, varié en airs, deviné comme une énigme — presque refait par soi. Les plis perpétueront une marque, intacte, conviant à ouvrir, fermer la feuille, selon le maître. Si l'aveugle et peu un procédé, l'attentat qui se consomme, dans la destruction d'une frêle inviolabilité. La sympathie irait au journal placé à l'abri de ce traitement : son influence, néanmoins, est fâcheuse, imposant à l'organisme, complexe, requis par la littérature, au divin bouquin, une monotonie — toujours l'insupportable colonne qu'on s'y contente de distribuer, en dimensions de page, cent et cent fois.

Mais...

— J'entends, *peut-il cesser d'en être ainsi* ; et vais, dans une échappée, car l'œuvre, seule ou préférablement, doit exemple, satisfaire au détail de la curiosité. Pourquoi — un jet de grandeur, de pensée ou d'émoi, considérable, phrase poursuivie, en gros caractère, une ligne par page à emplacement gradué, ne maintiendrait-il le lecteur en haleine, la durée du livre, avec appel à sa puissance d'enthousiasme : autour, menus, des groupes, secondairement d'après leur importance, explicatifs ou dérivés — un semis de fioritures.

Affectation, de surprendre par énoncé, lointain, la badauderie ; j'acquiesce, si plusieurs, que je cultive, ne remarquent, en l'instinct venu d'autre part qui les fit disposer leurs écrits de façon inusitée, décorativement, entre la phrase et le vers, certains traits pareils à ceci, or, le veut-on isolé, soit, pour le renom de clairvoyance réclamé de l'époque, où tout paraît. Un divulgue son intuition, théoriquement et, peut-être bien, à vide, comme date : il sait, de telles suggestions, qui atteignent l'art littéraire, ont à se livrer ferme. L'hésitation, pourtant, de tout découvrir brusquement ce qui n'est pas encore, tisse, par pudeur, avec la surprise générale, un voile.

Attribuons à des songes, avant la lecture, dans un parterre, l'attention que sollicite quelque papillon blanc, celui-ci à la fois partout, nulle part, il s'évanouit ; pas sans qu'un rien d'aigu et d'ingénu, où je réduisis le sujet, tout à l'heure ait passé et repassé, avec insistance, devant l'étonnement.

LE MYSTÈRE DANS LES LETTRES

De pures prérogatives seraient, cette fois, à la merci des bas farceurs.

Tout écrit, extérieurement à son trésor, doit, par égard envers ceux dont il emprunte, après tout, pour un objet autre, le langage, présenter, avec les mots, un sens même indifférent : on gagne de détourner l'oisif, charmé que rien ne l'y concerne, à première vue.

Salut, exact, de part et d'autre —

Si, tout de même, n'inquiétait je ne sais quel miroitement, en dessous, peu séparable de la surface concédée à la rétine — il attire le soupçon : les malins, entre le public, réclamant de couper court, opinent, avec sérieux, que juste, la teneur est inintelligible.

Malheur ridiculement à qui tombe sous le coup, il est enveloppé dans une plaisanterie immense et médiocre : ainsi toujours — pas tant, peut-être, que ne sévit avec ensemble et excès, maintenant, le fléau.

Il doit y avoir quelque chose d'occulte au fond de tous, je crois décidément à quelque chose d'abscons, signifiant fermé et caché, qui habite le commun : car, sitôt cette masse jetée vers quelque trace que c'est une réalité, existant, par exemple, sur une feuille de papier, dans tel écrit — pas en soi — cela qui est obscur : elle s'agite, ouragan jaloux d'attribuer les ténèbres à quoi que ce soit, profusément, flagramment.

Sa crédulité vis-à-vis de plusieurs qui la soulagent, en faisant affaire, bondit à l'excès : et le suppôt d'Ombre, d'eux désigné, ne placera un mot, dorénavant, qu'avec un secouement que ç'ait été elle, l'énigme, elle ne tranche, par un coup d'éventail de ses jupes : « Comprends pas ! » — l'innocent annonçât-il se moucher.

Or, suivant l'instinct de rythmes qui l'élit, le poète ne se défend de voir un manque de proportion entre le moyen déchaîné et le résultat.

Les individus, à son avis, ont tort, dans leur dessein avéré propre — parce qu'ils puisent à quelque encrier sans Nuit la vaine couche suffisante d'intelligibilité que lui s'oblige, aussi, à observer, mais pas seule — ils agissent peu délicatement, en précipitant à pareil accès la Foule (où inclus le Génie) que de déverser, en un chahut, la vaste incompréhension humaine.

A propos de ce qui n'importait pas.

— Jouant la partie, gratuitement soit pour un intérêt mineur : exposant notre Dame et Patronne à montrer sa déhiscence ou sa lacune, à l'égard de quelques rêves, comme la mesure à quoi tout se réduit.

Je sais, de fait, qu'ils se poussent en scène et assument, à la parade, eux, la posture humiliante ; puisque arguer d'obscurité — ou, nul ne saisira s'ils ne saisissent et ils ne saisissent pas — implique un renoncement antérieur à juger.

Le scandale quoique représentatif, s'ensuit, hors rapport —

Quant à une entreprise, qui ne compte pas littérairement —

La leur —

D'exhiber les choses à un imperturbable premier plan, en camelots, activés par la pression de l'instant, d'accord — écrire, dans le cas, pourquoi, indûment, sauf pour étaler la banalité ; plutôt que tendre le nuage, précieux, flottant sur l'intime gouffre de chaque pensée, vu que vulgaire l'est ce à quoi on décerne, pas plus, un caractère immédiat. Si crûment — qu'en place du labyrinthe illuminé par des fleurs, où convie le loisir, ces ressasseurs, malgré que je me gare d'image pour les mettre, en personne « au pied du mur », imitent, sur une route migraineuse, la résurrection en plâtras, debout, de l'interminable aveuglement, sans jet d'eau à l'abri

ni verdures pointant par dessus, que les culs de
bouteille et les tessons ingrats.

Même la réclame hésite à s'y inscrire.

— Dites, comme si une clarté, à jet continu ; ou
qu'elle ne tire d'interruptions le caractère, momen-
tané, de délivrance.

La Musique, à sa date, est venue balayer cela —

Au cours, seulement, du morceau, à travers des
voiles feints, ceux encore quant à nous-mêmes, un
sujet se dégage de leur successive stagnance amas-
sée et dissoute avec art —

Disposition l'habituelle.

On peut, du reste, commencer d'un éclat triom-
phal trop brusque pour durer ; invitant que se
groupe, en retards, libérés par l'écho, la surprise.

L'inverse : sont, en un reploiement noir soucieux
d'attester l'état d'esprit sur un point, foulés et
épaissis des doutes pour que sorte une splendeur
définitive simple.

Ce procédé, jumeau, intellectuel, notable dans les symphonies, qui le trouvèrent au répertoire de la nature et du ciel.

— Je sais, on veut à la Musique, limiter le Mystère ; quand l'écrit y prétend.

Les déchirures suprêmes instrumentales, conséquence d'enroulements transitoires, éclatent plus véridiques, à même, en argumentation de lumière, qu'aucun raisonnement tenu jamais ; on s'interroge, par quels termes du vocabulaire sinon dans l'idée, écoutant, les traduire, à cause de cette vertu incomparable. Une directe adaptation avec je ne sais, dans le contact, le sentiment glissé qu'un mot détonnerait, par intrusion.

L'écrit, envol tacite d'abstraction, reprend ses droits en face de la chute des sons nus : tous deux, Musique et lui, intimant une préalable disjonction, celle de la parole, certainement par effroi de fournir au bavardage.

Même aventure contradictoire, où ceci descend ; dont s'évade cela : mais non sans traîner les gazes d'origine.

Tout, à part, bas ou pour me recueillir. Je partis d'intentions, comme on demande du style — neutre l'imagine-t-on — que son expression ne se fonce par le plongeon ni ne ruisselle d'éclaboussures jaillies : fermé à l'alternative qui est la loi.

Quel pivot, j'entends, dans ces contrastes, à l'intelligibilité ? il faut une garantie —

La Syntaxe —

Pas ses tours primesautiers, seuls, inclus aux facilités de la conversation ; quoique l'artifice excelle pour convaincre. Un parler, le français, retient une élégance à paraître en négligé et le passé témoigne de cette qualité, qui s'établit d'abord, comme don de race foncièrement exquis : mais notre littérature dépasse le « genre », correspondance ou mémoires. Les abrupts, hauts jeux d'aile, se mireront, aussi : qui les mène, perçoit une extraordinaire appropriation de la structure, limpide, aux primitives foudres de la logique. Un balbutiement, que semble la phrase, ici refoulé dans l'emploi d'incidentes multiple, se compose et s'enlève en quelque équilibre supérieur, à balancement prévu d'inversions.

S'il plaît à un, que surprend l'envergure, d'incriminer... ce sera la Langue, dont voici l'ébat.

— Les mots, d'eux-mêmes, s'exaltent à mainte facette reconnue la plus rare ou valant pour l'esprit, centre de suspens vibratoire ; qui les perçoit indépendamment de la suite ordinaire, projetés, en parois de grotte, tant que dure leur mobilité ou principe, étant ce qui ne se dit pas du discours : prompts tous, avant extinction, à une réciprocité de feux distante ou présentée de biais comme contingence.

Le débat — que l'évidence moyenne nécessaire dévie en un détail, reste de grammairiens. Même un infortuné se trompât-il à chaque occasion, la différence avec le gâchis en faveur couramment ne marque tant, qu'un besoin naisse de le distinguer de dénonciateurs : il récuse l'injure d'obscurité — pourquoi pas, parmi le fonds commun, d'autres d'incohérence, de rabâchage, de plagiat, sans recourir à quelque blâme spécial et préventif — ou encore une, de platitude ; mais, celle-ci, personnelle aux gens qui, pour décharger le public de comprendre, les premiers simulent l'embarras.

Je préfère, devant l'agression, rétorquer que des contemporains ne savent pas lire —

Sinon dans le journal ; il dispense, certes, l'avantage de n'interrompre le chœur de préoccupations.

Lire —

Cette pratique —

Appuyer, selon la page, au blanc, qui l'inaugure son ingénuité, à soi, oublieuse même du titre qui parlerait trop haut : et, quand s'aligna, dans une brisure, la moindre, disséminée, le hasard vaincu mot par mot, indéfectiblement le blanc revient, tout

à l'heure gratuit, certain maintenant, pour conclure
que rien au delà et authentiquer le silence —

Virginité qui solitairement, devant une transpa-
rence du regard adéquat, elle-même s'est comme
divisée en ses fragments de candeur, l'un et l'autre,
preuves nuptiales de l'Idée.

L'air ou chant sous le texte, conduisant la divi-
nation d'ici là, y applique son motif en fleuron et
cul-de-lampe invisibles.

LA MUSIQUE ET LES LETTRES

A Oxford le 1ᵉʳ mars, le 2 à Cambridge, j'eus occasion de prononcer cette page, différemment.

La TAYLORIAN ASSOCIATION *inaugurait une suite étrangère d'auditions, qui désigne nos littérateurs. Je n'oublie... Quel honneur avivé de bonne grâce me fit mon ami, de trois jours et toujours, l'historien York Powel, de Christ Church. La veille il voulut lire, en mon lieu, à cause de ma terreur devant la clause locale, sa traduction admirable d'un jet conduite en plusieurs heures de nuit. Le charme, et la certitude, de l'entreprise, étaient répandus, dès cet instant : aussi, attribué-je, à un égard rétrospectif pour ce maître, l'intérêt saluant la démarche que, le lendemain, je devais en personne. J'ai pu me figurer l'heure d'une fin de jour d'hiver, aux vastes fenêtres, pas l'ennui, qui frappa latéralement une compagnie avec goût composée.*

Quant au PEMBROKE COLLEGE — *Poe eût lecturé,
devant Whistler. Soir. L'immense, celle du* bow-
window, *draperie, au dos de l'orateur debout contre
un siège et à une table qui porte l'argent d'une paire
puissante de candélabres, seuls, sous leurs feux. Le
mystère : inquiétude que, peut-être, on le déversa ;
et l'élite rendant, en l'ombre, un bruit d'attention
respiré comme, autour de visages, leur voile. Décor,
du coup dorénavant trouvé, Charles Whibley, par
votre frère le cher* Dun, *à ce jeu qui reste transmis-
sion de rêveries entre un et quelques-uns.*

MESDAMES, MESSIEURS

Jusqu'ici et depuis longtemps, deux nations, l'An-
gleterre, la France, les seules, parallèlement ont
montré la superstition d'une Littérature. L'une à
l'autre tendant avec magnanimité le flambeau, ou
le retirant et tour à tour éclaire l'influence ; mais
c'est l'objet de ma constatation, moins cette alter-
native (expliquant un peu une présence, parmi vous,
jusqu'à y parler ma langue) que, d'abord, la visée si
spéciale d'une continuité dans les chefs-d'œuvre. A
nul égard, le génie ne peut cesser d'être exceptionnel,
altitude de fronton inopinée dont dépasse l'angle ;
cependant, il ne projette, comme partout ailleurs,
d'espaces vagues ou à l'abandon, entretenant au
contraire une ordonnance et presque un remplis-
sage admirable d'édicules moindres, colonnades,
fontaines, statues — spirituels — pour produire,
dans un ensemble, quelque palais ininterrompu et
ouvert à la royauté de chacun, d'où naît le goût des

patries : lequel en le double cas, hésitera, avec délice, devant une rivalité d'architectures comparables et sublimes.

Un intérêt de votre part, me conviant à des renseignements sur quelques circonstances de notre état littéraire, ne le fait pas à une date oiseuse.

J'apporte en effet des nouvelles. Les plus surprenantes. Même cas ne se vit encore.

— On a touché au vers.

Les gouvernements changent ; toujours la prosodie reste intacte : soit que, dans les révolutions, elle passe inaperçue ou que l'attentat ne s'impose pas avec l'opinion que ce dogme dernier puisse varier.

Il convient d'en parler déjà, ainsi qu'un invité voyageur tout de suite se décharge par traits haletants du témoignage d'un accident su et le poursuivant : en raison que le vers est tout, dès qu'on écrit. Style, versification s'il y a cadence et c'est pourquoi toute prose d'écrivain fastueux, soustraite à ce laisser-aller en usage, ornementale, vaut en tant qu'un vers rompu, jouant avec ses timbres et encore les rimes dissimulées ; selon un thyrse plus complexe. Bien l'épanouissement de ce qui naguère obtint le titre de *poème en prose*.

Très strict, numérique, direct, à jeux conjoints, le mètre, antérieur, subsiste ; auprès.

Sûr, nous en sommes là, présentement ; la séparation.

Au lieu qu'au début de ce siècle, l'ouïe puissante

romantique combina l'élément jumeau en ses ondoyants alexandrins, ceux à coupe ponctuée et enjambements ; la fusion se défait vers l'intégrité. Une heureuse trouvaille avec quoi paraît à peu près close la recherche d'hier, aura été le *vers libre*, modulation (dis-je, souvent) individuelle, parce que toute âme est un nœud rythmique.

Après, les dissensions. Quelques initiateurs, il le fallait, sont partis loin, pensant en avoir fini avec un canon (que je nomme, pour sa garantie) officiel : il restera, aux grandes cérémonies. Audace, cette désaffectation, l'unique ; dont rabattre...

Ceux qui virent tout de mauvais œil estiment que du temps probablement vient d'être perdu.

Pas.

A cause de vraies œuvres ont jailli, indépendamment d'un débat de forme et, ne les reconnût-on, la qualité du silence, qui les remplacerait, à l'entour d'un instrument surmené, est précieuse. Le vers, aux occasions, fulmine, rareté (quoiqu'ait été à l'instant vu que tout, mesuré, l'est) : comme la Littérature, malgré le besoin, propre à vous et à nous, de la perpétuer dans chaque âge, représente un produit singulier. Surtout la métrique française, délicate, serait d'emploi intermittent : maintenant, grâce à des repos balbutiants, voici que de nouveau peut s'élever, d'après une intonation parfaite, le vers de toujours, fluide, restauré, avec des compléments peut-être suprêmes.

Orage, lustral ; et, dans des bouleversements, tout à l'acquit de la génération récente, l'acte d'écrire se scruta jusqu'en l'origine. Très avant, au moins,

quant à un point, je le formule : — A savoir s'il y
a lieu d'écrire. Les monuments, la mer, la face
humaine, dans leur plénitude, natifs, conservant une
vertu autrement attrayante que ne les voilera une
description, évocation dites, allusion je sais, sugges-
tion : cette terminologie quelque peu de hasard
atteste la tendance, une très décisive, peut-être, qu'ait
subie l'art littéraire, elle le borne et l'exempte. Son
sortilège, à lui, si ce n'est libérer, hors d'une poignée
de poussière ou réalité sans l'enclore, au livre, même
comme texte, la dispersion volatile soit l'esprit, qui
n'a que faire de rien outre la musicalité de tout.

Ainsi, quant au malaise ayant tantôt sévi, ses accès
prompts et de nobles hésitations ; déjà vous en savez
autant qu'aucun.

Faut-il s'arrêter là et d'où ai-je le sentiment que
je suis venu relativement à un sujet beaucoup plus
vaste peut-être à moi-même inconnu, que telle réno-
vation de rites et de rimes ; pour y atteindre, sinon
le traiter. Tant de bienveillance comme une invite
à parler sur ce que j'aime ; aussi la considérable
appréhension d'une attente étrangère, me ramènent
on ne sait quel ancien souhait maintes fois dénié
par la solitude, quelque soir prodigieusement de me
rendre compte à fond et haut de la crise idéale qui,
autant qu'une autre, sociale, éprouve certains : ou,
tout de suite, malgré ce qu'une telle question devant
un auditoire voué aux élégances scripturales a de
soudain, poursuivre : — Quelque chose comme les
Lettres existe-t-il ; autre (une convention fut, aux
époques classiques, cela) que l'affinement, vers leur

expression burinée, des notions, en tout domaine. L'observance qu'un architecte, un légiste, un médecin pour parfaire la construction ou la découverte, les élève au discours : bref, que tout ce qui émane de l'esprit, se réintègre. Généralement, n'importe les matières.

Très peu se sont dressé cette énigme, qui assombrit, ainsi que je le fais, sur le tard, pris par un brusque doute concernant ce dont je voudrais parler avec élan. Ce genre d'investigation peut-être a été éludé, en paix, comme dangereux, par ceux-là qui, sommés d'une faculté, se ruèrent à son injonction ; craignant de la diminuer au clair de la réponse. Tout dessein dure ; à quoi on impose d'être par une foi ou des facilités, qui font que c'est, selon soi. Admirez le berger, dont la voix, heurtée à des rochers malins jamais ne lui revient selon le trouble d'un ricanement. Tant mieux : il y a d'autre part aise, et maturité, à demander un soleil, même couchant, sur les causes d'une vocation.

Or, voici qu'à cette mise en demeure extraordinaire, tout à l'heure, révoquant les titres d'une fonction notoire, quand s'agissait, plutôt, d'enguirlander l'autel ; à ce subit envahissement, comme d'une sorte indéfinissable de défiance (pas même devant mes forces), je réponds par une exagération, certes, et vous en prévenant. — Oui, que la Littérature existe et, si l'on veut, seule, à l'exclusion de tout. Accomplissement, du moins, à qui ne va nom mieux donné.

Un homme peut advenir, en tout oubli — jamais ne sied d'ignorer qu'exprès — de l'encombrement intellectuel chez les contemporains ; afin de savoir, selon quelque recours très simple et primitif, par exemple la symphonique équation propre aux saisons, habitude de rayon et de nuée ; deux remarques ou trois d'ordre analogue à ces ardeurs, à ces intempéries par où notre passion relève des divers ciels ; s'il a, recréé par lui-même, pris soin de conserver de son débarras strictement une piété aux vingt-quatre lettres comme elles se sont, par le miracle de l'infinité, fixées en quelque langue la sienne, puis un sens pour leurs symétries, action, reflet, jusqu'à une transfiguration en le terme surnaturel, qu'est le vers ; il possède, ce civilisé édénique, au-dessus d'autre bien, l'élément de félicités, une doctrine en même temps qu'une contrée. Quand son initiative, ou la force virtuelle des caractères divins lui enseigne de les mettre en œuvre.

Avec l'ingénuité de notre fonds, ce legs, l'orthographe, des antiques grimoires, isole, en tant que Littérature, spontanément elle, une façon de noter. Moyen, que plus ! principe. Le tour de telle phrase ou le lac d'un distique, copiés sur notre conformation, aident l'éclosion, en nous, d'aperçus et de correspondances.

Strictement j'envisage, écartés vos folios d'études, rubriques, parchemin, la lecture comme une pratique désespérée. Ainsi toute industrie a-t-elle failli à la fabrication du bonheur, que l'agencement ne s'en trouve à portée : je connais des instants où quoi que ce soit, au nom d'une disposition secrète, ne doit satisfaire.

Autre chose... ce semble que l'épars frémissement

d'une page ne veuille sinon surseoir ou palpite d'impatience, à la possibilité d'autre chose.

Nous savons, captifs d'une formule absolue, que, certes, n'est que ce qui est. Incontinent écarter cependant, sous un prétexte, le leurre, accuserait notre inconséquence, niant le plaisir que nous voulons prendre : car cet *au-delà* en est l'agent, et le moteur dirais-je si je ne répugnais à opérer, en public, le démontage impie de la fiction et conséquemment du mécanisme littéraire, pour étaler la pièce principale ou rien. Mais, je vénère comment, par une supercherie, on projette, à quelque élévation défendue et de foudre ! le conscient manque chez nous de ce qui là-haut éclate.

A quoi sert cela —

A un jeu.

En vue qu'une attirance supérieure comme d'un vide, nous avons droit, le tirant de nous par de l'ennui à l'égard des choses si elles s'établissaient solides et prépondérantes — éperdument les détache jusqu'à s'en remplir et aussi les douer de resplendissement, à travers l'espace vacant, en des fêtes à volonté et solitaires.

Quant à moi, je ne demande pas moins à l'écriture et vais prouver ce postulat.

La Nature a lieu, on n'y ajoutera pas ; que des cités, les voies ferrées et plusieurs inventions formant notre matériel.

Tout l'acte disponible, à jamais et seulement, reste de saisir les rapports, entre temps, rares ou multipliés ; d'après quelque état intérieur et que l'on veuille à son gré étendre, simplifier le monde.

A l'égal de créer : la notion d'un objet, échappant, qui fait défaut.

Semblable occupation suffit, comparer les aspects et leur nombre tel qu'il frôle notre négligence : y éveillant, pour décor, l'ambiguïté de quelques figures belles, aux intersections. La totale arabesque, qui les relie, a de vertigineuses sautes en un effroi que reconnue ; et d'anxieux accords. Avertissant par tel écart, au lieu de déconcerter, ou que sa similitude avec elle-même, la soustraie en la confondant. Chiffration mélodique tue, de ces motifs qui composent une logique, avec nos fibres. Quelle agonie, aussi, qu'agite la Chimère versant par ses blessures d'or l'évidence de tout l'être pareil, nulle torsion vaincue ne fausse ni ne transgresse l'omniprésente Ligne espacée de tout point à tout autre pour instituer l'Idée ; sinon sous le visage humain, mystérieuse, en tant qu'une Harmonie est pure.

Surprendre habituellement cela, le marquer, me frappe comme une obligation de qui déchaîna l'Infini ; dont le rythme, parmi les touches du clavier verbal, se rend, comme sous l'interrogation d'un doigté, à l'emploi des mots, aptes, quotidiens.

Avec véracité, qu'est-ce, les Lettres, que cette mentale poursuite, menée, en tant que le discours, afin de définir ou de faire, à l'égard de soi-même, preuve que le spectacle répond à une imaginative compréhension, il est vrai, dans l'espoir de s'y mirer.

Je sais que la Musique ou ce qu'on est convenu de nommer ainsi, dans l'acception ordinaire, la limitant aux exécutions concertantes avec le secours

des cordes, des cuivres et des bois et cette licence,
en outre, qu'elle s'adjoigne la parole, cache une
ambition, la même ; sauf à n'en rien dire, parce
qu'elle ne se confie pas volontiers. Par contre, à ce
tracé, il y a une minute, des sinueuses et mobiles
variations de l'Idée, que l'écrit revendique de fixer,
y eut-il, peut-être, chez quelques-uns de vous, lieu
de confronter à telles phrases une réminiscence de
l'orchestre ; où succède à des rentrées en l'ombre,
après un remous soucieux, tout à coup l'éruptif
multiple sursautement de la clarté, comme les pro-
ches irradiations d'un lever de jour : vain, si le
langage, par la retrempe et l'essor purifiants du
chant, n'y confère un sens.

Considérez, notre investigation aboutit : un
échange peut, ou plutôt il doit survenir, en retour
du triomphal appoint, le verbe, que coûte que coûte
ou plaintivement à un moment même bref accepte
l'instrumentation, afin de ne demeurer les forces
de la vie aveugles à leur splendeur, latentes ou sans
issue. Je réclame la restitution, au silence impartial,
pour que l'esprit essaie à se rapatrier, de tout —
chocs, glissements, les trajectoires illimitées et
sûres, tel état opulent aussitôt évasif, une inaptitude
délicieuse à finir, ce raccourci, ce trait — l'appareil ;
moins le tumulte des sonorités, transfusibles, encore,
en du songe.
Les grands, de magiques écrivains, apportent une
persuasion de cette conformité.

Alors, on possède, avec justesse, les moyens réci-
proques du Mystère — oublions la vieille distinction,

entre la Musique et les Lettres, n'étant que le partage, voulu, pour sa rencontre ultérieure, du cas premier : l'une évocatoire de prestiges situés à ce point de l'ouïe et presque de la vision abstrait, devenu l'entendement ; qui, spacieux, accorde au feuillet d'imprimerie une portée égale.

Je pose, à mes risques esthétiquement, cette conclusion (si par quelque grâce, absente, toujours, d'un exposé, je vous amenai à la ratifier, ce serait pour moi l'honneur cherché ce soir) : que la Musique et les Lettres sont la face alternative ici élargie vers l'obscur ; scintillante là, avec certitude, d'un phénomène, le seul, je l'appelai l'Idée.

L'un des modes incline à l'autre et y disparaissant, ressort avec emprunts : deux fois, se parachève, oscillant, un genre entier. Théâtralement, pour la foule qui assiste, sans conscience, à l'audition de sa grandeur : ou, l'individu requiert la lucidité, du livre explicatif et familier.

Maintenant que je respire dégagé de l'inquiétude, moindre que mon remords pour vous y avoir initiés, celle, en commençant un entretien, de ne pas se trouver certain si le sujet, dont on veut discourir, implique une authenticité, nécessaire à l'acceptation ; et que, ce fondement, du moins, vous l'accordâtes, par la solennité de votre sympathie pendant que se hâtaient, avec un cours fatal et quasi impersonnel des divulgations, neuves pour moi ou durables si on y acquiesce : il me paraît qu'inespérément je vous aperçois en plus d'intimité, selon le vague

dissipé. Alors causer comme entre gens, pour qui
le charme fut de se réunir, notre dessein, me sédui-
rait ; pardon d'un retard à m'y complaire : j'accuse
l'ombre sérieuse qui fond, des nuits de votre ville
où règne la désuétude de tout excepté de penser,
vers cette salle particulièrement sonore au rêve.
Ai-je, quand s'offrait une causerie, disserté, ajoutant
cette suite à vos cours des matinées ; enfin, fait
une leçon ? La spécieuse appellation de chef d'école
vite décernée par la rumeur à qui s'exerce seul
et de ce fait groupe les juvéniles et chers désinté-
ressements, a pu, précédant votre « *lecturer* », ne
sonner faux. Rien pourtant ; certes, du tout. Si
reclus que médite dans le laboratoire de sa dilection,
en mystagogue, j'accepte, un, qui joue sa part sur
quelques rêveries à déterminer ; la démarche capa-
ble de l'en tirer, loyauté, presque devoir, s'impose
d'épancher à l'adolescence une ferveur tenue d'aînés ;
j'affectionne cette habitude : il ne faut, dans mon
pays ni au vôtre, convînmes-nous, qu'une lacune se
déclare dans la succession du fait littéraire, même
un désaccord. Renouer la tradition à des souhaits
précurseurs, comme une hantise m'aura valu de me
retrouver peu dépaysé, ici ; devant cette assemblée
de maîtres illustres et d'une jeune élite.

A bon escient, que prendre, pour notre distraction
si ce n'est la comédie, amusante jusqu'au quiproquo,
des malentendus ?
    Le pire, sans sortir d'ici-même, celui-là fâcheux,
je l'indique pour le rejeter, serait que flottât, dans
cette atmosphère, quelque déception née de vous,
Mesdames et mes vaillantes auditrices. Si vous avez
attendu un commentaire murmuré et brillant à votre

piano ; ou encore me vîtes-vous, peut-être, incompétent sur le cas de volumes, romans, feuilletés par vos loisirs. A quoi bon : toutes, employant le don d'écrire, à sa source ? Je pensais, en chemin de fer, dans ce déplacement, à des chefs-d'œuvre inédits, la correspondance de chaque nuit, emportée par les sacs de poste, comme un chargement de prix, par excellence, derrière la locomotive. Vous en êtes les auteurs privilégiés ; et je me disais que, pour devenir songeuses, éloquentes ou bonnes aussi selon la plume et y susciter avec tous ses feux une beauté tournée au-dedans, ce vous est superflu de recourir à des considérations abstruses : vous détachez une blancheur de papier, comme luit votre sourire, écrivez, voilà.

La situation, celle du poète, rêvé-je d'énoncer, ne laisse pas de découvrir quelque difficulté, ou du comique.

Un lamentable seigneur exilant son spectre de ruines lentes à l'ensevelir, en la légende et le mélodrame, c'est lui, dans l'ordre journalier : lui, ce l'est, tout de même, à qui on fait remonter la présentation, en tant qu'explosif, d'un concept trop vierge, à la Société.

Des coupures d'articles un peu chuchotent ma part, oh ! pas assez modeste, au scandale que propage un tome, paraît-il, le premier d'un libelle obstiné à l'abattage des fronts principaux d'aujourd'hui presque partout ; et la fréquence des termes d'idiot et de fou rarement tempérés en imbécile ou dément, comme autant de pierres lancées à l'importunité hautaine d'une féodalité d'esprit qui menace apparemment l'Europe, ne serait pas de tout point pour déplaire ; eu égard à trop de bonne volonté, je n'ose la railler, chez les gens, à s'enthousiasmer en faveur de vacants symptômes, tant n'importe quoi veut se construire. Le malheur, dans l'espèce, que la science s'en mêle ; ou qu'on l'y mêle. *Dégénérescence*, le titre, *Entartung*, cela vient d'Allemagne, est l'ouvrage, soyons explicite, de M. Nordau : je m'étais interdit, pour garder à des dires une généralité, de nommer personne et ne crois pas avoir, présentement, enfreint mon souci. Ce vulgarisateur a observé un fait. La nature n'engendre le génie immédiat et complet, il répondrait au type de l'homme et ne serait aucun ; mais pratiquement, occultement touche d'un pouce indemne, et presque l'abolit, telle faculté, chez celui, à qui elle propose une munificence contraire : ce sont là des arts pieux ou de maternelles perpétrations conjurant une clairvoyance de critique et de juge exempte non de tendresse. Suivez, que se passe-t-il ? Tirant une force de sa privation, croît, vers des intentions plénières, l'infirme élu, qui laisse, certes, après lui, comme un innombrable déchet, ses frères, cas étiquetés par la médecine ou les bulletins d'un suffrage le vote fini. L'erreur du pamphlétaire en question est d'avoir traité tout comme un déchet. Ainsi il ne faut pas que des arcanes subtils de la physiologie, et de la destinée, s'égarent à des mains, grosses pour les manier, de contremaître excellent ou de probe ajusteur. Lequel s'arrête à mi-but et voyez ! pour de la divination en sus, il aurait compris, sur un point, de pauvres et sacrés procédés naturels et n'eût pas fait son livre.

L'injure, opposée, bégaie en des journaux, faute
de hardiesse : un soupçon prêt à poindre, pourquoi
la réticence ? Les engins, dont le bris illumine les
parlements d'une lueur sommaire, mais estropient,
aussi à faire grand'pitié, des badauds, je m'y inté-
resserais, en raison de la lueur — sans la brièveté
de son enseignement qui permet au législateur d'allé-
guer une définitive incompréhension ; mais j'y récuse
l'adjonction de balles à tir et de clous. Tel un avis ;
et, incriminer de tout dommage ceci uniquement
qu'il y ait des écrivains à l'écart tenant, ou pas,
pour le vers libre, me captive, surtout par de l'ingé-
niosité. Près, eux, se réservent, au loin, comme pour
une occasion, ils offensent le fait divers : que déro-
bent-ils, toujours jettent-ils ainsi du discrédit, moins
qu'une bombe, sur ce que de mieux, indisputable-
ment et à grands frais, fournit une capitale comme
rédaction courante de ses apothéoses : à condition
qu'elle ne le décrète pas dernier mot, ni le premier,
relativement à certains éblouissements, aussi, que
peut d'elle-même tirer la parole. Je souhaiterais
qu'on poussât un avis jusqu'à délaisser l'insinuation ;
proclamant, salutaire, la retraite chaste de plusieurs.
Il importe que dans tout concours de la multitude
quelque part vers l'intérêt, l'amusement, ou la
commodité, de rares amateurs, respectueux du motif
commun en tant que façon d'y montrer de l'indif-
férence, instituent par cet air à côté, une minorité ;
attendu, quelle divergence que creuse le conflit
furieux des citoyens, tous, sous l'œil souverain, font
une unanimité — d'accord, au moins, que ce à
propos de quoi on s'entre-dévore, compte : or, posé
le besoin d'exception, comme de sel ! la vraie qui,

indéfectiblement, fonctionne, gît dans ce séjour de quelques esprits, je ne sais, à leur éloge, comment les désigner, gratuits, étrangers, peut-être vains — ou littéraires.

Nulle — la tentative d'égayer un ton, plutôt sévère, que prit l'entretien et sa pointe de dogmatisme, par quelque badinage envers l'incohérence dont la rue assaille quiconque, à part le profit, thésaurise les richesses extrêmes, ne les gâche : est-ce miasme ou que, certains sujets touchés, en persiste la vibration grave ? mais il semble que ma pièce d'artifice, allumée par une concession ici inutile, a fait long feu.

Préférablement.

Sans feinte, il me devient loisible de terminer, avec impénitence ; gardant un étonnement que leur cas, à tels poètes, ait été considéré, seulement, sous une équivoque pour y opposer inintelligence double.

Tandis que le regard intuitif se plaît à discerner la justice, dans une contradiction enjoignant parmi l'ébat, à maîtriser, des gloires en leur recul — que l'interprète, par gageure, ni même en virtuose, mais charitablement, aille comme matériaux pour rendre l'illusion, choisir les mots, les aptes mots, de l'école, du logis et du marché. Le vers va s'émouvoir de quelque balancement, terrible et suave, comme l'orchestre, aile tendue ; mais avec des serres enracinées à vous. Là-bas, où que ce soit, nier l'indicible, qui ment.

Un humble, mon semblable, dont le verbe occupe

les lèvres, peut, selon ce moyen médiocre, pas !
si consent à se joindre, en accompagnement, un
écho inentendu, communiquer, dans le vocabulaire,
à toute pompe et à toute lumière ; car, pour chaque,
sied que la vérité se révèle, comme elle est, magni-
fique. Contribuable soumis, ensuite, il paie de son
assentiment l'impôt conforme au trésor d'une patrie
envers ses enfants.

Parce que, péremptoirement — je l'infère de cette
célébration de la Poésie, dont nous avons parlé, sans
l'invoquer presque une heure en les attributs de
Musique et de Lettres : appelez-la Mystère ou n'est-
ce pas ? le contexte évolutif de l'Idée — je disais
parce que...

Un grand dommage a été causé à l'association
terrestre, séculairement, de lui indiquer le mirage
brutal, la cité, ses gouvernements, le code, autrement
que comme emblèmes ou, quant à notre état, ce que
des nécropoles sont au paradis qu'elles évaporent :
un terre-plein, presque pas vil. Péage, élections, ce
n'est ici-bas, où semble s'en résumer l'application,
que se passent, augustement, les formalités édictant
un culte populaire, comme représentatives — de la
Loi, sise en toute transparence, nudité et merveille.
Minez ces substructions, quand l'obscurité en
offense la perspective, non — alignez-y des lampions,
pour voir : il s'agit que vos pensées exigent du sol
un simulacre.

Si, dans l'avenir, en France, ressurgit une reli-
gion, ce sera l'amplification à mille joies de l'instinct
de ciel en chacun ; plutôt qu'une autre menace,

réduire ce jet au niveau élémentaire de la politique.
Voter, même pour soi, ne contente pas, en tant
qu'expansion d'hymne avec trompettes intimant
l'allégresse de n'émettre aucun nom ; ni l'émeute,
suffisamment, n'enveloppe de la tourmente nécessaire
à ruisseler, se confondre, et renaître, héros.

Je m'interromps, d'abord en vue de n'élargir,
outre mesure pour une fois, ce sujet où tout se
rattache, l'art littéraire : et moi-même inhabile
à la plaisanterie, voulant éviter, du moins, le ridicule
à votre sens comme au mien (permettez-moi de dire
cela tout un) qu'il y aurait, Messieurs, à vaticiner.

La transparence de pensée s'unifie, entre public et
causeur, comme une glace, qui se fend, la voix tue :
on me pardonnera si je collectionne, pour la lucidité,
ici tels débris au coupant vif, omissions, conséquences,
ou les regards inexprimés. Ce sera ces Notes.

PAGE 238 § 2

… Comme partout ailleurs, d'espaces vagues.

Dicontinuité en l'Italie, l'Espagne, du moins pour
l'œil de dehors, ébloui d'un Dante, un Cervantès ;
l'Allemagne même accepte des intervalles entre ses
éclats.
Je maintiens le dire.

... La séparation.

Le vers par flèches jeté moins avec succession que presque simultanément pour l'idée, réduit la durée à une division spirituelle propre au sujet : diffère de la phrase ou développement temporaire, dont la prose joue, le dissimulant, selon mille tours.

A l'un, sa pieuse majuscule ou clé allitérative, et la rime, pour le régler : l'autre genre, d'un élan précipité et sensitif tournoie et se case, au gré d'une ponctuation qui disposée sur papier blanc, déjà y signifie.

Avec le vers libre (envers lui je ne me répéterai) ou prose à coupe méditée, je ne sais pas d'autre emploi du langage que ceux-ci redevenus parallèles : excepté l'affiche, lapidaire, envahissant le journal — souvent elle me fit songer comme devant un parler nouveau et l'originalité de la Presse.

Les articles, dits premier-Paris, admirables et la seule forme contemporaine parce que de toute éternité, sont des poèmes, voilà, plus ou moins bien simplement ; riches, nuls, en cloisonné ou sur fond à la colle.

On a le tort critique, selon moi, dans les salles de rédaction, d'y voir un genre à part.

... A l'entour d'un instrument surmené, est précieuse.

Tout à coup se clôt par la liberté, en dedans, de l'alexandrin, césure à volonté y compris l'hémistiche, la visée, où resta le Parnasse, si décrié : il instaura le vers énoncé seul sans participation d'un souffle préalable chez le lecteur ou mû par la vertu de la place et de la dimension des mots. Son retard, avec un mécanisme à peu près définitif, de n'en avoir précisé l'opération ou la poétique. Que, l'agencement évoluât à vide depuis, selon des bruits perçus de volant et de courroie, trop immédiats, n'est pas le pis ; mais, à mon sens, la prétention d'enfermer, en l'expression, la matière des objets. Le temps a parfait l'œuvre : et qui parle, entre nous, de scission ? Au vers impersonnel ou pur s'adaptera l'instinct qui dégage, du monde, un chant, pour en illuminer le rythme fondamental et rejette, vain, le résidu.

PAGE 240 § 5

... Serait d'emploi intermittent.

Je ne blâme, ne dédaigne les périodes d'éclipse où l'art, instructif, a ceci que l'usure divulgue les pieuses manies de sa trame.

PAGE 244 § 5

... En vue qu'une attirance supérieure...

Pyrotechnique non moins que métaphysique, ce point

de vue ; mais un feu d'artifice, à la hauteur et à l'exemple de la pensée, épanouit la réjouissance idéale.

PAGE 247 § 3

... Requiert la lucidité, du livre explicatif et familier.

La vérité si on s'ingénie aux tracés, ordonne Industrie aboutissant à Finance, comme Musique à Lettres, pour circonscrire un domaine de Fiction, parfait terme compréhensif.

La Musique sans les Lettres se présente comme très subtil nuage : seules, elles, une monnaie si courante.

Il convenait de ne pas disjoindre davantage. Le titre, proposé à l'issue d'une causerie, jadis, devant le messager oxonien, indiqua *Music and Letters*, moitié de sujet, intacte : sa contrepartie sociale omise. Nœud de la harangue, me voici fournir ce morceau, tout d'une pièce, aux auditeurs, sur fond de mise en scène ou de dramatisation spéculatives, entre les préliminaires cursifs et la détente de commérages ramenée au souci du jour précisément en vue de combler le manque d'intérêt extra-esthétique. — Tout se résume dans l'Esthétique et l'Economie politique.

Le motif traité d'ensemble (au lieu de scinder et offrir sciemment une fraction), j'eusse évité, encore, de gréciser avec le nom très haut de Platon ; sans intention, moi, que d'un moderne venu directement exprimer comme l'arcane léger, dont le vêt, en public, son habit noir.

PAGE 252 § 6

... Un humble, mon semblable.

Mythe, l'éternel : la communion, par le livre. A chacun part totale.

PAGE 253 § 4

... Exigent du sol un simulacre.

Un gouvernement mirera, pour valoir, celui de l'univers ; lequel, est-il monarchique, anarchique... Aux conjectures.
La Cité, si je ne m'abuse en mon sens de citoyen, reconstruit un lieu abstrait, supérieur, nulle part situé, ici séjour pour l'homme. — Simple épure d'une grandiose aquarelle, ceci ne se lave, marginalement, en renvoi ou bas de page.

Quel goût pour démontrer (personne, irrésistiblement, n'a tant à dire à autrui !) j'y succombai une dernière fois ou couronne, avec les Universités Anglaises, un passé que le destin fit professoral. Aussi ce langage un peu d'aplomb... je m'énonçais, en notre langue, pas ici.
La Conférence, cette fois lecture, mieux Discours, me paraît un genre à déployer hors frontières. — Toi

que voici chez nous, parle, est-il indiqué par hom-
mage, on accède.

   La littérature, d'accord avec la faim, consiste à
supprimer le Monsieur qui reste en l'écrivant, celui-ci
que vient-il faire, au vu des siens, quotidiennement ?

   Une somnolence reposant la cuiller en la soucoupe
à thé, lu un article jusqu'à la fin dans quelque revue,
vaut mieux, avec le coup d'œil clos que mitre la pré-
sence aux chenets de pantoufles pour la journée ou
le minuit. Mon avis, comme public ; et, explorateur
revenu d'aucuns sables, pas curieux à regarder, si je
cédais à parader dans mon milieu, le soin s'impose-
rait de prendre, en route, chez un fourreur, un tapis
de jaguar ou de lion, pour l'étrangler, au début et ne
me présenter qu'avec ce recul, dans un motif
d'action, aux yeux de connaissance ou du monde.

RÉPONSES À QUELQUES ENQUÊTES

SUR L'ÉVOLUTION LITTÉRAIRE
(ENQUÊTE DE JULES HURET)

M. Stéphane Mallarmé. — *L'un des littérateurs les plus généralement aimés du monde des lettres, avec Catulle Mendès. Taille moyenne, barbe grisonnante, taillée en pointe, un grand nez droit, des oreilles longues et pointues de satyre, des yeux largement fendus brillant d'un éclat extraordinaire, une singulière expression de finesse tempérée par un grand air de bonté. Quand il parle, le geste accompagne toujours la parole, un geste nombreux, plein de grâce, de précision, d'éloquence ; la voix traîne un peu sur les fins de mots en s'adoucissant graduellement : un charme puissant se dégage de l'homme, en qui l'on devine un immarcescible orgueil, planant au-dessus de tout, un orgueil de dieu ou d'illuminé devant lequel il faut tout de suite intérieurement s'incliner, — quand on l'a compris.*

— Nous assistons, en ce moment, *m'a-t-il dit*, à un spectacle vraiment extraordinaire, unique, dans toute l'histoire de la poésie : chaque poète allant, dans un coin, jouer sur une flûte, bien à lui, les airs qu'il lui plaît ; pour la première fois, depuis le commencement, les poètes ne chantent plus au lutrin. Jusqu'ici, n'est-ce pas, il fallait, pour s'accompagner, les grandes orgues du mètre officiel. Eh bien ! on en a trop joué, et on s'en est lassé. En mourant, le grand Hugo, j'en suis bien sûr, était persuadé qu'il avait enterré toute poésie pour un siècle ; et, pourtant, Paul Verlaine avait déjà écrit *Sagesse* ; on peut pardonner cette illusion à celui qui a tant accompli de miracles, mais il comptait sans l'éternel instinct, la perpétuelle et inéluctable poussée lyrique. Surtout manqua cette notion indubitable : que, dans une société sans stabilité, sans unité, il ne peut se créer d'art stable, d'art définitif. De cette organisation sociale inachevée, qui explique en même temps l'inquiétude des esprits, naît l'inexpliqué besoin d'individualité dont les manifestations littéraires présentes sont le reflet direct.

Plus immédiatement, ce qui explique les récentes innovations, c'est qu'on a compris que l'ancienne forme du vers était non pas la forme absolue, unique et immuable, mais un moyen de faire à coup sûr de bons vers. On dit aux enfants : « Ne volez pas, vous serez honnêtes ! » C'est vrai, mais ce n'est pas tout ; en dehors des préceptes consacrés, est-il possible de faire de la poésie ? On a pensé que oui et je crois qu'on a eu raison. Le vers est partout dans la langue où il y a rythme, partout, excepté dans les affiches et à la quatrième page des journaux. Dans le genre appelé prose, il y a des vers, quelquefois admirables, de tous rythmes. Mais, en vérité, il n'y a pas de prose : il y a l'alphabet, et puis des vers plus ou moins serrés, plus ou moins diffus. Toutes les fois qu'il y a effort au style, il y a versification.

Je vous ai dit tout à l'heure que, si on est arrivé au vers actuel, c'est surtout qu'on est las du vers officiel ; ses partisans mêmes partagent cette lassitude. N'est-ce pas quelque chose de très anormal qu'en ouvrant n'importe quel livre de poésie on soit sûr de trouver d'un bout à l'autre des rythmes uniformes et convenus là où l'on prétend, au contraire, nous intéresser à l'essentielle variété des sentiments humains ! Où est l'inspiration, où est l'imprévu, et quelle fatigue ! Le vers officiel ne doit servir que dans des moments de crise de l'âme ; les poètes actuels l'ont bien compris ; avec un sentiment de réserve très délicat ils ont erré autour, en ont approché avec une singulière timidité, on dirait quelque effroi, et, au lieu d'en faire leur principe et leur point de départ, tout à coup l'ont fait surgir comme le couronnement du poème ou de la période !

D'ailleurs, en musique, la même transformation s'est produite : aux mélodies d'autrefois très dessinées succède une infinité de mélodies brisées qui enrichissent le tissu sans qu'on sente la cadence aussi fortement marquée.

— *C'est bien de là, — demandai-je, — qu'est venue la scission ?*

— Mais oui. Les Parnassiens, amoureux du vers très strict, beau par lui-même, n'ont pas vu qu'il n'y avait là qu'un effort complétant le leur ; effort qui avait en même temps cet avantage de créer une sorte d'interrègne du grand vers harassé et qui demandait grâce. Car il faut qu'on sache que les essais des derniers venus ne tendent pas à supprimer le grand vers ; ils tendent à mettre plus d'air dans le poème, à créer une sorte de fluidité, de mobilité entre les vers de grand jet, qui leur manquait un peu jusqu'ici. On entend tout d'un coup dans les orchestres de très beaux éclats de cuivre ; mais on sent très bien que s'il n'y avait que cela, on s'en fatiguerait vite. Les jeunes espacent ces grands traits pour ne les faire apparaître qu'au moment où ils doivent produire l'effet total : c'est ainsi que l'alexandrin, que personne n'a inventé et qui a jailli tout seul de l'instrument de la langue, au lieu de demeurer maniaque et sédentaire comme à présent, sera désormais plus libre, plus imprévu, plus aéré : il prendra la valeur de n'être employé que dans les mouvements graves de l'âme. Et le volume de la poésie future sera celui à travers lequel courra le grand vers initial avec une infinité de motifs empruntés à l'ouïe individuelle.

Il y a donc scission par inconscience de part et d'autre que les efforts peuvent se rejoindre plutôt qu'ils ne se détruisent. Car, si, d'un côté, les Parnassiens ont été, en effet, les absolus serviteurs du vers, y sacrifiant jusqu'à leur personnalité, les jeunes gens ont tiré directement leur instinct des musiques, comme s'il n'y avait rien eu auparavant ; mais ils ne font qu'espacer le raidissement, la constriction parnassienne, et, selon moi, les deux efforts peuvent se compléter.

Ces opinions ne m'empêchent pas de croire, personnellement, qu'avec la merveilleuse science du vers, l'art suprême des coupes, que possèdent des maîtres comme Banville, l'alexandrin peut arriver à une variété infinie, suivre tous les mouvements de passion possible : le *Forgeron* de Banville, par exemple, a des alexandrins interminables, et d'autres, au contraire, d'une invraisemblable concision.

Seulement, notre instrument si parfait, et dont on a peut-être trop usé, il n'était pas mauvais qu'il se reposât un peu.

— *Voilà pour la forme, dis-je à M. Stéphane Mallarmé. Et le fond ?*

— Je crois, *me répondit-il*, que, quant au fond, les jeunes sont plus près de l'idéal poétique que les Parnassiens qui traitent encore leurs sujets à la façon des vieux philosophes et des vieux rhéteurs, en présentant les objets directement. Je pense qu'il faut, au contraire, qu'il n'y ait qu'allusion. La contemplation des objets, l'image s'envolant des rêveries suscitées par eux, sont le chant : les Parnassiens, eux, prennent la chose entièrement et la montrent ; par là ils manquent de mystère ; ils retirent aux esprits cette joie délicieuse de croire qu'ils créent. *Nommer* un objet, c'est supprimer les trois quarts de la jouissance du poème qui est faite du bonheur de deviner peu à peu ; le *suggérer*, voilà le rêve. C'est le parfait usage de ce mystère qui constitue le symbole : évoquer petit à petit un objet pour montrer un état d'âme, ou, inversement, choisir un objet et en dégager un état d'âme, par une série de déchiffrements.

— *Nous approchons ici, dis-je au maître, d'une grosse objection que j'avais à vous faire... L'obscurité !*

— C'est, en effet, également dangereux, *me répondit-il*, soit que l'obscurité vienne de l'insuffisance du lecteur, ou de celle du poète... mais c'est tricher que d'éluder ce travail. Que si un être d'une intelligence moyenne, et d'une préparation littéraire insuffisante, ouvre par hasard un livre ainsi fait et prétend en jouir, il y a malentendu, il faut remettre les choses à leur place. Il doit y avoir toujours énigme en poésie, et c'est le but de la littérature, — il n'y en a pas d'autres, — d'*évoquer* les objets.

— *C'est vous, maître, demandai-je, — qui avez créé le mouvement nouveau ?*

— J'abomine les écoles, *dit-il*, et tout ce qui y ressemble ; je répugne à tout ce qui est professoral appliqué à la littérature qui, elle, au contraire, est tout à fait individuelle. Pour moi, le cas d'un poète, en cette société qui ne lui permet pas de vivre, c'est le cas d'un homme qui s'isole pour sculpter son propre tombeau. Ce qui m'a donné l'attitude de chef d'école, c'est, d'abord, que je me suis toujours intéressé aux idées des jeunes gens ; c'est ensuite, sans doute, ma sincérité à reconnaître ce qu'il y avait de nouveau dans l'apport des derniers venus. Car moi, au fond, je suis un solitaire, je crois que la poésie est faite pour le faste et les pompes suprêmes d'une société constituée où aurait sa place la gloire dont les gens semblent avoir perdu la notion. L'attitude du poète dans une époque comme celle-ci, où il est en grève devant la société, est de mettre de côté tous les moyens viciés qui peuvent s'offrir à lui. Tout ce qu'on peut lui proposer est inférieur à sa conception et à son travail secret.

Je demande à M. Mallarmé quelle place revient à Verlaine dans l'histoire du mouvement poétique.

— C'est lui qui le premier a réagi contre l'impeccabilité et l'impassibilité parnassiennes ; il a apporté, dans *Sagesse*, son vers fluide, avec, déjà, des dissonances voulues. Plus tard, vers 1875, mon *Après-midi d'un faune*, à part quelques amis, comme Mendès, Dierx et Cladel, fit hurler le Parnasse tout entier, et le morceau fut refusé avec un grand ensemble. J'y essayais, en effet, de mettre, à côté de l'alexandrin dans toute sa tenue, une sorte de jeu courant pianoté autour, comme qui dirait d'un accompagnement musical fait par le poète lui-même et ne permettant au vers officiel de sortir que dans les grandes occasions. Mais le père, le vrai père de tous les jeunes, c'est Verlaine, le magnifique Verlaine dont je trouve l'attitude comme homme aussi belle vraiment que comme écrivain, parce que c'est la seule, dans une époque où le poète est hors la loi : que de faire accepter toutes les douleurs avec une telle hauteur et une aussi superbe crânerie.

— *Que pensez-vous de la fin du naturalisme ?*

— L'enfantillage de la littérature jusqu'ici a été de croire, par exemple, que choisir un certain nombre de pierres précieuses et en mettre les noms sur le papier, même très bien, c'était *faire* des pierres précieuses. Eh bien, non ! La poésie consistant à *créer*, il faut prendre dans l'âme humaine des états, des lueurs d'une pureté si absolue que, bien chantés et bien mis en lumière, cela constitue en effet les joyaux de l'homme : là, il y a symbole, il y a création, et le mot poésie a ici son sens : c'est, en somme, la seule création humaine possible. Et si, véritablement, les pierres précieuses dont on se pare ne manifestent pas un état d'âme, c'est indûment qu'on s'en pare... La femme, par exemple, cette éternelle voleuse...

Et tenez, *ajoute mon interlocuteur en riant à moitié*, ce qu'il y a d'admirable dans les magasins de nouveautés, c'est, quelquefois, de nous avoir révélé, par le commissaire de police, que la femme se parait

indûment de ce dont elle ne savait pas le sens caché,
et qui ne lui appartient par conséquent pas...

Pour en revenir au naturalisme, il me paraît qu'il
faut entendre par là la littérature d'Emile Zola, et
que le mot mourra en effet, quand Zola aura achevé
son œuvre. J'ai une grande admiration pour Zola. Il
a fait moins, à vrai dire, de véritable littérature que
de l'art évocatoire, en se servant, le moins qu'il est pos-
sible, des éléments littéraires ; il a pris les mots,
c'est vrai, mais c'est tout ; le reste provient de sa
merveilleuse organisation et se répercute tout de
suite dans l'esprit de la foule. Il a vraiment des qua-
lités puissantes ; son sens inouï de la vie, ses mouve-
ments de foule, la peau de Nana, dont nous avons
tous caressé le grain, tout cela peint en de prodi-
gieux lavis, c'est l'œuvre d'une organisation vraiment
admirable ! Mais la littérature a quelque chose de
plus intellectuel que cela : les choses existent, nous
n'avons pas à les créer ; nous n'avons qu'à en saisir
les rapports ; et ce sont les fils de ces rapports qui
forment les vers et les orchestres.

— *Connaissez-vous les psychologues ?*

— Un peu. Il me semble qu'après les grandes
œuvres de Flaubert, des Goncourt, et de Zola, qui
sont des sortes de poèmes, on en est revenu aujour-
d'hui au vieux goût français du siècle dernier, beau-
coup plus humble et modeste, qui consiste non à
prendre à la peinture ses moyens pour montrer la
forme extérieure des choses, mais à disséquer les
motifs de l'âme humaine. Mais il y a, entre cela et
la poésie, la même différence qu'il y a entre un corset
et une belle gorge...

Je demandai, avant de partir, à M. Mallarmé, les noms de ceux qui représentent, selon lui, l'évolution poétique actuelle.

— Les jeunes gens, *me répondit-il*, qui me semblent avoir fait œuvre de maîtrise, c'est-à-dire œuvre originale, ne se rattachant à rien d'antérieur, c'est Morice, Moréas, un délicieux chanteur, et, surtout, celui qui a donné jusqu'ici le plus fort coup d'épaule, Henri de Régnier, qui, comme de Vigny, vit là-bas, un peu loin, dans la retraite et le silence, et devant qui je m'incline avec admiration. Son dernier livre : *Poèmes anciens et romanesques*, est un pur chef-d'œuvre.

— Au fond, voyez-vous, *me dit le maître en me serrant la main*, le monde est fait pour aboutir à un beau livre.

ENQUÊTE SUR VERLAINE

Si je supprimais, avec plaisir, l'une des questions, — *à qui attribuer la succession* — de Verlaine (il n'en laisse et n'en prit aucune). Voilà qui est bien royal, convenez, d'avoir lieu par lignée. On dit mieux, quelquefois, en ajoutant à une citation les mots « comme parle LE POÈTE », hommage au type permanent impersonnel dont se réclame quiconque fit de beaux vers. Les individus mélodieux, rien n'exige qu'un décédé en soit un autre, avec hâte ; d'autant que tel, en mourant, inaugure sa gloire. La vacance sied. Au cas présent, du reste, je me trouverais incapable de décider entre trois aînés ou quatre mes contemporains ou, leur éclat n'acceptant d'héritage, par exemple lequel, dans le nombre égal de maîtres jeunes, aujourd'hui, l'emporte. Tant à attendre et d'imprévu !

Intéresse — *quelles sont les meilleures parties de l'Œuvre ?* Tout, de loin ou de près, ce qui s'affilie à SAGESSE, en dépend et pourrait y retourner, pour grossir l'unique livre : là, en un instant principal, ayant écho par tout Verlaine, le doigt a été mis sur la touche inouïe qui résonnera solitairement, séculairement.
— *et quel est son rôle dans l'évolution littéraire ?*
L'antérieur Parnassien eût suffi à une carrière et une renommée ; et, même, peut s'isoler, depuis qu'avec sa survivance ont joué, subitement comme seules, des orgues complexes et pures. Quant à la nouveauté de ces quinze ans, ceci l'annonce, seulement. L'essentiel et malin artiste surprit la joie, à temps, de dominer, au conflit de deux époques, l'une dont il s'extrait avec ingénuité ; réticent devant l'autre qu'il suggère ; sans être que lui, éperdument — ni d'un moment littéraire indiqué.

SUR LE THÉÂTRE

Je crois que la Littérature, reprise à sa source qui est l'Art et la Science, nous fournira un Théâtre, dont les représentations seront le vrai culte moderne; un Livre, explication de l'homme, suffisante à nos plus beaux rêves. Je crois tout cela écrit dans' la nature de façon à ne laisser fermer les yeux qu'aux intéressés à ne rien voir. Cette œuvre existe, tout le monde l'a tentée sans le savoir ; il n'est pas un génie ou un pitre, qui n'en ait retrouvé un trait sans le savoir. Montrer cela et soulever un coin du voile de ce que peut être pareil poème, est dans un isolement mon plaisir et ma torture.

SUR L'IDÉAL À VINGT ANS

Valvins près Fontainebleau.
17 août 1898.

Monsieur,

Quel était mon idéal à vingt ans, rien d'improbable que je l'aie même faiblement exprimé, puisque l'acte, par moi choisi, a été d'écrire : maintenant, *si l'âge mûr l'a réalisé,* ce jugement appartient aux personnes seules m'ayant prolongé leur intérêt. Quant aux appréciations autobiographiques intimes, de celles à quoi on se livre, particulièrement, seul ou en présence d'un hôte rare, j'ajouterai, dans le journal, selon votre souhait, en vue de proférer quelque chose, que, suffisamment, je me fus fidèle, pour que mon humble vie gardât un sens. Le moyen, je le publie, consiste quotidiennement à épousseter, de ma native illumination, l'apport hasardeux extérieur, qu'on recueille, plutôt, sous le nom d'expérience. Heureuse ou vaine, ma volonté des vingt ans survit intacte.

Veuillez, Monsieur, agréer...

STÉPHANE MALLARMÉ.

I. Je n'ai point ici, en mon séjour d'été, mon portrait à vingt ans et regrette.

II. Jamais pensée ne se présente à moi, détachée, je n'en ai pas de cette sorte et reste ici dans l'embarras ; les miennes formant le trait, musicalement placées, d'un ensemble et, à s'isoler, je les sens perdre jusqu'à leur vérité et sonner faux : après tout, cet aveu, peut-être, en figure-t-il une, propre au feuillet blanc d'un album.

S. M.

COMMENTAIRES

1842. *18 mars :* naissance, 12, rue Laferrière, à Paris, d'Etienne Mallarmé — très vite prénommé Stéphane.

Son père, Numa Mallarmé (33 ans), sous-chef à l'Administration de l'Enregistrement et des Domaines, avait épousé, le 14 juin 1841, Elisabeth Desmolins, elle-même fille d'un fonctionnaire de l'Enregistrement.

« Mes familles paternelle et maternelle présentaient, depuis la Révolution, une suite ininterrompue de fonctionnaires dans l'Administration de l'Enregistrement ; et bien qu'ils y eussent occupé presque toujours de hauts emplois, j'ai esquivé cette carrière à laquelle on me destina dès les langes... On a toujours habité Paris ; mais les origines sont bourguignonnes, lorraines et même hollandaises. » (*Autobiographie.*)

1844. *25 mars* : naissance à Passy de sa sœur Maria.

1847. *2 août :* mort accidentelle de sa mère, au retour d'un voyage en Italie.

1852. Remariage, en début d'année, du père du poète. Ce sont les parents maternels, M. et Mme Desmolins, qui prennent désormais en charge l'éducation de Stéphane et de sa sœur Maria.
Fin septembre, Stéphane Mallarmé entre à Auteuil dans une pension religieuse fréquentée par des fils de la haute société. Pour ne pas subir leurs railleries, il se fait appeler comte de Boulainvilliers.

1853. Mme Desmolins juge son petit-fils « bien médiocre écolier » (lettre du 26 février).

1854. « Il n'est pas non plus très gentil de caractère ; il est dans sa phase défavorable » (lettre de Mme Desmolins, du 1er janvier).
Une narration du poète — intitulée *L'Ange gardien* — témoigne d'une nostalgie de la tendresse maternelle qu'il n'a pu connaître.

1856. *15 avril :* Stéphane Mallarmé entre comme pensionnaire au lycée de Sens où il fera toutes ses études secondaires; il se trouve ainsi dans la ville qu'habite son père.
Octobre : il entre en classe de troisième.
C'est l'année de la publication des *Contemplations* de Victor Hugo.

1857. *31 août :* mort de sa sœur Maria.
Parution des *Fleurs du mal* de Charles Baudelaire.

1858. *Juillet :* Stéphane Mallarmé écrit une *Cantate pour la première communion.*

1859. *Juin-juillet :* il écrit un long poème en deux parties, *Sa fosse est creusée, Sa fosse est fermée,* qui semble évoquer la fin cruelle de sa sœur Maria.

Au terme de son année de rhétorique, il se distingue un peu en français et en anglais. Son poème *La Prière d'une Mère* trouve d'ailleurs place dans le cahier d'honneur du lycée.

Octobre : après des vacances à Passy chez ses grands-parents, il rentre au lycée de Sens, en classe de logique.

Il acquiert les *Poésies complètes* de Théophile Gautier.

1860. *10 août :* échec au baccalauréat.

Il passe le mois de septembre à Versailles où ses grands-parents habitent dorénavant.

8 novembre : il est reçu bachelier.

Décembre : il entre comme surnuméraire à l'Enregistrement, à Sens.

1861. Stéphane Mallarmé est bouleversé par la lecture de la seconde édition augmentée, des *Fleurs du mal.*

Octobre : un jeune professeur de français est nommé au lycée de Sens. Il s'agit d'Emmanuel des Essarts qui, grâce à ses relations familiales, connaît Victor Hugo, Théophile Gautier, Michelet, Quinet. Une amitié féconde va naître entre le professeur et Stéphane Mallarmé, de trois ans son cadet.

1862. *10 janvier :* Mallarmé publie dans la revue *Le Papillon* son premier article qui célèbre les *Poésies parisiennes* de des Essarts.

25 février : il publie, dans la même revue, son premier poème, *Placet* (qui, plus tard, deviendra *Placet futile*).

15 mars : il donne, dans *L'Artiste*, deux autres poèmes, *Le Guignon* et *Le Sonneur*.

Sa carrière d'homme de lettres vient de commencer.

9 avril : Mallarmé reçoit une première lettre d'Eugène Lefébure [1], prélude à une correspondance de dix années.

Il fait au printemps la connaissance d'Henri Cazalis [2] (à qui il écrit une première fois le 5 mai), d'Henri Regnault [3], de Nina Gaillard [4], de la famille Yapp. Promenade à Fontainebleau en mai.

1. Eugène Lefébure, né en 1838 à Prunoy dans l'Yonne, deviendra un grand égyptologue apprécié de Maspero qui le fera nommer professeur à l'Ecole supérieure de lettres d'Alger. En 1862, ce jeune homme épris de poésie n'est encore que fonctionnaire des Postes.

2. Henri Cazalis, né en 1840 à Cormeilles-en-Parisis, fait de 1860 à 1862 des études de droit à Strasbourg. Mais il ne tarde pas à abandonner sa thèse d'avocat pour entreprendre des études de médecine et s'adonner à la poésie (sous le nom de Jean Lahor). Il sera, de 1862 à 1871, le plus fidèle ami et confident de Mallarmé.

3. Ce peintre à qui Cazalis a consacré un livre est né en 1843. Il mourra pendant la guerre franco-allemande, le 19 janvier 1871, au combat de Buzenval.

4. Fille d'un avocat lyonnais, Nina Gaillard (1843-1884) — qui, après son mariage, deviendra Nina de Villard — sera l'amie des jeunes poètes parnassiens qu'elle recevra dans ses salons.

4 juin : Mallarmé se plaint, dans une lettre à Cazalis, d' « une stérilité curieuse » que le printemps a installée en lui. Il tente d'exorciser « trois mois d'impuissance » en écrivant le poème *Vere Novo* (devenu, par la suite, *Renouveau*).

Au cours de l'été, il rencontre une « gentille Allemande », Maria Gerhard, demoiselle de compagnie dans une riche maison de Sens.

« Elle est triste ici, et s'ennuie. Je suis triste et m'ennuie. De nos deux mélancolies nous pourrons peut-être faire un bonheur... » (lettre à Cazalis du 4 et 5 août).

8 novembre : après quelques jours passés à Versailles et à Paris, Mallarmé part pour Londres en compagnie de Maria Gerhard. Installation au 9, Panton Square. Des difficultés ne tardent pas à naître avec la jeune fille.

1863. *9 janvier :* Mallarmé accompagne Maria Gerhard jusqu'à Boulogne, puis retourne seul à Londres.

10 février : Maria revient quelques jours à Londres avant de repartir pour Bruxelles.

Fin mars : Mallarmé revient en France auprès de son père malade (celui-ci meurt le 12 avril).

Fin avril : le poète repart pour Londres avec Maria Gerhard. Le 27, il confie à Cazalis : « Si j'épousais Marie pour faire mon bonheur, je serais un fou. D'ailleurs le bonheur existe-t-il sur cette terre ? Et faut-il le chercher sérieusement, autre part que dans le rêve ?... Non, j'épouse Marie uniquement parce que sans moi elle ne pourrait pas vivre, et que j'aurais empoisonné sa limpide existence. »

Il traduit des poèmes d'Edgar Poe.

« Ayant appris l'anglais simplement pour mieux lire Poe... » (*Autobiographie.*)

10 août : mariage de Mallarmé avec Maria Gerhard.

Fin août : retour en France des deux époux.

17 septembre : le poète obtient le certificat d'aptitude à l'enseignement de l'anglais.

Novembre : nomination au lycée de Tournon.

Début décembre : arrivée à Tournon et installation, 19, rue Bourbon.

1864. *Avril :* Emmanuel des Essarts, qui a été nommé au lycée d'Avignon, vient à Tournon rendre visite à Mallarmé. Le poète Albert Glatigny fait également chez lui un séjour de deux semaines.

Juillet : Mallarmé se rend à Avignon où, sur la recommandation de des Essarts, il fait la connaissance de Théodore Aubanel, de Jean Brunet et de Roumanille.

Août : second voyage à Avignon au cours duquel il rencontre Frédéric Mistral.

Septembre : il fait la connaissance, chez Catulle Mendès, à Choisy-le-Roi, de Villiers de l'Isle-Adam.

Octobre : il commence *Hérodiade,* poème qu'il entend couler dans « une poétique très nouvelle, que je pourrais définir en ces deux mots : Peindre non la chose, mais l'effet qu'elle produit » (lettre à Cazalis). Il ajoute : « Je veux — pour la première fois de ma vie — réussir. Je ne toucherais jamais plus à une plume si j'étais terrassé. »

19 novembre : naissance de Geneviève, la fille du poète.

1865. Il s'acharne sur *Hérodiade*, la nuit, après les heures de lycée ponctuées de chahuts. «Etre un vieillard, fini, à vingt-trois ans, alors que tous ceux qu'on aime vivent dans la lumière et dans les fleurs, à l'âge des chefs-d'œuvre ! »

Février : court voyage à Avignon où il voit des Essarts.

Juin : il commence son poème *Le Faune*.

Septembre : à l'occasion d'un voyage à Paris avec sa femme et sa fille, Mallarmé présente la première version du *Faune* à Banville qui s'était fait fort de la faire accepter par la Comédie-Française. Mais Banville y cherche vainement « l'anecdote nécessaire que demande le public ».

Octobre. S'installe 2, allée du Château, à Tournon.

Hiver. Travaille à l'ouverture d'*Hérodiade*. « Ah ! ce poème, je veux qu'il sorte, joyau magnifique du sanctuaire de ma pensée, ou je mourrai sur ses débris. » (Lettre à Cazalis, décembre.)

Fin décembre : il se rend à Versailles pour l'enterrement de son grand-père maternel. Il participe, à Noël, à une soirée littéraire

« presque en mon honneur » que préside Leconte de Lisle.

1866. *Avril :* séjour à Cannes auprès de Lefébure dont la femme est morte l'année précédente.

12 mai : Le Parnasse contemporain publie dix poèmes de Mallarmé.

Fin juin : séjour de Lefébure à Tournon.

16 juillet : Mallarmé écrit dans une lettre à Théodore Aubanel : « Pour moi j'ai plus travaillé cet été que toute ma vie, et je puis dire que j'ai travaillé pour toute ma vie. J'ai jeté les fondements d'une œuvre magnifique. Tout homme a un secret à lui... A moi maintenant de l'ouvrir en l'absence de toute impression empruntée... Il me faut vingt ans, pendant lesquels je vais me cloîtrer en moi, renonçant à toute autre publicité que la lecture à mes amis. »

Octobre : nommé au lycée de Besançon, il habitera 36, rue de Poithune.

22 novembre : première lettre de Paul Verlaine.

1867. Faisant un retour sur son expérience de l'année précédente, Mallarmé confie à Cazalis : « Je viens de passer une année effrayante ; ma Pensée s'est pensée, et est arrivée à une Conception divine... Je suis maintenant impersonnel, et non plus Stéphane que tu as connu — mais une aptitude qu'a l'univers spirituel à se voir et à se développer, à travers ce qui fut moi... » (Lettre du 14 mai.)

Il passe l'été dans une ferme proche de Besançon.

31 août. Mort de Charles Baudelaire.

Octobre. Nommé au lycée d'Avignon, Mallarmé s'installe 8, place Portail-Matheron.

Décembre : une fluxion de poitrine le cloue au lit pendant de longues semaines.

1868. Malade, Mallarmé écrit à Cazalis : « Tout l'édifice si patiemment reconstruit de ma santé, et morale et naturelle, s'est écroulé ; inutile, ce long travail d'insecte. Je vais recommencer. » (Lettre du 27 janvier.)

« Je passe d'instants voisins de la folie entrevue à des extases équilibrantes... Je suis dans un état de crise qui ne peut durer... » (Lettre à Lefébure, 3 mai.)

Mallarmé passe quelques jours du mois d'août à Bandol, hôtel du Lion d'Or. Cazalis lui rend plusieurs courtes visites à Avignon.

1869. Etat neurasthénique. « Le simple acte d'écrire installe l'hystérie dans ma tête. »

Février : il doit dicter à sa femme les lettres qu'il adresse à ses amis.

Mars : il envoie *Hérodiade* au *Parnasse contemporain.*

Mai : mort de sa grand-mère maternelle.

Août : séjour d'un mois aux Lecques (Var).

Décembre : songe à préparer la licence ès lettres. Le poète Glatigny s'arrête quelques jours chez lui.

1870. *20 janvier :* Mallarmé est mis en congé de

longue durée sur sa demande. Il ouvre un cours privé d'anglais pour les jeunes filles d'Avignon.

Il s'intéresse de plus en plus à la linguistique, et envisage d'entreprendre « une thèse dédiée à la mémoire de Baudelaire et à celle de Poe ».

Août : fait à Avignon la lecture de son poème *Igitur* en présence de Catulle Mendès, effaré, et de Villiers de l'Isle-Adam, enthousiasmé.

Décembre : songe à aller créer un cours privé d'anglais à Marseille.

1871. *19 janvier :* mort d'Henri Regnault, tué au combat de Buzenval.

Avril. Cherche à obtenir un poste dans une bibliothèque parisienne ou chez Hachette ; en vain.

Mai : les Mallarmé quittent Avignon pour Sens où naît, le 16 juillet, leur fils Anatole.

Août : en quête de travail, le poète fait un voyage à Londres. Il loge chez Bonaparte Wyse et fait la connaissance de John Payne.

15 septembre : il s'installe à Paris, hôtel des Étrangers, 3, rue Vivienne.

25 octobre : le poète, qui a refusé un poste de professeur d'anglais sur un transatlantique, se résigne à rentrer dans l'enseignement. Il est nommé chargé de cours d'anglais au lycée Fontanes, aujourd'hui lycée Condorcet.

Fin novembre : la famille s'installe 29, rue de Moscou, à Paris.

Décembre : mésentente et rupture avec Lefébure qui s'est présenté chez lui en compagnie d'une liaison illégitime.

1872. Il reçoit des signes d'affection de Leconte de Lisle, Heredia, Banville et Mendès, mais ne se mêle que timidement à la vie des lettres. Il voit néanmoins Verlaine presque tous les mercredis chez lui, rue Nicolet.

1ᵉʳ juin : il rencontre Rimbaud au « Dîner des Vilains Bonshommes ».

23 octobre : mort de Théophile Gautier.

Décembre : Lettre à Stéphane Mallarmé, poème de Glatigny.

1873. *Avril :* mort de Glatigny. Mallarmé fait la connaissance d'Edouard Manet.

Août : il séjourne en Bretagne, à Douarnenez et au Conquet, où il écrit *Toast funèbre* — pour le *Tombeau* destiné à célébrer la mémoire de Théophile Gautier. C'est le retour à la poésie après sept années de silence.

Novembre : il s'occupe avec Catulle Mendès d'un projet d'association internationale des poètes.

1874. *Février :* Mallarmé rencontre Emile Zola chez Manet.

Mars : amitié avec Léon Cladel.

Juillet : l'éditeur Lemerre lui refuse *L'Après-Midi d'un faune.*

Il trouve à louer à Valvins, près de Fontainebleau, l'unique étage d'une maison paysanne située non loin de la Seine. Il y passera désormais tous ses étés, se consacrant à la vie de famille, au canotage et au travail.

Septembre : le poète lance une revue, *La Dernière Mode,* gazette du monde, de couverture bleu turquoise. Presque tous les articles sont de la plume de Mallarmé qui prend tour à tour les pseudonymes de Marasquin, Marguerite de Ponty, Miss Satin, Zizi, Olympe... Remy de Gourmont dira en 1890 de cette singulière entreprise : « C'est sur la femme, sur les chiffons, les plus précieux mots écrits de notre temps. »

1875. *Janvier :* Mallarmé cesse de rédiger *La Dernière Mode* parvenue à sa neuvième livraison. Il s'installe, le 15 mars, au 87, rue de Rome, dans un appartement qu'immortaliseront bientôt les célèbres « mardis ».

Mai : édition originale de la traduction française du *Corbeau* d'Edgar Poe, avec illustrations de Manet.

Août : rencontre à Londres Arthur O'Shaughnessy qui lui procure une collaboration à la revue *Athenaeum.*

1876. Edition de luxe de *L'Après-Midi d'un faune (Eglogue).*
Manet fait le portrait de Mallarmé.

Juin : le poète préface le *Vathek* de Beckford.

Août : séjour au Portel.

Décembre : Le Tombeau d'Edgar Poe paraît dans le *Memorial Volume* à Baltimore.

1877. *Février :* le poète félicite Zola pour *L'Assommoir.*

Mars : ses dernières traductions de poèmes d'Edgar Poe paraissent dans *La République des lettres,* la revue de Catulle Mendès.

Il travaille au recueil des *Mots anglais,* « petite philologie à l'usage des Classes et du Monde ».

1878. Maladie de son fils Anatole qui souffre de rhumatismes articulaires et d'une hypertrophie du cœur.

1879. *6 octobre :* mort d'Anatole. Silencieuse tristesse de Mallarmé qui tentera d'élever un *Tombeau* poétique à la mémoire de son fils, mais le laissera inachevé.

1880. Publication des *Dieux antiques,* nouvelle mythologie illustrée.

En ce qui concerne l'enseignement de Mallarmé, les jugements d'inspection sont de plus en plus mauvais.

Début des célèbres « mardis » de la rue de Rome ; Mallarmé y recevra plusieurs générations de poètes.

1881. Traduction du conte *L'Etoile des fées* de Mrs. W.C. Elphinstone Hope.

1882. Huysmans annonce, en octobre, à Mallarmé, son intention d'écrire *A rebours.*

1883. *13 février :* mort de Richard Wagner.

30 avril : mort d'Edouard Manet.

Novembre-décembre : Verlaine consacre un

chapitre à Mallarmé dans son étude sur *Les Poètes maudits*, qui paraît dans la revue *Lutèce*. Il répond à la même époque à Charles Morice qui lui demande de l'inédit : « Il faudrait dix minutes de causerie pour vous expliquer que je n'ai pas de nouveaux vers inédits, malgré un des plus gros labeurs littéraires qu'on ait tentés, parce que tant que je manque à ce point de loisir, je m'occupe de l'armature de mon œuvre qui est en prose. Nous avons été si en retard du côté pensée que je n'ai pas passé moins de dix années à édifier la mienne... » (Lettre de novembre.)

1884. Début de l'intimité avec l'actrice Méry Laurent qui est de sept ans plus jeune que lui[1].

Février : Claude Debussy met en musique le poème *Apparition*.

22 juillet : mort de Nina de Villard.

Septembre : parution d'*A rebours* de J.-K. Huysmans.

---

1. De son vrai nom Marie-Rose Louviot, Méry Laurent est née à Nancy en 1849. Elle a été mariée à quinze ans avec un épicier, Claude Laurent. Cette paysanne devenue lorette a débuté comme figurante au Châtelet, puis a joué quelques petits rôles dans divers théâtres. Une liaison avec le maréchal Canrobert l'avait fait connaître. Elle fut le modèle puis l'amie de Manet, ainsi que d'un cercle de peintres et de poètes. Vivant dans le luxe grâce aux bontés du docteur Evans, riche Américain connu comme dentiste de Napoléon III, Méry fut toujours pour Mallarmé — ainsi que l'écrit très justement Henri Mondor — « une amie enjouée, ornée de parures et de succès, s'épanouissant sans affectation parmi les mesquines complexités d'une vie paresseuse et à travers les aventures d'une galanterie à demi contenue ».

Octobre : Mallarmé est nommé professeur d'anglais au lycée Janson-de-Sailly.

1885. *Janvier :* Mallarmé donne à *La Revue indépendante* son poème *Prose pour des Esseintes*.

Il obtient au printemps un congé de trois mois. Il découvre, le Vendredi saint, la musique de Wagner aux concerts Lamoureux.

23 mai : mort de Victor Hugo.

6 août : un article du journal *Le Temps*, signé Paul Bourde, s'en prend aux poètes décadents et spécialement à Mallarmé (« M. Stéphane Mallarmé qui, dès ses débuts, s'est révélé inintelligible, est toujours resté égal à lui-même. »). Jean Moréas réplique en invitant la critique à appeler dorénavant les poètes décadents, des « symbolistes ».

Le même mois, publication, dans *La Revue wagnérienne*, de *Richard Wagner, Rêverie d'un Poëte français*, écrit à l'invitation d'Edouard Dujardin.

Octobre : Mallarmé est nommé au collège Rollin.

16 novembre : il adresse sa célèbre lettre autobiographique à Verlaine, pour *Les Hommes d'aujourd'hui*.

1886. *11 avril :* premier numéro de la revue *La Vogue*. Mallarmé est au sommaire, avec Verlaine, Rimbaud et Villiers de l'Isle-Adam.

Août : avant-dire au *Traité du verbe* de René Ghil.

18 septembre : Moréas publie, dans *Le Figaro littéraire*, son manifeste symboliste.

1887. *Janvier :* contrat avec Dujardin pour une édi-
tion populaire de *L'Après-Midi d'un faune.*

Octobre : publication des *Poésies*, édition de
La Revue indépendante.

11 novembre : Mallarmé cite en justice l'édi-
teur Léon Vanier avec qui il est en conflit
depuis quelques mois.

Le poète s'adonne de plus en plus à la réflexion
critique. Il a donné, dans *La Revue indépen-
dante* (de novembre 1886 à juillet 1887) les
premiers fruits de ses méditations, et entend
poursuivre dans cette voie, apportant ainsi à
la poésie « une noble opération complémen-
taire ». Dans le même temps, le cercle des
« mardis » de la rue de Rome s'élargit. On y
rencontre Henri de Régnier, Francis Vielé-
Griffin, Fontainas, Saint-Pol Roux, Laurent
Tailhade, Albert Mockel, Verhaeren, Oscar
Wilde, Stefan George, etc.

Geneviève Mallarmé fera plus tard de ces
« mardis » l'évocation suivante : « Tout de
suite, après le dîner, on préparait la petite
salle à manger, car beaucoup, bien qu'ayant
pour la plupart Paris à traverser, arrivaient
tôt. On pliait sur elle-même en demi-cercle la
table ancienne Louis XVI, afin de donner plus
de place, on y disposait le vieux pot de Chine
plein de tabac dans lequel chacun puiserait
tout à l'heure, le papier à cigarette, un bou-
quet. Tout autour de la table, on rangeait les
chaises, serrées entre elles, car la chambre
était petite et les coups de sonnette nombreux.
On arrangeait la suspension de la lampe dont

un volant de crépon japonais adoucissait la clarté. La chatte Lilith, sur un coin de l'antique buffet, regardait ces arrangements. On sonnait, père ouvrait la porte lui-même, ou moi s'il parlait. »

Remy de Gourmont, dans ses *Promenades littéraires*, précise : « On écoutait sa parole comme un oracle. Vraiment c'était bien une sorte de Dieu... Peut-être que ceux-là qui ont été les disciples de Mallarmé peuvent seuls comprendre le sens profond de ces mots qu'on lit dans la vie de tel philosophe grec : « C'était un disciple de Socrate. »

1888. *Mars :* Mallarmé traduit le *Ten O'Clock* de son ami Whistler.

Avril : il rompt avec René Ghil. Amitié de Mirbeau.

Août : passe quelques jours en Auvergne, à Royat, avec le docteur Evans et Méry Laurent.

Décembre : publication de la traduction des *Poésies d'Edgar Poe*, avec un portrait et fleuron par Manet.

1889. *Mars :* le poète lance une souscription discrète en faveur de Villiers de l'Isle-Adam qui vit dans le plus complet dénuement.

19 août : mort à Paris de Villiers qui est enterré le 21 au cimetière des Batignolles.

Septembre : Verlaine consacre un sonnet *A Stéphane Mallarmé*.

Retour à la simple amitié avec Méry Laurent.

1890. *Février :* Mallarmé fait une tournée de confé-

rences sur Villiers de l'Isle-Adam en Belgique :
à Bruxelles (le 11 et le 15), à Anvers (le 12),
à Gand (le 13), à Liège (le 14) et à Bruges
(le 18). Même conférence, le 27, à Paris, chez
Berthe Morisot.

20 octobre : première lettre de Paul Valéry,
de Montpellier.

Mallarmé occupe alors dans les lettres une
situation exceptionnelle et privilégiée. De nom-
breux jeunes s'adressent à lui pour lui deman-
der conseils et encouragements.

1891. *2 février :* il préside le banquet en l'honneur
du *Pèlerin passionné* de Moréas ; c'est la
consécration.

Octobre : Valéry rend sa première visite à
Mallarmé.

Publication de *Pages*, avec un frontispice de
Renoir.

1892. *Avril :* collabore à *The National Observer*.

Juillet : accepte la présidence du comité pour
le monument Baudelaire.

Claude Debussy commence le *Prélude à
l'Après-Midi d'un faune.*

6 décembre : Mallarmé remplace Leconte de
l'Isle au banquet de *La Plume.*

Succès considérable des « mardis » de la rue
de Rome que fréquentent, outre les symbo-
listes, des hommes comme Gide, Pierre Louys,
Wyzewa, etc.

1893. *15 février* : Mallarmé préside le septième banquet de *La Plume*.

6 juillet : mort de Guy de Maupassant.

Mallarmé aspire à une retraite anticipée. « Le collège se fait pour moi brutal », écrit-il à François Coppée en le priant d'intervenir. Le 1er octobre, il reçoit son arrêté de mise à la retraite. C'est la délivrance tant attendue.

1894. *Mars* : Mallarmé donne une conférence sur *La Musique et les Lettres* à Oxford (le 1er) et à Cambridge (le 2).

Parution du recueil de morceaux choisis, *Vers et Prose*, avec un portrait par Whistler.

22 décembre : première audition, à la Société nationale de musique, du *Prélude à l'Après-Midi d'un faune* de Claude Debussy.

1895. Mallarmé est de plus en plus sollicité pour des banquets littéraires auxquels il accepte de se rendre, par affabilité naturelle. Le 16 janvier, c'est le banquet Puvis de Chavannes ; le 1er mars, le banquet Edmond de Goncourt.

2 mars : mort de Berthe Morisot.

Le poète s'intéresse à de petites expériences théâtrales faites pendant l'été à Valvins.

1896. *9 janvier* : mort de Paul Verlaine.

27 janvier : Mallarmé est élu prince des poètes.

14 février : banquet Gustave Kahn.

Mars : Mallarmé préface le catalogue des œuvres de Berthe Morisot exposées à la galerie Durand, rue Passe-Octobre à Valvins.

Le poète dit en juillet à Paul Valéry sa décision de terminer *Hérodiade*.

1897. *2 février* : banquet Stéphane Mallarmé, à l'initiative de Vielé-Griffin et Paul Valéry.

Mars : album de poèmes écrits en son honneur par Henri de Régnier, Vielé-Griffin, Fontainas, Dujardin, Verhaeren, Valéry, Pierre Louÿs, Claudel, Georges Rodenbach, Albert Mockel, etc.

22 avril : le poète prononce un discours à la soirée Catulle Mendès.

Il passe le printemps à Valvins et travaille beaucoup à *Hérodiade*.

Mai : la revue *Cosmopolis* publie le poème *Un coup de dés jamais n'abolira le hasard*.

Publication de *Divagations* où Mallarmé rassemble la plus grande partie de ses articles et poèmes en prose.

1898. *8 septembre* : le poète, qui travaille toujours à *Hérodiade*, se trouve à Valvins lorsqu'il est soudain pris d'un accès de suffocation. Il griffonne alors ces quelques lignes, à l'adresse des siens : « Vous ne vous étonnerez pas que je pense au monceau demi-séculaire de mes notes, lequel ne deviendra qu'un grand embarras ; attendu que pas un feuillet n'en peut servir. Moi-même, l'unique pourrais seul en tirer ce qu'il y a... Je l'eusse fait si les dernières années manquant ne m'avaient trahi. Brûlez, par conséquent : il n'y a pas d'héritage littéraire, mes pauvres enfants... Et vous, les seuls êtres au monde capables à ce point de respecter toute une vie d'artiste sincère, croyez que ce devait être très beau. »

Le lendemain matin, le poète est emporté par un spasme de la glotte.

Il est enterré le 11, au cimetière de Samoreau, en Seine-et-Marne.

LA DESTINÉE DE L'ŒUVRE

Si, de son vivant, Stéphane Mallarmé ne se montre guère soucieux de beaucoup publier, il n'empêche que son œuvre est très vite entourée de l'admiration d'un nombre grandissant de fidèles. Ce sont essentiellement les revues (*L'Artiste*, *Le Parnasse contemporain*, *La Revue des lettres et des arts*, *La Renaissance artistique et littéraire*, puis *La République des lettres* et surtout *La Revue indépendante*) qui font connaître l'œuvre de Mallarmé, jusqu'à la publication en 1887 d'un volume — à tirage d'ailleurs très limité — de ses *Poésies* [1]. Mais, entre-temps, Mallarmé accède quelque peu à la célébrité grâce à la sortie presque consécutive d'une étude que Verlaine lui consacre dans *Les Poètes maudits* [2] et du roman de Huysmans *A rebours* [3]. On a beau

1. Ed. de *La Revue indépendante* (tirage : 47 exemplaires).
2. In *Lutèce*, novembre-décembre 1883.
3. Ed. Charpentier, 1884. Le héros, des Esseintes, y professe une grande admiration pour Mallarmé.

railler l'auteur de la *Prose pour des Esseintes*, il se trouve, à l'opposé, de fervents admirateurs qui l'encensent comme un nouveau dieu — de Jean Moréas à René Ghil et à Maurice Barrès qui, le premier, définit avec justesse l'art mallarméen : « Il aspire simplement à ramasser dans un vers tout un poème... il raffine mathématiquement [1]. »

Les « mardis » de la rue de Rome ne cessent alors de s'ouvrir à des jeunes poètes qui pressent le maître de rééditer ses œuvres devenues introuvables. Aussi Mallarmé consent-il à donner en 1887 un *Album de vers et de prose* [2] qui offre un large choix de ses œuvres. En 1891, il publie *Pages* [3], volume où se trouve la quasi-totalité de ses poèmes en prose ; en 1893, *Vers et Prose* [4], nouvel ensemble de morceaux choisis ; en 1897 enfin, *Divagations* [5] qui rassemble l'essentiel de ses réflexions critiques.

Dès 1891, l'éditeur belge Edmond Deman s'est proposé de sortir un nouveau recueil des *Poésies* de Mallarmé. Mais le poète, certainement désireux de terminer *Hérodiade*, diffère tellement la publication que celle-ci n'aura finalement lieu qu'un an après sa mort [6].

La disparition du poète en septembre 1898 suscite immédiatement une série de vibrants hommages parmi lesquels on peut retenir ceux d'Henri de

1. In *Les Taches d'encre*, 5 décembre 1884.

2. In *Anthologie contemporaine des écrivains français et belges*, Bruxelles et Paris.

3. Ed. Deman, Bruxelles.

4. Librairie Académique Perrin.

5. Ed. Fasquelle, Bibliothèque Charpentier.

6. Ed. Deman, 1899.

Régnier [1] et d'Albert Mockel [2]. Mais il faut attendre quelque temps avant que ne se substitue à la vague traditionnelle des souvenirs et témoignages [3], l'amorce d'analyses plus objectives de l'œuvre, dans l'esprit de celle que Remy de Gourmont avait, dès 1896, ébauchée dans son *Livre des masques* : « Mallarmé aima les mots pour leur sens possible plus que pour leur sens vrai et il les combina en des mosaïques d'une simplicité raffinée [4]. »

La tâche de la critique sera d'abord de lutter contre le mythe persistant du poète incompréhensible, en s'efforçant d'éclairer les prétendus arcanes de l'œuvre de Mallarmé — domaine où excellera Albert Thibaudet dont le célèbre ouvrage, *La Poésie de Stéphane Mallarmé* [5], servit de référence à toute une génération et mérite encore considération.

L'année 1913 est marquée par la sortie d'une édition complète des *Poésies*. L'apparition dans cet ouvrage de quelques pièces inédites et la publication en 1914 de la plaquette *Un coup de dés jamais n'abolira le hasard* [6] avivent autour du personnage de

1. *Stéphane Mallarmé, in* Mercure de France, octobre 1898.

2. *Un héros, in* Mercure de France, novembre 1898.

3. Cf. E. des Essarts : *Souvenirs littéraires*, in *Revue française*, 15 juillet 1899 ; H. Roujon : *La Galerie des bustes*, Hachette, 1908 ; H. de Régnier : *Portraits et Souvenirs*, Mercure de France, 1913, etc.

4. Ed. Mercure de France, 1896. Remy de Gourmont parle également de Mallarmé dans ses *Promenades littéraires*, 5ᵉ série, Mercure de France, 1913.

5. Ed. de la Nouvelle Revue française, 1912 ; nombreuses rééditions.

6. Ed. de la Nouvelle Revue française. Le texte avait primitivement paru dans la revue *Cosmopolis*, en mai 1897.

Mallarmé un intérêt [1] que la première guerre mondiale va temporairement réduire à néant, d'autant que certains jeunes poètes, pris dans le tourbillon de l'événement, fustigent celui qu'ils considèrent comme un vain esthète [2].

Au sortir de la terrible épreuve, le docteur Edmond Bonniot — qui, en 1901, a épousé Geneviève, la fille du poète, et qui est à l'origine de l'édition des *Poésies* de 1913 — parvient à ramener l'attention du public sur Mallarmé en publiant chez Gallimard d'importants textes inédits de son beau-père : *Vers de circonstance* en 1920, *Igitur* en 1925 et les *Contes indiens*, chez Carteret, en 1927. Si cette série de publications suscite effectivement un regain de curiosité pour Mallarmé, elle a davantage tendance à battre le rappel des anciens amis et disciples — généreux en souvenirs et anecdotes — qu'à entraîner un courant d'analyses vraiment neuves [3].

Deux numéros spéciaux sont certes consacrés au poète (par *Les Nouvelles littéraires*, le 13 octobre 1923, et par la *Nouvelle Revue française*, le 1er novembre 1926 [4]), mais il est une seule voix qui se distingue alors et domine le concert critique : c'est celle de Paul Valéry que caractérise son aptitude à

1. Cf : Gide, in *Prétextes*, Mercure de France, 1913 ; G. Duhamel : *Les Poètes et la Poésie*, Mercure de France, 1914, etc.
2. C'est le cas notamment de Pierre Jean Jouve qui attaque Mallarmé dans des articles polémiques du journal *La Feuille*, Genève, 1917. Jouve reviendra plus tard sur sa position.
3. Parmi les ouvrages de cette période, il convient de signaler R. Ghil : *Les Dates et les Œuvres*, Crès, 1923 et E. Verhaeren : *Impressions* (3e série), Mercure de France, 1925.
4. On peut lire, dans ce numéro, un intéressant article de Paul Claudel sur « La Catastrophe d'*Igitur* ».

comprendre les préoccupations essentiellement linguistiques de Mallarmé et le sens de l'expérience finale du *Coup de dés* [1].

Tandis que les ouvrages de souvenirs continuent, quelque temps encore, à paraître en grand nombre [2], l'approche plus analytique de l'œuvre se fraie peu à peu un chemin grâce aux études très intuitives d'un médecin toulousain, Camille Soula [3].

Les années 30 apportent quelques brillantes synthèses d'histoire littéraire qui ont l'heur de situer avec justesse Mallarmé dans le courant de la poésie moderne [4]. L'étude particulière de Deborah Aish sur *La Métaphore dans l'œuvre de Stéphane Mallarmé* a, quant à elle, le mérite de s'insinuer avec précision dans les jeux d'une langue difficile [5]. Mais c'est la seconde guerre mondiale qui va donner le véritable départ aux grandes études sur Mallarmé.

1. Paul Valéry a publié de nombreux articles sur Mallarmé entre 1920 et 1927, qui ont été regroupés dans *Variété II*, N.R.F., 1929. D'autres textes écrits par la suite ont trouvé place dans le tome I des *Œuvres* de Valéry, Bibliothèque de la Pléiade, 1957.

2. Cf. notamment A. Fontainas : *De Stéphane Mallarmé à Paul Valéry. Notes d'un témoin (1894-1922)*, Ed. du Trèfle, 1928; J. Royère : *Mallarmé*, Messein, 1931 ; C. Mauclair : *Mallarmé chez lui*, Grasset, 1935 ; E. Dujardin : *Mallarmé par un des siens*, Messein, 1936.

3. On doit à Camille Soula deux petits ouvrages, *La Poésie et la Pensée de Stéphane Mallarmé. Le Symbole de la Chevelure*, Champion, 1926, et *Notes sur le Toast funèbre*, Champion, 1929 ; ainsi que ses *Gloses sur Mallarmé*, éd. Diderot, 1949.

4. Cf. M. Raymond : *De Baudelaire au surréalisme*, Corrêa, 1933, réédité chez Corti ; G. Kahn : *Les Origines du symbolisme*, Messein, 1936 ; Rolland de Renéville : *L'expérience poétique*, Gallimard, 1938.

5. Ed. Droz, 1938.

Celles-ci couvrent trois domaines importants : l'exégèse, la biographie et l'édition critique.

L'exégèse est surtout l'apanage d'Emilie Noulet [1] et de Charles Mauron — ce dernier s'orientant progressivement vers une « psychanalyse » du poète et de son œuvre dans laquelle il repère le travail des métaphores obsédantes et des réseaux d'images [2].

Quant à la biographie, elle trouve son maître d'œuvre dans la personne du professeur Henri Mondor, auteur d'une remarquable *Vie de Mallarmé* [3] et instigateur de nombreuses recherches à partir des papiers et manuscrits retrouvés du poète. Mondor a la main moins heureuse lorsqu'il s'aventure sur le terrain de l'édition critique. Son édition des *Œuvres complètes* établie en 1945 pour la Bibliothèque de la Pléiade, est truffée de graves erreurs de lecture mais reste — faute de mieux — un outil de travail qui n'est pas négligeable.

La guerre et l'immédiate après-guerre sont l'occasion de deux bons ouvrages collectifs sur Mallarmé. Le premier, paru en Suisse en 1942 [4], est un recueil d'essais et de témoignages, où figurent les signatures de Pierre Jean Jouve, Marcel Raymond et Charly Guyot. Le second, plus substantiel, est un numéro

1. Cf. *L'Œuvre poétique de Stéphane Mallarmé*, Paris, Droz, 1940 ; *Dix poèmes de Mallarmé. Exégèses*, Genève, Droz, 1948 ; *Vingt poèmes de Mallarmé, Exégèses*, Genève, Droz, 1967.
2. Cf. *Mallarmé l'obscur*, Paris, Denoël, 1941 ; *Introduction à la psychanalyse de Mallarmé*, Neuchâtel, la Baconnière, 1950; *Des métaphores obsédantes au mythe personnel*, Corti, 1964 ; *Mallarmé par lui-même*, Le Seuil, 1968.
3. Ed. Gallimard, 1941-1942. Voir également *Mallarmé plus intime*, Gallimard, 1944.
4. Ed. A la Baconnière, Neuchâtel.

spécial de la revue *Les Lettres* [1] qui rassemble les excellentes contributions de Jean Starobinski, Albert Béguin, Joë Bousquet, Albert-Marie Schmidt ainsi que de quelques spécialistes du poète.

C'est à la même époque que s'élève la voix discrète mais originale de Maurice Blanchot qui, sans pesante érudition, s'efforce de comprendre de l'intérieur la tentative de Mallarmé [2].

Une autre voix — celle de Jacques Scherer — s'élève également, qui, dès 1947, s'attaque au problème majeur de *L'expression littéraire dans l'œuvre de Mallarmé* [3]. La critique ne se borne plus ici à une simple étude des mots et des métaphores, mais envisage une approche des ensembles et de la difficile syntaxe mallarméenne. Dix années plus tard, Jacques Scherer donnera encore une remarquable édition commentée du « *Livre* » *de Mallarmé* [4], à partir des notes laissées par le poète en vue de l'élaboration de l'ouvrage absolu dont il rêvait.

Si les publications de Scherer valent par leur rigueur et par l'apport de documents originaux importants, elles ne sauraient cependant éclipser totalement l'intéressant travail de chercheurs comme C. Roulet, Robert Cohn, Guy Delfel, Guy Michaud, Charles Chassé ou Gardner Davies [5].

1. Juin 1948, n° 9-10-11.
2. Cf. *Faux-pas*, 1943 (p. 125-139) ; *La Part du feu*, 1949 (p. 35-48) ; *L'Espace littéraire*, 1955 (p. 108-120) ; *Le Livre à venir*, 1959 (p. 270-296), tous chez Gallimard.
3. Paris, Droz, 1947.
4. Gallimard, 1957.
5. C. Roulet : *Elucidation du poème de Stéphane Mallarmé « Un coup de dés »*. Neuchâtel, Ides et Calendes, 1947 ; R. Cohn : *Un Coup de dés*, Paris, Les Lettres, 1952 ; G. Delfel :

Ce dernier critique donne en 1959 — année faste pour les inédits mallarméens — une édition des *Noces d'Hérodiade* [1] qui a l'avantage de présenter les manuscrits inachevés du poème le plus travaillé de Mallarmé. La même année voit la publication du tome premier de la *Correspondance* [2], instrument indispensable à la connaissance du poète. Cette correspondance a été recueillie, classée et annotée par Henri Mondor, avec la collaboration d'un jeune universitaire dont les travaux vont bientôt modifier sensiblement le paysage mallarméen.

Au moyen de la méthode dite thématique, Jean-Pierre Richard dresse en effet, en 1961, dans un fort ouvrage appelé à faire date, l'immense panorama intérieur de *L'univers imaginaire de Mallarmé* [3]. Les œuvres les plus négligées du poète y prennent un relief inattendu. Parallèlement à cet ouvrage, Jean-Pierre Richard publie, sous le titre *Pour un Tombeau d'Anatole* [4], les notes de Mallarmé en vue d'un poème à la mémoire de son fils — extraordinaire témoignage de la lutte du poète contre l'idée de la mort.

La présence de Jean-Pierre Richard sur le devant de la scène critique relègue quelque peu dans l'ombre

L'Esthétique de Stéphane Mallarmé, Flammarion, 1951 ; G. Michaud : *Mallarmé*, Hatier, 1953, C. Chassé : *Clés de Mallarmé*, Aubier, 1954 ; G. Davies : *Les « Tombeaux de Mallarmé*, Corti, 1950 et *Mallarmé et le drame solaire*, Corti, 1959. On pourrait ajouter à ces ouvrages le *Mallarmé*, Lausanne, Bader-Dufour (1948), de F. de Miomandre, *Le symbolisme de Mallarmé*, Nizet (1950), de Gengoux et le *Mallarmé vivant*, Nizet (1955), de R. Goffin.

1. Ed. Gallimard.
2. Ed. Gallimard.
3. Ed. du Seuil.
4. Ed. du Seuil, 1961.

les travaux de Jean-Paul Weber, Suzanne Bernard, Léon Cellier ou Charles Chadwick[1]. Quant à Jean-Paul Sartre, sa préface aux *Poésies* de Mallarmé[2] se coule dans une optique phénoménologique qui n'est pas très éloignée de celle de Richard.

Mais le prestige de la critique thématique va bientôt se trouver ébranlé par un petit article de Gérard Genette qui dénonce la tendance de Jean-Pierre Richard à établir systématiquement une relation entre la rêverie du poète et son œuvre : « Que cette relation s'établisse dans une continuité sans faille qui autorise à glisser sans heurt de l'une à l'autre, c'est peut-être là l'utopie de la critique thématique[3]. »

Le philosophe Jacques Derrida dénonce, lui aussi, le travail trop phénoménologique et idéaliste de Richard, et lui préfère les jeux de la « dissémination[4] ».

Quant à Philippe Sollers, nourri des idées de Roland Barthes, il entreprend, dès 1966, de montrer que l'écriture de Mallarmé se trouve dans une position de rupture avec le discours de l'époque qui précède. Et il en arrive à considérer que le poète, par son refus obstiné de la propriété du sens, devient paradoxalement solidaire « de l'individu le plus aliéné, le prolétaire ».

Un renversement idéologique s'opère donc dans la

1. J.-P. Weber : *Genèse de l'œuvre poétique*, Gallimard, 1960 ; S. Bernard : *Le poème en prose*, Nizet, 1959 ; L. Cellier : *Mallarmé et la morte qui parle*, P.U.F., 1959 ; C. Chadwick : *Mallarmé, sa pensée dans sa poésie*, Corti, 1962.
2. Ed. Gallimard, 1962.
3. « Bonheur de Mallarmé ? » in *Figures*, Seuil, 1966.
4. « La double séance » in *Tel Quel*, nᵒˢ 41 et 42, 1970, repris dans *La Dissémination*, Seuil, 1972.

critique mallarméenne : au poète de l'hermétisme aristocratique succède le chantre de « la révolution, dans son sens le plus littéral [1] ».

Julia Kristeva va expliciter les idées de Philippe Sollers, en se proposant d'appréhender « les textes comme des cristaux de la signifiance dans l'histoire [2] ». Ayant baptisé « sémanalyse [3] » sa méthode qui repose sur une articulation de la philosophie, de la linguistique et de la psychanalyse, elle en donne l'application dans un ouvrage brillant, mais controversé, *La Révolution du langage poétique* [4].

La psychanalyse offre des possibilités renouvelées d'approche de l'œuvre de Mallarmé. A la méthode un peu fruste de Mauron qui se contentait de voir les figures du fantasme se cristalliser autour du personnage de Maria, jeune sœur morte, elle-même reflet de la mère disparue, s'est substituée une optique plus lacanienne qui lie le fantasme à l'écriture [5].

C'est la linguistique qui est davantage sollicitée dans les travaux de François Rastier [6] ou de Claude Abastado, mais, chez ce dernier, la méthode linguistique n'est pas une fin en soi, son propos étant de « montrer comment le sens naît de la forme » — ce à quoi il parvient dans un remarquable et clair petit

1. « Littérature et totalité » in *Logiques*, Seuil, collection « Tel Quel », 1968.

2. In *Essais de sémiotique poétique*, Larousse, 1972.

3. *Séméiotiké, Recherches pour une sémanalyse*, Seuil, 1969.

4. Ed. du Seuil, 1974.

5. Cf. J.-P. Richard : « Feu rué, Feu scintillé — note sur Mallarmé, le Fantasme et l'écriture » et J.-L. Steinmetz : « Mallarmé en corps » in *Littérature*, février 1975.

6. *Essais de sémiotique discursive*, Mame, 1974.

ouvrage intitulé *Expérience et théorie de la création poétique chez Mallarmé* [1].

Ces diverses démarches ne sauraient cependant faire oublier des travaux apparemment plus traditionnels mais tout aussi utiles, qu'il s'agisse d'études de variantes [2], de publications de correspondances [3] et de textes inédits. Il convient, à ce sujet, de signaler la tâche énorme et endurante de Carl Paul Barbier [4].

Les publications les plus récentes continuent de révéler des aspects toujours nouveaux de l'œuvre, qu'il s'agisse de la belle étude consacrée à *La poétique de Mallarmé* par Yves Bonnefoy [5] qui s'interroge avec profondeur sur l' « empiégement » dont le poète fut la victime volontaire (« savait-il qu'il avait tort, d'emblée, de chercher des essences, des « notions pures », là où, dans même et surtout le manque, même la nuit, il faut aimer des présences, — tort de rêver d'une perfection de la langue, puis-

1. Ed. Minard, Archives des lettres modernes, 1970. Voir aussi « Lecture inverse d'un sonnet nul » dans *Littérature*, mai 1972.

2. Simone Verdin : *Stéphane Mallarmé, le presque contradictoire, précédé d'une étude de variantes*, Nizet, 1975.

3. Les tomes II, III, IV de la *Correspondance* ont paru chez Gallimard en 1965, 1969 et 1973.

4. C.P. Barbier a d'abord publié en 1964, *Mallarmé-Whistler, correspondance* chez Nizet et le *Recueil de « Nursery rhymes »* chez Gallimard, avant de se consacrer à la confection de *Documents Stéphane Mallarmé* dont cinq tomes ont déjà paru chez Nizet, respectivement en 1968, 1970, 1971, 1973 et 1976. Ces « documents » présentent des correspondances et des manuscrits inédits et s'attachent à rectifier les erreurs de lecture faites par Mondor dans les *Œuvres complètes* de la Pléiade.

5. In *Critique*, octobre 1975.

qu'il nous faut retrouver nos proches, tout de suite, et donc parler, avec les mots tels qu'ils sont ») ; qu'il s'agisse de l'ouvrage intitulé *Mallarmé, tétralogie pour un enfant mort* [1] où André Vial, qui ne veut congédier de la pratique du poète l'homme-Mallarmé, montre avec finesse les répercussions de la mort d'Anatole sur cinq des pièces qui comptent parmi les plus obscures du poète et qui dès lors s'éclairent ; qu'il s'agisse enfin du numéro spécial de la revue *Europe* [2] qui déploie un large éventail critique et offre une lecture plurielle allant de l'approche idéaliste à une certaine interrogation marxiste.

L'exploration du texte de Mallarmé qu'on a longtemps représenté comme l'exemple du retranchement esthétique mais qui montre aujourd'hui d'étranges pouvoirs de rupture, est loin d'être achevée.

1. Ed. José Corti, 1976.
2. Dans ce numéro paru en avril-mai 1976, on relève notamment des articles de Raymond Jean, Georges Mounin, Roger Bellet, J.-P. Chausserie-Laprée, etc.

NOTICES ET NOTES

POESIES

Les poèmes de Mallarmé ont connu plusieurs regroupements en recueils. Le premier de ces recueils, intitulé *Les Poésies de Stéphane Mallarmé*, date de 1887. Il s'agit d'une publication, en neuf cahiers, de *La Revue indépendante* ; son tirage est très limité. Mais une autre édition, reproduisant en fac-similé photolithographique, le manuscrit définitif du poète, est donnée, d'avril à octobre 1887, en neuf cahiers, sur les mêmes presses de *La Revue indépendante*. Cette édition, quoique incomplète, nous a cependant été précieuse pour l'établissement des textes.

Toujours la même année, Mallarmé autorise la publication de quelques-uns de ses poèmes dans un *Album de Vers et de Prose*, édité à Bruxelles.

C'est seulement en 1891 que le poète se laisse convaincre de réunir à nouveau toutes ses poésies en vue d'un livre que veut publier l'éditeur belge

Edmond Deman. Par suite des atermoiements de Mallarmé, ce livre ne verra finalement le jour qu'en 1899.

Entre-temps, la Librairie Académique Perrin donne en 1893 un ensemble de *Vers et Prose*.

Mais la grande édition des *Poésies*, même si sa publication a lieu six mois après la mort du poète, reste bien celle de 1899.

Mallarmé voulait primitivement qu'elle fût de luxe et à tirage très limité. Puis il changea d'avis, acceptant un tirage plus important. Le volume devait sortir en août 1891, quand les choses se mirent soudain à traîner en longueur. Mallarmé hésitait quant au choix des caractères, mais cette hésitation n'était certainement qu'une manière de se donner le temps d'achever le poème qu'il considérait comme son œuvre maîtresse, *Hérodiade*.

Mallarmé avait de toute façon minutieusement préparé le texte de l'édition posthume de 1899, en recopiant certains de ses poèmes ou en les découpant dans les revues où ils avaient paru.

Par rapport au recueil photolithographique de 1887, l'édition Deman ne retranche que le poème *Une négresse par le démon secouée*, mais ajoute quinze nouvelles pièces : *Salut, Eventail de Madame Mallarmé, La Chevelure, Feuillet d'album, Remémoration d'amis belges, Chansons bas I et II, Billet à Whistler, Petit Air I et II*, le *Tombeau de Charles Baudelaire, Tombeau, Hommage* (« *Toute Aurore...* »), *Au seul souci de voyager* et *A la nue accablante*. Ce recueil reproduit, aux adjonctions près, l'ordre adopté dans l'édition fac-similé de 1887.

Quant à l'édition donnée en 1913 à la *Nouvelle Revue française*, elle vaut certes par l'adjonction de

poèmes inédits (le *Cantique de saint Jean, Hérodiade,*
le *Sonnet « Sur les bois oubliés... », Dame, sans trop
d'ardeur, O si chère de loin, Chansons bas III, IV,
V, VI, VII, VIII, Rondels I et II, Petit Air (guerrier)*
et *Toute l'âme résumée*), et par le rétablissement de
la pièce *Une négresse par le démon secouée* qui
n'avait pas été retenue en 1899 ; mais elle prend des
libertés injustifiées avec le classement de l'édition
Deman.

La dernière édition en date, celle qu'Henri Mon-
dor établit en 1945 pour la Bibliothèque de la Pléiade,
révèle un seul texte nouveau, *Eventail,* et revient
le plus souvent — avec juste raison — à l'ordre de
l'édition Deman, bouleversé en 1913. Cependant,
Henri Mondor se permet de ranger les poèmes de
Mallarmé sous des titres qui ont été soit utilisés
dans l'édition de *La Revue indépendante* de 1887
*(Premiers Poèmes, Du Parnasse satyrique, Du Par-
nasse contemporain, Autres Poèmes),* soit — ce qui
est inadmissible — inventés par l'éditeur lui-même
*(Feuillets d'album, Hommages et Tombeaux, Autres
Poëmes et Sonnets).*

Notre souci majeur a été, dans la présente édition,
de rester fidèle aux vœux de Mallarmé, autrement
dit de respecter le plus possible l'édition Deman
de 1899. Dans cette dernière, les seuls titres donnés
à des ensembles de poèmes sont *Chansons Bas*
(composées alors de deux pièces, rejointes plus tard
par les six autres) ; *Petit Air* (avec ses deux pièces)
et *Plusieurs Sonnets* (où les quatre pièces ne sont
pas numérotées comme elles l'ont été abusivement
par la suite). Nous conservons, bien entendu, ces
titres, mais nous n'en créons point d'autres. Dans la
Bibliographie de l'édition de 1898, ultime précision

de Mallarmé avant sa mort, le poète écrivait d'ailleurs clairement : « Ce cahier [...] suit l'ordre, sans le groupement, présenté par l'Edition fac-similé faite sur le manuscrit de l'auteur en 1887. »

La fidélité à l'édition Deman ne saurait cependant signifier que nous excluons les pièces inédites adjointes à l'édition de 1913. Leur intégration ne fait pas problème en ce qui concerne le *Cantique de saint Jean* (qui forme le troisième volet d'*Hérodiade*), les six *Chansons Bas* (qui s'ajoutent aux deux déjà publiées) et le *Petit Air (guerrier)* qui suit *Petit Air I et II*. Nous plaçons *Dame, sans trop d'ardeur* et *O si chère de loin* ainsi que les deux *Rondels*, de même tonalité, avant les *Chansons Bas*.

En revanche, le classement des trois dernières pièces a posé davantage de problèmes. Nous avons conservé à *Une négresse...* la place qu'elle avait dans l'édition de 1887, mais nous tenons à redire que cette pièce mineure n'avait pas été retenue par Mallarmé pour l'édition Deman. *Toute l'âme résumée* a été jointe, comme dans l'édition de 1913, à *Au seul souci de voyager* — avec cependant une intervention, car la seconde pièce s'apparente mieux aux « Tombeaux » et « Hommages » qui précèdent. Le cas du *Sonnet* « *Sur les bois oubliés* » a été le plus difficile. Dans l'édition de 1913, il était placé, sans raison aucune, entre *Aumône* et *Don du poëme*. Mondor estima, en 1945, qu'il devait figurer à la première place de la partie qu'il intitula *Hommages et Tombeaux*. Sous cette rubrique, on peut légitimement se demander si le *Sonnet* consacré à la femme défunte d'un ami — fût-il le plus cher — méritait d'avoir le premier rang parmi les poèmes exclusivement dédiés à la mémoire de créateurs, poètes, peintre et musicien.

Cependant, si l'on supprime le titre *Hommages et Tombeaux*, le *Sonnet* a l'avantage de prendre un relief moindre ; c'est la raison pour laquelle nous lui avons finalement conservé la place que lui attribue Mondor, tant il est clair qu'il obéit à l'obsession sépulcrale de Mallarmé.

Signalons pour finir que l'*Eventail* révélé par l'édition de 1945 prend tout naturellement place à la suite des deux *Eventails* publiés antérieurement.

Nos notes font état des différentes dates de publication des poèmes, signalent l'existence de variantes et rendent compte des travaux les plus importants de la critique mallarméenne.

NOTES

P. 3. *Salut*

La Plume, 15 février 1893.

Ce sonnet, certainement composé à Paris en janvier 1893, était d'abord intitulé *Toast*. Il fut dit par Mallarmé au VII° Banquet de la revue *La Plume*.

P. 4. *Le Guignon*

L'Artiste, 15 mars 1862.
Lutèce, 17-24 novembre 1883.
La Revue Rose, janvier 1887.
Poésies, édition photolithographiée, 1887.

La version publiée en 1862 dans *L'Artiste* est très incomplète. Mallarmé a beaucoup remanié son poème où la double influence de Baudelaire et de Théophile Gautier est perceptible.

P. 8. *Apparition*

Lutèce, 24-30 novembre 1883.

Ce poème semble avoir été composé à Londres en 1863. Cazalis avait, quelque temps auparavant, demandé à Mallarmé des vers en l'honneur d'une jeune Anglaise dont il était épris, Ettie Yapp. Le poète lui avait répondu : « Laisse-moi donc le temps nécessaire... Je ne veux pas faire cela d'inspiration ; la turbulence du lyrisme serait indigne de cette chaste apparition que tu aimes. Il faut méditer long-temps : l'art seul, limpide et impeccable, est assez chaste pour la sculpter religieusement. »

La dédicataire supposée, Ettie Yapp, est morte en 1873.

Apparition inspira, dès le mois de février 1884, une mélodie à Claude Debussy.

P. 9. *Placet futile*

Le Papillon, 25 février 1862.
Lutèce, 17-24 novembre 1883.
Poésies, édition photolithographiée, 1887.

La première version publiée en 1862 dans *Le Papillon* est assez différente et porte le simple titre de *Placet*. Le texte de *Lutèce* est, à quelques variantes près, le même et s'intitule toujours *Placet*. En 1887, Mallarmé modifie considérablement son sonnet ancien et lui donne son titre définitif.

Selon Guy Michaud, le poète s'amuse ici « à se représenter lui-même, la flûte aux mains (c'est-à-dire dans l'attitude qui sera bientôt celle du faune, peint par Boucher sur un rose éventail) ».

Placet futile a été mis en musique par Claude Debussy et par Maurice Ravel.

P. 10. *Le Pitre châtié*

Poésies, édition photolithographiée, 1887.

Le docteur Bonniot a donné dans *La Revue de France* (15 avril 1929) un premier état de ce poème, fort différent.

On peut percevoir dans cette pièce des échos du *Vieux Saltimbanque* de Baudelaire ou de *La Genèse du Poème* d'Edgar Poe. Il semble que, dans cette œuvre probablement écrite à Tournon en mars 1864, le poète veuille échapper à sa condition de « pitre ».

P. 11. *Une Négresse...*

Le Nouveau Parnasse satyrique du dix-neuvième siècle, Eleutheropolis, 1866.

Poésies, édition photolithographiée, 1887.

Dans sa première version, assez différente du texte définitif, le poème portait le titre *Les Lèvres roses*. En se reportant au manuscrit Gaffé, on constate que le titre voulu par Mallarmé était *Image grotesque*, mais qu'une main étrangère (peut-être celle de Poulet-Malassis) l'a remplacé par *Les Lèvres roses*.

Il convient de remarquer que ce poème ne figure pas dans l'édition des *Poésies*, Deman, 1899.

P. 12. *Les Fenêtres*

Le Parnasse contemporain, 12 mai 1866.
Poésies, Deman, Bruxelles, 1899.
Dans l'édition posthume de 1899, on relève trois corrections de l'auteur.

Ce poème a certainement été écrit à Londres en mai 1863. Il semble se faire l'écho des soucis du séjour londonien. Le 3 juin 1863, Mallarmé écrit justement à Cazalis : « O mon Henri, abreuve-toi d'Idéal. Le bonheur d'ici-bas est ignoble ; il faut avoir les mains bien calleuses pour le ramasser. Dire « je suis heureux », c'est dire « je suis lâche » et plus souvent « je suis niais ». Car il faut ne pas voir au-dessus de ce plafond de bonheur le ciel de l'Idéal ou fermer les yeux exprès. J'ai fait sur ces idées un petit poème, *Les Fenêtres*, je te l'envoie... »

A propos de ce poème, Luc Badesco a dégagé l'influence subtile de Baudelaire sur Mallarmé (in *La Génération poétique de 1860*, Nizet, 1971).

P. 14. *Les Fleurs*

Le Parnasse contemporain, 12 mai 1866.
Poésies, édition photolithographiée, 1887.
Le manuscrit Aubanel donne quelques variantes.

C'est dans ce poème, écrit à Tournon en mars 1864, qu'apparaît pour la première fois le personnage d'Hérodiade.

P. 16. *Renouveau*

Le Parnasse contemporain, 12 mai 1866.
Poésies, édition photolithographiée, 1887.
Dans sa première version, le sonnet portait le titre *Vere Novo*.
La Bibliothèque Jacques Doucet conserve deux copies autographes du poème : l'une où il figure isolément avec le titre *Vere Novo*, l'autre où il est associé au sonnet *Tristesse d'Eté* sous le titre commun de *Soleils mauvais*. Le manuscrit Aubanel donne une disposition semblable sous le titre *Soleils malsains*. Les variantes sont assez nombreuses.
Dans une lettre adressée à Cazalis le 4 juin 1862, Mallarmé semble faire allusion à *Renouveau* lorsqu'il écrit : « Emmanuel des Essarts t'avait peut-être parlé d'une stérilité curieuse que le printemps avait installée en moi. Après trois mois d'impuissance, je m'en suis enfin débarrassé et mon premier sonnet est consacré à la décrire, c'est-à-dire à la maudire. » Mallarmé songeait alors à intituler son sonnet *Spleen printanier*.

P. 17. *Angoisse*

Le Parnasse contemporain, 12 mai 1866.
Poésies, édition photolithographiée, 1887.
Les amis de Mallarmé connurent d'abord son poème sous le titre *A une putain*. Ce titre se retrouve dans un manuscrit déposé à la Bibliothèque Jacques Doucet, ainsi que dans le manuscrit Aubanel (deux variantes).
La version du *Parnasse contemporain* donne le

titre *A celle qui est tranquille*. Le choix du titre
définitif semble avoir été dicté par un souci de se
démarquer d'influences baudelairiennes.

P. 18. *Las de l'amer repos...*

Le Parnasse contemporain, 12 mai 1866.
Poésies, édition photolithographiée, 1887.
Dans *Le Parnasse contemporain*, le poème portait
le titre d'*Epilogue*, parce qu'il était le dernier des
dix pièces figurant dans la livraison. Il semble avoir
été écrit à Tournon en février 1864.

P. 20. *Le Sonneur*

L'Artiste, 15 mars 1862.
Le Parnasse contemporain, 12 mai 1866.
Poésies, édition photolithographiée, 1887.
Le manuscrit Aubanel est à peu près identique au
texte publié dans *L'Artiste*. Le sonnet a été par la
suite profondément remanié.

P. 21. *Tristesse d'été*

Le Parnasse contemporain, 1866.
Poésies, Deman, Bruxelles, 1899.
Dans trois manuscrits, ce sonnet se trouve joint
à la pièce *Vere Novo*, soit sous le titre *Soleils mau-
vais*, soit sous le titre *Soleils malsains*.

P. 22. *L'Azur*

Le Parnasse contemporain, 12 mai 1866.
Poésies, édition photolithographiée, 1887.

Quelques petites variantes d'une publication à l'autre. Le manuscrit Aubanel présente également des variantes.

Dans une lettre qui semble pouvoir être datée de mars 1864, Mallarmé consent à donner à Henri Cazalis une analyse de son poème :

« Pour débuter d'une façon plus large, et approfondir l'ensemble, je ne parais pas dans la première strophe. L'azur torture l'impuissant en général. Dans la seconde, on commence à se douter, par ma fuite devant le ciel possesseur, que je souffre de cette cruelle maladie. Je prépare dans cette strophe encore, par une forfanterie blasphématoire *Et quelle nuit hagarde*, l'idée étrange d'évoquer les brouillards. La prière au « cher ennui » confirme mon impuissance. Dans la troisième strophe, je suis forcené comme l'homme qui voit réussir son vœu acharné.

« La quatrième commence par une exclamation grotesque d'écolier délivré : « le ciel est mort ». Et tout de suite, muni de cette admirable certitude, j'implore la Matière. Voilà bien la joie de l'Impuissant. Las du mal qui me ronge je veux goûter au bonheur commun de la foule, et attendre la mort obscure... Je dis « je veux ». Mais l'ennemi est un spectre, le ciel mort *revient* et je l'entends qui chante dans les cloches bleues. Il passe indolent et vainqueur, sans se salir à cette brume et me transperce simplement. A quoi je m'écrie, plein d'orgueil et ne voyant pas là un juste châtiment à ma lâcheté, que j'ai une *immense agonie*. Je veux fuir encore,

mais je sens mon tort et avoue que *je suis hanté.*
Il fallait toute cette poignante révélation pour moti-
ver le cri sincère et bizarre de la fin, l'azur. »

P. 24. *Brise marine*

Le Parnasse contemporain, 12 mai 1866.
Poésies, édition photolithographiée, 1887.
Des erreurs dans les quelques éditions suivantes.
Les manuscrits conservés à la Bibliothèque Jacques
Doucet montrent quelques variantes.
Ce poème qui s'apparente à une réplique du *Par-
fum exotique* de Baudelaire, a certainement été
écrit à Tournon en mai 1865.

P. 25. *Soupir*

Le Parnasse contemporain, 12 mai 1866.
Poésies, édition photolithographiée, 1887.
Le manuscrit Aubanel révèle des variantes de
ponctuation, tandis que le manuscrit conservé à la
Bibliothèque Doucet ne comporte aucun titre.
Debussy et Ravel ont mis en musique cette nos-
talgique rêverie automnale.

P. 26. *Aumône*

Le Parnasse contemporain, 12 mai 1866.
Poésies, édition photolithographiée, 1887.
Ce poème extrêmement remanié ne compte pas
moins de quatre états différents. Le 1er janvier 1930,

le docteur Bonniot a publié dans *La Revue de France* un premier état, daté de 1862, qui porte le titre *Haine du pauvre.* Il y a joint une autre version datant de 1864 et portant, quant à elle, le titre *A un mendiant.* La version du *Parnasse contemporain* qui s'intitule *A un pauvre* est, elle aussi, très différente du texte définitif.

P. 28. *Don du poëme*

Lutèce, 24-30 novembre 1883.

Vers la fin de l'année 1865, Mallarmé fit parvenir à Aubanel une copie de ce poème qui portait alors comme titre *Le Jour.* Aubanel, gêné par certaines obscurités du texte, demanda au poète de le réviser. Mallarmé s'exécuta et envoya peu après une nouvelle copie sous le titre, cette fois, de *le Poëme nocturne.* Les variantes sont importantes. Pour l'édition Deman de 1899, Mallarmé songea à intituler son poème *Dédicace au Poëme nocturne*, titre finalement barré et remplacé par *Don du poëme.*

Charles Mauron voit dans « l'enfant d'une nuit d'Idumée » le poème *Hériodiade* (Idumée étant le nom de la contrée où se passe la scène d'Hérodiade).

P. 29. *Hérodiade*

I. Ouverture ancienne

Nouvelle Revue française, 1ᵉʳ novembre 1926.

Cette « ouverture » n'a connu qu'une publication posthume.

Dans une lettre à Henri Cazalis, de la fin du mois d'avril 1866, Mallarmé écrit : « J'ai donc à te raconter trois mois, à bien grands traits ; c'est effrayant, cependant. Je les ai passés, acharné sur *Hérodiade*, ma lampe le sait. J'ai écrit l'ouverture musicale, presque encore à l'état d'ébauche, mais je puis dire sans présomption qu'elle sera d'un effet inouï et que la scène dramatique que tu connais n'est auprès de ces vers que ce qu'est une vulgaire image d'Epinal comparée à une toile de Léonard de Vinci. Il me faudra trois ou quatre hivers encore, pour achever cette œuvre, mais j'aurai enfin fait ce que je rêve, écrire un Poème digne de Poe et que les siens ne surpasseront pas. Pour te parler avec cette assurance, moi qui suis la victime éternelle du découragement, il faut que j'entrevoie de vraies splendeurs. »

II. Scène

Le Parnasse contemporain, 2ᵉ série, 1871.

Dans une lettre adressée à Henri Cazalis, en octobre 1864, Mallarmé écrit : « Pour moi, me voici résolument à l'œuvre. J'ai enfin commencé mon *Hérodiade*. Avec terreur car j'invente une langue qui doit nécessairement jaillir d'une poétique très nouvelle, que je pourrais définir en ces deux mots : Peindre non la chose, mais l'effet qu'elle produit. »

Cependant, le 19 novembre 1864, la naissance de sa fille Geneviève vient gêner le travail du poète qui s'en plaint : « Pour moi, je ne me suis pas remis au travail : avec ces cris, ce méchant baby a fait s'enfuir Hérodiade aux cheveux froids comme l'or, aux lourdes robes, stérile » (lettre à Aubanel, 27 novembre 1864).

Julia Kristeva (in *La Révolution du langage poétique*) fait la constatation suivante : « Mallarmé commence *Hérodiade* au moment de la naissance de Geneviève. Comme si le récit du pouvoir social et symbolique de la Reine vierge de Judée, frigide et stérile dans sa pause phallique, devait tenir tête à la fonction génitale de la mère. Comme son nom l'indique, Hérodiade renvoie au meurtre des nourrissons. »

En mars 1865, Mallarmé se remet à son poème, ainsi qu'il le confie à Cazalis : « Je travaille depuis une semaine. Je me suis mis sérieusement à ma tragédie d'*Hérodiade*... moi, stérile et crépusculaire, j'ai pris un sujet effrayant, dont les sensations, quand elles sont vives, sont amenées jusqu'à l'atrocité, et, si elles flottent, ont l'attitude étrange du mystère. »

Mallarmé songe un moment — soutenu en cela par Théodore de Banville — à donner à son poème un caractère théâtral (Gardner Davies a d'ailleurs publié en 1959 une version dramatique intitulée *Les Noces d'Hérodiade*.)

Mais le poète abandonne, peu après, *Hérodiade* pour commencer à écrire le *Faune*. Il revient néanmoins à son œuvre maîtresse pour laquelle il écrit, au cours de l'hiver 1865-1866, une « ouverture » publiée posthumément.

A la fin de l'année 1866, la nomination du poète à Besançon, son état de santé et la grave crise qu'il traverse, vont ralentir le travail sur *Hérodiade*.

Le poème sera envoyé en 1869 à Catulle Mendès qui le publiera, quelque deux ans plus tard, dans la deuxième série du *Parnasse contemporain*.

Il convient de remarquer que l'Hérodiade ado-

lescente du poème de Mallarmé ne correspond pas
du tout à l'Hérodiade, mère de Salomé de l'Evangile,
mais qu'il y a certainement une confusion volon-
taire. Dans une lettre de février 1865, le poète confie
d'ailleurs à Eugène Lefébure : « La plus belle page
de mon œuvre sera celle qui ne contiendra que ce
nom divin Hérodiade. Le peu d'inspiration que j'ai
eu, je le dois à ce nom, et je crois que si mon
héroïne s'était appelée Salomé, j'eusse inventé ce
mot sombre, et rouge comme une grenade ouverte,
Hérodiade. D'ailleurs, je tiens à en faire un être
purement rêvé et absolument indépendant de l'his-
toire. »

Les critiques cherchant les sources d'*Hérodiade*
s'accordent le plus souvent pour y voir un écho de
la *Salammbô* de Flaubert, parue dix-huit mois avant
que Mallarmé ne commence son poème.

III. CANTIQUE DE SAINT JEAN

Poésies, N.R.F., 1913.

Après la publication de la *Scène* d'*Hérodiade*
en 1871, Mallarmé exprima l'intention de compléter
son œuvre, ce qui motiva d'ailleurs le retard pris
par l'édition des *Poésies* chez Deman. Le *Cantique
de saint Jean* ne parut pas pour autant dans cette
édition de 1899, mais seulement en 1913. Dans la
Bibliographie de 1899, on peut lire : « *Hérodiade*,
ici fragment, où seule la partie dialoguée comporte,
outre le *Cantique de saint Jean* et sa conclusion
en un dernier monologue des *Prélude* et *Finale*
qui seront ultérieurement publiés et s'arrange en
poème. » A la fin de sa vie, Mallarmé ne jugeait donc
pas satisfaisantes la version du *Cantique* qui sera

publiée en 1913, ni celle donnée par la revue *Les Lettres* (numéro spécial Mallarmé, 1948).

Charles Mauron estime que l'idée essentielle du poème réside dans la correspondance entre la Saint-Jean et le solstice d'été. Cette idée s'exprimerait dans une métaphore qui met en parallèle la trajectoire du soleil et la trajectoire de la tête de saint Jean au moment de la décollation.

P. 42. *L'après-midi d'un faune*

L'après-midi d'un faune, Paris, Alphonse Derenne éditeur, 1876.

En juin 1865, Mallarmé confie à Cazalis : « J'ai laissé *Hérodiade* pour les cruels hivers : cette œuvre solitaire m'avait stérilisé et, dans l'intervalle, je rime un intermède héroïque, dont le héros est un Faune. Ce poème renferme une très haute et belle idée, mais les vers sont terriblement difficiles à faire, car je le fais absolument scénique, non possible au théâtre, mais exigeant le théâtre. »

Le poème s'intitule d'abord *Improvisation d'un Faune*, puis *Monologue d'un Faune* (il existe d'ailleurs plusieurs versions de ce poème). Mallarmé se hâte de le terminer afin de le confier à Banville qui se propose de le faire monter au Théâtre-Français. Le projet n'aboutira pas.

Mallarmé ne revient à son poème qu'au printemps 1866, après avoir travaillé tout l'hiver à *Hérodiade*. Il semble que *L'après-midi d'un Faune* ait été terminé au cours de l'été 1866.

Toujours est-il que le poème ne parut qu'en 1876, chez l'éditeur Derenne. Il connut deux autres éditions en 1887, l'une à *La Revue indépendante*, l'autre chez Léon Vanier.

Pour Guy Michaud, l'idée qui a présidé à la composition du poème est « le problème du rêve et de la réalité. L'homme croit voir parfois la matérialisation de ses rêves et croit pouvoir étreindre l'objet de son désir. Mais, sous l'étreinte même, la pureté du rêve est atteinte, l'objet s'évanouit, il ne reste plus que le souvenir ».

Prenant prétexte de ce poème, Debussy composa en 1894 le *Prélude à l'après-midi d'un Faune*, et le danseur Nijinski en tira en 1912 un argument chorégraphique.

P. 47. *La chevelure vol d'une flamme...*

L'Art et la Mode, 12 août 1887.

Ce sonnet fut d'abord publié dans le corps du poème en prose *La Déclaration foraine*, avant d'être donné isolément dans la revue *Le Faune* du 20 mars 1889 (avec toutefois deux variantes). Dans le recueil *Pages* (Deman, 1891), il reparut sous sa forme première.

P. 48. *Sainte*

Lutèce, 25-30 novembre 1883.

Il existe de ce poème un manuscrit Mondor d'une forme un peu différente et qui porte comme titre *Sainte Cécile jouant sur l'aile d'un chérubin (Chanson et image anciennes)*.

Sainte a été envoyé le 5 décembre 1865 à Cazalis

pour Mme Brunet, la marraine de Geneviève Mallarmé. Dans une lettre adressée le lendemain à Théodore Aubanel, Mallarmé précise : « C'est un petit poème mélodique et fait surtout en vue de la musique. » Maurice Ravel en a justement tiré une mélodie.

P. 49. *Toast funèbre*

Tombeau de Théophile Gautier, Lemerre, 23 octobre 1874.

Poésies, édition photolithographiée, 1887.

Ecrit à Paris en 1873 (Théophile Gautier était mort le 23 octobre 1872), le poème parut d'abord dans un ouvrage collectif dont Albert Glatigny avait eu l'idée. Mallarmé y apporta quelques corrections dans l'édition de 1887.

Ce long poème est pour Mallarmé l'occasion de sortir de sept années d'un silence volontaire, au terme desquelles il s'est promis de protéger la poésie contre la curiosité sacrilège. Poème de circonstance, mais avant tout poème de conviction, *Toast funèbre* chante, au-delà de la figure de Gautier que Mallarmé admirait certes mais dont il ne fut jamais un des proches, les aléas capricieux de l'immortalité : il n'y a pas de survie, seule la mémoire des hommes permet au poète de connaître quelque gloire.

P. 52. *Prose (pour des Esseintes)*

La Revue indépendante, janvier 1885.

Quelques petites variantes de ponctuation apparaissent par la suite. Le 25 décembre 1954, dans *Le Figa-*

ro littéraire, Mondor a donné un état inconnu de la *Prose* où manquaient les deux dernières strophes. En 1968, dans les *Documents Mallarmé,* Carl Paul Barbier a également donné une autre version ancienne du poème.

Le 27 octobre 1882, Huysmans révélait à Mallarmé son intention d'écrire une nouvelle — qui devint par la suite le roman *A Rebours* —, tout en le priant « de lui communiquer des poèmes, vers ou prose ».

Deux ans plus tard, paraissait *A Rebours* dont le héros, des Esseintes, est un grand admirateur de l'œuvre de Mallarmé.

En dehors de ces deux faits, les relations entre les deux écrivains restent, sur bien des points, l'objet de simples conjectures.

Toujours est-il que la *Prose pour des Esseintes* passe souvent pour l'Art poétique par excellence de Mallarmé.

Les critiques, déjà intrigués par le titre du poème, se sont surtout demandé qui était « cette sœur sensée et tendre » évoquée dans la 9e strophe. Pour Mauron, c'est Méry Laurent ; pour Gengoux, c'est la Vie ; pour Emile Noulet, il s'agit de la Patience, et pour Daniel Boulay (in *L'Obscurité esthétique de Mallarmé et la Prose pour des Esseintes,* Paris, 1960) de la Muse platonicienne.

Les critiques se sont également demandés qui étaient Anastase (13e strophe) et Pulchérie (14e strophe). Si Gengoux croit à une intention de ridicule et Charles Mauron à une conclusion plaisante, Daniel Boulay pense, avec d'autres critiques, qu'ils représentent — conformément d'ailleurs à l'étymologie — l'Elévation et la Beauté.

Quant à Julia Kristeva, qui se place sur un autre

terrain, elle estime que « ce texte répond à *A Rebours* de Huysmans, considéré comme inaugurant le symbolisme en tant qu'il s'oppose au Parnasse. Si l'on ajoute que le « héros » de Huysmans, Jean Floressas des Esseintes, est le destinataire de *Prose* mais que son prototype Robert de Montesquiou-Fezensac a été présenté à Huysmans par Mallarmé et que le des Esseintes huysmanien est un admirateur de la poésie mallarméenne, du byzantinisme et du baroque, on saisit la complexité des va-et-vient, des identifications et des différenciations entre les deux textes, les deux auteurs et les deux des Esseintes. »

P. 55. *Eventail de madame Mallarmé*

La Conque, 1er juin 1891.

Dans *La Conque*, le poème portait le simple titre d'*Eventail* ; la parenthèse du troisième quatrain n'existait pas. Le manuscrit Mondor est écrit à l'encre rouge sur un éventail de papier argenté orné de pâquerettes blanches.

P. 56. *Autre éventail de mademoiselle Mallarmé*

La Revue critique, 1884.
Le Décadent, 9 octobre 1886.
Poésies, édition photolithographie, 1887.

Dans ses deux premières publications, le poème portait le simple titre d'*Eventail*. On relève plusieurs variantes dans *Le Décadent*.

Claude Debussy a mis cette pièce en musique.

P. 58. *Eventail*

Ce sonnet, dont la publication fut posthume, est un don du poète à Méry Laurent. Il a été écrit, en 1890, à l'encre blanche sur le papier doré d'un éventail fleuri de roses.

P. 59. *Feuillet d'album*

La Wallonie, septembre-décembre 1892.
Poème inspiré par la fille du poète provençal Roumanille, Thérèse, et à elle dédié. Sur l'album de celle-ci figure en effet la suscription « pour Mademoiselle Thérèse Roumanille ».

P. 60. *Remémoration d'amis belges*

L'Art littéraire, 1893.
Dans la revue belge *L'Art littéraire*, le sonnet porte la suscription « A ceux de l'Excelsior » et contient une variante.
Ce sonnet a été envoyé au livre d'or du Cercle Excelsior de Bruxelles où Mallarmé fit, le 28 février 1890, une conférence sur Villiers de l'Isle-Adam.

P. 61. *Dame sans trop d'ardeur...*

La *Gazette anecdotique*, 29 février 1896.
Il existe deux versions un peu différentes de ce

poème. L'une est parue dans *La Phalange* (mai 1908) et commence par « Belle, sans trop d'aurore... ». L'autre a été donnée par Robert de Montesquiou dans *Triptyque de France* (édition Chiberre, Paris, 1921) ; elle porte le titre de *Sonnet du 1er janvier 1888*. Un manuscrit Mondor confirme la date et commence par « Méry, sans trop d'aurore... ».

Il semble que Mallarmé ait déposé ce sonnet, le 31 décembre 1887, chez Méry Laurent, avec, au dos de la feuille, ces mots : « Je laisse ces vers en partant, pour qu'ils arrivent demain, à l'heure où je vous aurais embrassée, mon amie, si j'avais été parisien : c'est être un peu près de vous. »

P. 62. *O si chère de loin...*

La Phalange, janvier 1908.
Cette pièce, adressée à Méry Laurent, a été donnée par Robert de Montesquiou, dans *Triptyque de France* (éd. Chiberre, Paris, 1921) sous le titre de *Sonnet à Elle*.

P. 63. *Rondel I*

La Coupe, n° 9, juin 1896.
Un manuscrit Mondor présente quelques variantes par rapport au texte paru dans la revue que dirigeait à Montpellier Richard Wémau.

P. 64. *Rondel II*

La Plume, 15 mars 1896.

Un manuscrit Robin porte le titre *Chanson*, ainsi que cette note de la main même du poète : « Sur un vers composé par Méry. »

P. 65. *Chansons bas*

Les types de Paris, édition du Figaro, Plon, Nourrit et Cie, éd., Paris, 1889.

Les poèmes de Mallarmé parurent dans le n° 7, sous le titre de *Types de la Rue*, chaque poème étant illustré d'un dessin de Raffaëlli. L'ordre des poèmes était peu différent de l'ordre définitif. Quant aux titres, certains d'entre eux ont été modifiés. C'est ainsi que *La Petite marchande de lavande* est devenue *La Marchande d'herbes aromatiques* ; *Le Carreleur de souliers*, *Le Savetier* et *La Femme du carrier*, *La Femme de l'ouvrier*.

P. 70. *Billet à Whistler*

The Whirlwind, novembre 1890.

Il semble que le nom du journal anglais (le Tourbillon) ait inspiré Mallarmé.

P. 71. *Petit air I*

L'Epreuve, novembre 1894.

Ce sonnet semble d'abord avoir porté le titre de *Bain*.

P. 72. *Petit air II*

Dans la *Bibliographie* préparée pour l'édition des *Poésies* par Deman (1899), Mallarmé signale, à propos de ce poème dont la publication sera posthume : « appartient à l'album de M. Daudet ».

P. 73. *Petit air (guerrier)*

Revue blanche, 1er février 1895.
Ce poème est entièrement dénué de ponctuation.

P. 74. *Quand l'ombre menaça...*

Lutèce, 24-30 novembre 1883.
Le Scapin, n° 3, 16 octobre 1886.
Poésies, édition photolithographiée, 1887.
Ce sonnet porte le titre *Cette nuit* dans *Lutèce* et dans *Le Scapin* (cette dernière publication révélant une variante). Dans l'édition de 1887, le sonnet n'a plus de titre.

P. 75. *Le vierge, le vivace...*

La Revue indépendante, mars 1885.
Poésies, édition photolithographiée, 1887.
Cette pièce a peut-être pour origine *Le Cygne* de Gautier, ou bien *Le Cygne* de Baudelaire.
Dans *Albertine disparue,* de Proust, le narrateur

cite le second quatrain de ce sonnet qu'il se propose de faire graver sur son yacht.

P. 75. *Victorieusement fui...*

Les Hommes d'aujourd'hui, 1886.
Poésies, édition photolithographiée, 1887.
Ce poème a d'abord paru sous le titre *Sonnet*, dans une version très différente du texte définitif.
Edmond Bonniot voit dans ce sonnet une réplique, vingt ans plus tard, du *Pitre châtié* : « Le poète qui jadis se posait en pied, en tant qu'histrion, a été consumé aux feux de la nature et du ciel. »

P. 76. *Ses purs ongles très haut...*

Poésies, édition photolithographiée, 1887.
Il existe un premier état de ce texte qui portait en 1868 le titre *Sonnet allégorique de lui-même*. En voici le texte :

La nuit approbatrice allume les onyx
De ses ongles au pur Crime lampadophore,
Du soir aboli par le vespéral Phoenix
De qui la cendre n'a de cinéraire amphore.

Sur des consoles, en le noir Salon : nul ptyx,
Insolite vaisseau d'inanité sonore,
Car le Maître est allé puiser l'eau du Styx
Avec tous ses objets dont le rêve s'honore.

Et selon la croisée au nord vacante, un or

Néfaste incite pour son beau cadre une rixe
Faite d'un dieu qui croit emporter une nixe.

En l'obscurcissement de la glace, Décor
De l'Absence, sinon que sur la glace encor
De scintillation le septuor se fixe.

Dans une lettre à Cazalis de juillet 1868, Mallarmé apporte l'explication suivante : « J'extrais ce sonnet, auquel j'avais une fois songé cet été, d'une étude projetée sur *la Parole* : il est inverse, je veux dire que le sens, s'il en a un (mais je me consolerais du contraire grâce à la dose de poésie qu'il renferme, ce me semble) est évoqué par un mirage interne des mots mêmes. En se laissant aller à le murmurer plusieurs fois, on éprouve une sensation assez cabalistique. C'est confesser qu'il est peu « plastique » comme tu me le demandes, mais au moins est-ce aussi « blanc et noir » que possible, et il me semble se prêter à une eau-forte pleine de Rêve et de Vide. »

Ce qu'il est convenu d'appeler *le sonnet en YX* a été l'objet de maints commentaires. La plupart d'entre eux se sont attachés au mot « ptyx » dans lequel on a vu la transcription littérale d'un mot grec signifiant coquille.

Pierre Citron (in *Revue d'Histoire littéraire de la France*, janvier-février 1969) pense que Mallarmé aurait pu, à la place de « ptyx », choisir le mot « oryx » qui signifie licorne — or, la licorne n'est pas absente de la version définitive. Le sonnet brillerait donc de la « présence sonore de l'oryx absent ».

Claude Abastado se propose, quant à lui, d'étudier le « fonctionnement » du poème (in *Littérature*, mai 1972).

P. 77. *Sonnet*

Poésies, N.R.F., 1913.

Le manuscrit Mondor ne présente aucune différence avec le texte imprimé.

Ce poème, daté du 2 novembre 1877, jour des morts, n'a été publié que quinze ans après la mort de Mallarmé. Il passe pour avoir été adressé à un des amis du poète en vue de commémorer la mort de sa femme, mais la personnalité de la défunte fait toujours l'objet de conjectures. Charles Mauron pense qu'il s'agit d'Ettie Yapp, la fiancée de Cazalis qui fut également l'inspiratrice du poème *Apparition*. Mais le *Sonnet* a-t-il eu un destinataire précis ? Eût-il été vraiment de bon goût d'adresser ainsi le monologue d'une morte — c'est la forme que prend le poème — à un ami frappé de veuvage ? On peut en douter, venant de Mallarmé que certain instinct social rendait plus prompt à chanter les fêtes et les anniversaires heureux.

P. 78. *Le Tombeau d'Edgar Poe*

The Poe Memorial, Baltimore, 1877.
Lutèce, 29 décembre 1883-5 janvier 1884.
Le Décadent, 28 août 1886.
Poésies, édition photolithographiée, 1887.

Dans le *Poe Memorial*, le sonnet a une forme un peu différente du texte définitif. Dans *Lutèce*, le sixième vers était :
« Donner un sens trop pur aux mots de la tribu ».
On trouve la même version dans *Le Décadent*, ainsi

que l'adjonction de cet avertissement : « Pour paraître en frontispice d'une traduction des *Poèmes de Poe* ». Le sonnet se trouve effectivement placé en tête des deux éditions des *Poèmes de Poe*, traduits par Mallarmé (Deman, 1888 et Vanier, 1889).

Ecrit en 1876, *Le Tombeau d'Edgar Poe* est une œuvre de commande. Il est paru dans le recueil intitulé *Edgar Allan Poe, A Memorial Volume,* publié à Baltimore pour commémorer l'érection d'une statue au poète américain. Proche de *Toast funèbre* par la date, ce poème l'est aussi par l'inspiration ; tous deux chantent l'immortalité acquise par les œuvres, mais il y a dans *Le Tombeau d'Edgar Poe* plus de véhémence à affirmer la victoire du poète de génie sur « son siècle épouvanté » et hostile au langage nouveau. Cette pièce se coule d'autre part dans une forme que Mallarmé adoptera désormais pour ses autres *Tombeaux,* le sonnet.

P. 79. *Le Tombeau de Charles Baudelaire*

La Plume, 15 janvier 1895.

Le manuscrit Mondor confirme le texte paru dans le numéro de *La Plume* consacré à Baudelaire.

Ce sonnet est rédigé en 1893, après que Mallarmé s'est vu désigné président d'un comité chargé d'ériger un monument à l'auteur des *Fleurs du mal.* Au travers des images condensées et des entrelacs métaphoriques, le poème s'insinue davantage dans l'impureté baudelairienne qu'il ne cherche à chanter son passage à la postérité. *Le Tombeau de Charles Baudelaire* diffère des premiers *Tombeaux* mallarméens dans la mesure où, comme l'a remarqué Charles Mauron, ceux-ci étaient l'œuvre d'un homme « préoccupé de réalité hostile plus que de désirs coupables ». Mallarmé se veut maintenant davantage proche du poète dont il salue la mémoire, et moins soucieux de glorieuse postérité.

P. 80. *Tombeau*

La Revue blanche, janvier 1897.

Un manuscrit Mondor présente quelques variantes.

Dans ce poème écrit pour le premier anniversaire de la mort de Paul Verlaine et un an avant sa propre disparition, Mallarmé accède à une simplicité émue et à une sorte de sérénité — il parle de « cet immatériel deuil ».

P. 81. *Hommage*

La Revue wagnérienne, 8 janvier 1886.

Ce sonnet parut d'abord sous le titre *Hommage à Wagner*. C'est Edouard Dujardin qui avait demandé à Mallarmé ces vers, après qu'il eut déjà obtenu de lui une étude intitulée *Richard Wagner, rêverie d'un poète français*.

Le nouveau poème reprend les idées essentielles de l'article, mais l'entrelacs subtil des images employées entraîne des divergences chez les commentateurs. Pour Thibaudet et Charles Mauron, *Hommage* décrirait l'opposition entre l'ancien théâtre et celui qu'a créé Wagner ; pour Camille Soula et Emilie Noulet, il exprimerait l'échec mallarméen contrastant avec la réussite de l'art wagnérien ; pour Gardner

Davies, il établirait simplement un parallèle entre le poète et le musicien. Austin Gill y voit pour sa part une comparaison entre le Drame et l'Opéra, Wagner naissant quand Hugo meurt : un 22 mai.

P. 82. *Hommage*

La Plume, 15-31 janvier 1895.

Un manuscrit Bonniot présente quelques ratures, tandis que le manuscrit Mondor est identique au texte imprimé dans le numéro exceptionnel de *La Plume* consacré au peintre Puvis de Chavannes.

P. 83. *Au seul souci de voyager...*

Album commémoratif du 4e Centenaire du voyage de Vasco de Gama, 1898.
Poésies, Deman, Bruxelles, 1899.

Le manuscrit donné en fac-similé dans l'*Album commémoratif* est un peu différent du texte définitif.

Austin Gill estime que, derrière Vasco, se cache l'ombre de Chateaubriand et que le poème est un « Tombeau » de Chateaubriand dont c'est alors le 50e anniversaire de la mort (in *The modern language review*, octobre 1955). Léon Cellier y voit simplement un « Tombeau », avant l'heure, de Mallarmé lui-même.

P. 83. *Toute l'âme résumée...*

Le Figaro, 3 août 1895.

Cette pièce est une réponse à l'enquête effectuée

par *Le Figaro* sur « Le vers libre et les Poètes ». Elle a été recueillie tardivement dans l'édition des *Poésies* de 1913.

P. 85. *Tout Orgueil fume-t-il du soir...*

La Revue indépendante, janvier 1887.
Ce poème a été publié, avec les deux pièces qui suivent, sous le titre *Sonnets I, II, III*.

P. 86. *Surgi de la croupe et du bond..*

La Revue indépendante, janvier 1887.
Ce sonnet, dans lequel on a pu voir une réminiscence de *La Chimère* de Théophile Gautier, a été mis en musique par Maurice Ravel.

P. 87. *Une dentelle s'abolit*

La Revue indépendante, janvier 1887.
Charles Mauron donne de ce *Sonnet III* le commentaire suivant : «C'est la fin du triptyque. Le premier sonnet *Tout orgueil...* a l'atmosphère du crépuscule après le coucher du soleil, la torche éteinte, la fumée qui monte, l'ombre et la solitude qui descendent. Le second est le milieu de la nuit, « une rose dans les ténèbres ». Dans le troisième la fenêtre pâlit et la série tout entière se relie, par maintes évocations, avec les propres veilles du poète, avec leur froide solitude, leurs efforts souvent stériles... c'est le poème de l'aube. » André Vial décèle

en revanche dans ces trois sonnets « la permanence du souvenir, de la souffrance, de la réflexion, laissés ou provoqués par la mort d'Anatole Mallarmé ». Selon André Vial, le premier sonnet décrit la chambre sans feu de l'Absent, le second éternise l'impuissance de ceux qui ont adoré Anatole, tandis que le troisième constate que la « mandore », emblème de l'enfant et symbole du génie que le père reconnaissait à l'enfant, « dort tristement ».

P. 87. *Quelle soie aux baumes de temps...*

La Revue indépendante, mars 1885.

Un état inédit de ce sonnet, fort éloigné du texte définitif, a été publié par la revue *Fontaine* (novembre 1946).

Emilie Noulet voit dans ce poème « les idées associées de chevelure et de drapeau, de volupté et d'ardeur militaire ».

P. 88. *M'introduire dans ton histoire*

La Vogue, 13-20 juin 1886.

Ce poème a d'abord été publié sous le titre *Sonnet*.

Dans *Albertine disparue*, de Marcel Proust, le narrateur emploie les deux tercets de ce sonnet dans la lettre de rupture qu'il adresse à l'héroïne.

P. 89. *A la nue accablante tu...*

Pan, Berlin, avril-mai 1895.

Le manuscrit Mondor est identique au texte de la revue allemande (donné en fac-similé).

Pour Guy Michaud, cette pièce est une réduction du grand poème cosmique publié deux ans plus tard, *Un coup de dés jamais n'abolira le hasard.* « Il s'agit en effet, écrit-il, d'une vision vague issue d'un paysage marin. La mer est déchaînée, sous un ciel bas et noir. Quel sépucral naufrage, « tu » par une trompe impuissante à dominer le vacarme des flots, c'est-à-dire ignoré du ciel lui-même, de la nue accablante, — quel sépucral naufrage a pu avoir lieu, et abolir quelle épave une et suprême, mât dévêtu de ses voiles, — oui, quel naufrage poétique ? à moins que ce déploiement de l'abîme, furieux précisément de n'avoir pu engloutir un vrai navire (« furibond faute de quelque perdition haute »), n'ait rien noyé d'autre qu'un rêve fragile, blanc cheveu qui traîne comme un ourlet d'écume, enfant chimérique né du flanc d'une sirène ».

P. 90. *Mes bouquins refermés...*

La Revue indépendante, janvier 1887.
Poésies, édition photolithographiée, 1887.
Vers et Prose, Perrin, 1893.
Poésies, Deman, Bruxelles, 1899.

Ce texte fut d'abord donné sous le titre *Autre sonnet.* Il y eut longtemps hésitation entre « vierge » et « blanc » au 7e vers. Quant au « Paphos » du premier vers, c'est le nom d'une ville dont on attribue la fondation aux Amazones (cf. le dernier vers).

Pour Albert Thibaudet, « le dernier sonnet des *Poésies* condense avec une admirable pureté ce sentiment qui fait que Mallarmé considère un objet, traite un sujet, en se transportant à la limite où il consent d'exister, où ils deviennent absence, nostalgie, où de leur défaillance ils acquièrent une valeur supérieure de songe ».

ANECDOTES OU POÈMES

NOTICE

Mallarmé a attendu longtemps avant de rassembler ce que certains appellent ses « poèmes en prose », mais qu'il convient d'intituler des « anecdotes ou poèmes » — conformément au vœu exprimé par le poète dans son ultime ouvrage publié en 1897, *Divagations*.

C'est en 1891, dans le recueil *Pages* édité à Bruxelles par Edmond Deman, que Mallarmé donne d'abord, entre autres textes, douze de ses poèmes en prose — *La Gloire* y précédant *L'Ecclésiastique*.

En 1893, Mallarmé n'en reprend que huit, recueillis sous le titre *Plusieurs Pages*, dans un ensemble de morceaux choisis (Perrin éditeur). Manquent *Le*

*Démon de l'analogie, Pauvre enfant pâle, Un specta-
cle interrompu* et *La Déclaration foraine.* La pièce
Réminiscence figure alors sous le titre *La Pénultième.*
Quant au *Nénuphar blanc,* il abandonne la graphie
de *Pages* qui donnait *Le Nénufar blanc.*

En 1897 enfin, Mallarmé consent à publier un vaste
ensemble de ses œuvres en prose, sous le titre *Diva-
gations.* Cet ensemble s'ouvre sur les « *anecdotes ou
poèmes* » qui sont au nombre de treize, la pièce inti-
tulée *Conflit* prenant place aux côtés des douze
poèmes de l'édition de 1891.

Rien n'est très sûr en ce qui concerne la date de
composition de ces poèmes qui ont connu d'autre
part de si nombreuses publications en revues que
nous nous contentons, dans nos notes, d'en signaler
seulement les premières.

Du côté des « sources », il est en revanche certain
que Mallarmé a lu le *Gaspard de la nuit* d'Aloysus
Bertrand. Le poète ne confie-t-il pas à Victor Pavie
dans une lettre du 30 décembre 1865 : « J'ai comme
tous les poètes de notre jeune génération, nos amis,
un culte profond pour l'œuvre exquis de Louis Ber-
trand de qui vous avez eu la rare gloire d'être l'ami.
Exilé, pour un temps, dans une petite ville de pro-
vince, je souffre beaucoup de voir ma bibliothèque,
qui renferme les merveilles du Romantisme, privée
de ce cher volume qui ne m'abandonnait pas quand
je pouvais l'emprunter à un confrère. »

Il est non moins certain que Mallarmé a connu
assez vite les poèmes en prose de Baudelaire, qui
avant de paraître dans leur ensemble en 1869, avaient
été publiés par diverses revues. Mallarmé a d'ailleurs
réuni deux de ses propres textes, parus le 2 juil-
let 1864 dans *La Semaine de Cusset et de Vichy,* sous

le titre d'ensemble *Poèmes en prose*, avec la dédicace *A Charles Baudelaire*.

Nous conservons cependant le titre d'*Anecdotes ou Poèmes*, ainsi que l'ordre décidé par Mallarmé dans *Divagations*.

NOTES

P. 97. *Le Phénomène futur*

La République des lettres, 20 décembre 1875.

Dans *Pauvre Belgique*, Baudelaire donne de ce poème le résumé suivant : « Le monde va finir. L'humanité est décrépite. Un Barnum de l'avenir montre aux hommes dégradés de son temps une belle femme des anciens âges artificiellement conservée. « Eh ! quoi ! disent-ils, l'humanité a pu être aussi belle que cela ? »

P. 98. *Plainte d'automne*

La Semaine de Cusset et de Vichy, 2 juillet 1864.

Cette pièce portait d'abord le titre *L'Orgue de Barbarie*. Elle parut, accompagnée de *La Tête* (devenue par la suite *Pauvre enfant pâle*) sous l'étiquette d'ensemble *Poèmes en prose*, avec une dédicace à Baudelaire.

Plainte d'automne évoque certainement Maria, la jeune sœur du poète morte à treize ans.

P. 100. *Frisson d'hiver*

La Revue des Lettres et des Arts, 20 octobre 1867.
C'est sous le titre de *Causerie d'hiver* que ce poème parut d'abord, avant de prendre son titre définitif dans *La République des lettres* du 20 décembre 1875.

P. 102. *Le Démon de l'analogie*

La Revue du Monde Nouveau, 1er mars 1874.
Ce poème figura longtemps sous le titre *La Pénultième*.
. Pour Jean-Luc Steinmetz (in *Europe*, avril-mai 1976), « une mort est constatée ; mais l'auditeur s'interroge vainement sur le personnage défunt qu'elle évoque. Il essaie sans succès d'identifier la Pénultième. Or, n'est-ce pas Maria la sœur sciemment évoquée dans *Plainte d'automne*, ou mieux, la mère, deuil moins récent, avant-dernier deuil, pénultième dans la série des morts, mais peine ultime ? »

P. 104. *Pauvre enfant pâle*

La Semaine de Cusset et de Vichy, 2 juillet 1864.
Ce poème parut d'abord sous le titre *La Tête*, puis fut repris sous son titre définitif dans *La Revue des Lettres et des Arts* du 20 octobre 1867. Il reparut avec un nouveau titre, *Fusain*, dans *Le Décadent littéraire et artistique* du 7 août 1886.

P. 106. *La pipe*

La Revue des Lettres et des Arts, 12 janvier 1868.
Ce poème semble avoir été écrit à Tournon en 1864.
D'ailleurs, dans une lettre à Mallarmé du 13 mai 1864,
Eugène Lefébure écrit : « ... dans *La Pipe* vous don-
nez la sensation vraisemblable de Londres ».

P. 107. *Un spectacle interrompu*

La République des lettres, 20 décembre 1875.

P. 111. *Réminiscence*

La Revue des Lettres et des Arts, 24 novembre 1867.
Ce poème parut d'abord sous le titre *L'Orphelin*,
dans une version très différente du texte définitif.
Certainement écrit à Tournon en 1864, le texte a en
effet été profondément remanié à Valvins, en septem-
bre 1888. Sa version définitive en a été donnée pour
la première fois dans *Pages* (1891). Pour celle-ci,
Mallarmé songea à deux autres titres : *Le Petit sal-
timbanque* et *Le Môme Sagace*.

P. 112. *La déclaration foraine*

L'Art et la Mode, 12 août 1887.

P. 119. *Le Nénuphar blanc*

L'Art et la Mode, 22 août 1885.

Ce poème porta longtemps un titre orthographiquement différent, *Le Nénufar blanc*.

Pour Jean-Luc Steinmetz, ce texte « conte une randonnée sur l'eau aux alentours de Fontainebleau... Une analogie fréquente se trame entre le fil de l'eau et le fil du rêve si bien qu'à l'insu du rêveur le canot s'arrête au milieu d'une touffe de joncs. Mallarmé découvre alors qu'il se trouve près de la propriété de celle à qui il comptait rendre visite, « l'amie d'une amie ». Il n'est pas indifférent de pointer cette touffe qui arrête Mallarmé (dans son élan) et qui, du même coup, va lui fournir une cachette, un paravent. La touffe, pubis sexuel, prélude ainsi à l'écartement qui devra la dissiper. Tout dans le paysage, alors érotisé, présente une ressemblance avec l'habitante du lieu ».

P. 123. *L'Ecclésiastique*

Gazzetta letteraria, artistica e scientifica, 4 décembre 1886.

Paru d'abord dans une revue de Turin, ce poème fut reproduit sous le titre d'*Actualité* dans le numéro d'avril 1888 de la *Revue indépendante*.

P. 125. *La Gloire*

Les Hommes d'aujourd'hui, n° 296, 1886.

C'est Verlaine qui assura la première publication de ce poème, mais il en négligea la ponctuation, rétablie plus tard par Mallarmé. Dans *Les Hommes d'au-jourd'hui*, *La Gloire* était surmontée du titre *Notes de mon carnet.*

P. 128. *Conflit*

La Revue blanche, 1er août 1895.

« Quelle étude du langage et du non-langage dans le monde de la division du travail ! On est loin du peuple idéalisé dont une part considérable de la littérature du XIXᵉ siècle a parlé, auquel aussi elle a parlé ! » (Roger Bellet).

PAGES DIVERSES

NOTICE

Nous avons regroupé, sous le titre *Pages diverses*, un ensemble de textes qui comptent parmi les plus importants de Stéphane Mallarmé.

Nous donnons d'abord deux articles de la jeunesse du poète. Le premier, intitulé *Hérésies artistiques — L'Art pour tous*, est paru le 15 septembre 1862 dans la revue *L'Artiste*. Mallarmé ne l'a jamais repris par la suite, jugeant peut-être trop agressive la conception de l'esthétique qui y est développée. Le second, qui porte le titre *Symphonie littéraire*, est consacré à l'hommage conjugué de Banville, Baudelaire et

Gautier. Il est paru dans *L'Artiste*, le 1ᵉʳ février 1865.

Nous proposons ensuite quelques-uns des « *Médaillons et portraits en pied* » publiés en 1897 dans le volume *Divagations*. On y relève les noms de Villiers de l'Isle-Adam à qui Mallarmé consacra une conférence — parue en plaquette en 1892 — dont on trouve ici les plus larges extraits ; d'Edgar Poe (quelques lignes primitivement parues en 1894 dans le recueil intitulé *Portraits du prochain siècle,* Girard éditeur) ; de Verlaine (article qui fut d'abord imprimé dans la *Revue encyclopédique* du 25 janvier 1896 — Verlaine étant mort le 8) ; de Rimbaud (texte donné à *The Chap Book* le 15 mai 1896) ; ainsi que d'amis peintres comme Manet et Berthe Morisot (les pages consacrées à cette dernière servirent au catalogue de l'exposition réunissant, un an après sa mort, les œuvres de l'artiste).

Toujours extraits de *Divagations,* nous donnons le texte *Richard Wagner, Rêverie d'un poète français* (paru d'abord sous forme d'article dans la *Revue wagnérienne* du 8 août 1885), ainsi que les trois textes théoriques intitulés *Crise de vers, Quant au livre* et *Le mystère dans les lettres.* Le premier synthétise une réflexion de dix années (1886-1896), le second a été composé pendant la première partie de l'année 1895, et le troisième a été écrit à Valvins en 1896.

A leur suite, nous proposons *La Musique et les Lettres,* texte d'une conférence faite par Mallarmé à Oxford, puis à Cambridge, au tout début du mois de mars 1894. Ce texte fut l'objet d'un petit volume publié en 1895 par Perrin et Cie.

Notre ensemble de *Pages* s'achève sur quelques réponses données par le poète à des enquêtes diverses. Les résultats de l'enquête menée par Jules Huret sur *L'Evolution littéraire* furent publiés en 1891 dans *L'Echo de Paris* et firent la même année la matière d'un volume maintes fois réimprimé. *L'Enquête sur Verlaine* parut dans *La Plume*, le 1ᵉʳ février 1896. Enfin, la réponse à l'enquête menée par Jean Bernard pour *Le Figaro* sur *L'Idéal à vingt ans*, ne semble pas avoir été imprimée ; le brouillon de cette réponse a été rédigé le 17 août 1898, quelques jours avant la mort du poète.

NOTES

P. 139. *Hérésies artistiques — L'Art pour tous*

De ce « manifeste » de jeunesse, Emilie Noulet écrit : « Hâtons-nous de surprendre à l'état naissant une pensée qui se voudra bientôt inaccessible ; à l'état irréfléchi, une doctrine qui s'ignore en tant que doctrine. Mallarmé n'écrira plus rien qui ait cet élan ni cette juvénile intransigeance. »

P. 145. *Symphonie littéraire*

Il existe, à la Bibliothèque Jacques Doucet, un manuscrit de ce texte qui porte le titre de *Trois poèmes en prose*.

QUELQUES MÉDAILLONS ET PORTRAITS EN PIED

P. 153. *Villiers de l'Isle-Adam*

Mallarmé fit la connaissance de Villiers de l'Isle-
Adam en septembre 1864, à Choisy-le-Roi, chez Catulle
Mendès. Une vive amitié, mêlée de forte admiration,
s'en suivit. Lorsque la santé de Villiers commença,
vers 1888, à décliner, le poète s'arrangea pour faire
soigner son ami nécessiteux et lança, avec la plus
grande discrétion, une collecte en sa faveur. Il
l'assista dans les jours qui précédèrent sa mort,
en août 1889.

P. 161. *Edgar Poe*

A Verlaine qui l'interrogeait sur sa biographie,
Mallarmé répondit dans une lettre du 16 novem-
bre 1885 : « Ayant appris l'anglais simplement pour
mieux lire Poe, je suis parti à vingt ans en Angle-
terre. » Phrase à l'emporte-pièce certes, mais qui
n'est pas exempte de vérité. C'est en effet en 1862
que Mallarmé nourrit l'espoir de traduire Poe,
domaine dans lequel il savait pourtant que Baude-
laire s'était déjà engagé (ses traductions des *His-
toires extraordinaires* et des *Nouvelles histoires
extraordinaires* datent respectivement de 1856 et
1857). Le fruit de son travail parut seulement en 1888.

P. 162. *Verlaine*

Ce texte est celui du discours prononcé par Mallarmé aux obsèques de Verlaine, le 10 janvier 1896.

Les relations entre les deux poètes commencèrent en 1866, puis se resserrèrent fortement à partir de 1879.

P. 164. *Arthur Rimbaud*

Mallarmé rencontra Rimbaud une seule fois, le 1ᵉʳ juin 1876, à un « Dîner mensuel des Vilains Bonshommes ».

L'article commandé à Mallarmé par la revue nord-américaine *The Chap Book* est de cinq ans postérieur à la mort de Rimbaud (décédé à Marseille le 10 novembre 1891).

P. 175. *Edouard Manet*

En 1885, deux ans après la mort de Manet, Mallarmé écrivit à Verlaine : « J'ai, dix ans, vu tous les jours mon cher Manet, dont l'absence aujourd'hui me paraît invraisemblable. » Il semble que les relations entre les deux artistes, au centre desquelles se trouvait Méry Laurent, aient donc commencé en 1873.

L'admiration de Mallarmé pour Manet — qui fut plusieurs fois son illustrateur — n'était pas exempte de quelque mimétisme baudelairien.

P. 176. *Berthe Morisot*

Berthe Morisot (1841-1895), peu de temps après que Mallarmé eut fait sa connaissance (vers 1873), devint la femme d'Eugène Manet, le frère d'Edouard.

Selon Henri de Régnier, « Mallarmé avait reporté beaucoup de son amitié et de son admiration pour Manet sur sa belle-sœur ».

P. 185. *Richard Wagner — Rêverie d'un poète français*

C'est à la demande de son ami Edouard Dujardin que Mallarmé écrivit cet article. Le poète ne connaissait encore qu'assez peu l'œuvre du musicien en 1885, mais l'admiration déclarée de Baudelaire pour le compositeur de *Tannhäuser* était incontestablement un garant pour Mallarmé.

P. 195. *Crise de vers*

Ce texte est considéré par beaucoup de critiques comme le véritable testament littéraire du poète, trois ans avant sa mort.

P. 209. *Quant au livre*

Ce texte regroupe, dans *Divagations*, trois chroniques données par Mallarmé au *National Observer* et à *La Revue blanche*.

P. 229. *Le Mystère dans les lettres*

Ce texte est paru dans le numéro du 1ᵉʳ septembre 1896 de *La Revue blanche*.

P. 237. *La Musique et les Lettres*

Nous ne reproduisons ici que la seconde partie de la conférence prononcée par Mallarmé en 1894. L'édition originale de 1895 comprenait en effet deux parties : 1) « *Déplacement avantageux* » ; 2) « *La Musique et les Lettres* ».

TABLE

Table 359

ANECDOTES OU POÈMES

PAGES DIVERSES

Table 361

COMMENTAIRES

NOTICES ET NOTES

Composition réalisée par C.M.L. - PARIS

IMPRIMÉ EN FRANCE PAR BRODARD ET TAUPIN
7, bd Romain-Rolland - Montrouge - Usine de La Flèche.
LIBRAIRIE GÉNÉRALE FRANÇAISE.
ISBN : 2 - 253 - 01753 - 1